십 대를 위한

쓰담쓰담 마음 카페

따뜻하게 위로하고 시원하게 코칭해 주는 상담 카페

십 대를 위한

쓰담쓰담 마음카페

김은재 지음

사계절

마음 카페 문을 열며

마음 카페에 오신
당신을 환영합니다

우리나라 청춘들은 사는 게 고달픕니다. 오죽하면 "저희는 사는 게 아니라 버티는 거예요."라고 할까요.

저는 고등학교 때부터 친구들의 고민을 상담해 주는 걸 좋아했어요. 그래서인지 십 대들과 함께 지내며 그들의 이야기를 들어주는 직업을 선택했습니다. 햇수로는 벌써 15년이 넘었지요. 중학교 1학년부터 고등학교 3학년까지 다양한 학년의 십 대를 만나며 살고 있어요. 학교와 강연장에서 한 해에 십 대 수백 명의 이야기를 듣고, 제 이야기를 함께 나누고 있습니다.

십 대들의 이야기에 귀를 기울이다 보니 그들이 고민에 파묻혀 있다는 생각을 하게 되었습니다.

진로 때문에 불안한 친구, 인간관계 때문에 상처받고 힘들어하는 친구, 공부를 잘하고 싶지만 방법을 몰라 답답한 친구, 연애 고민 때문에 마음고생하는 친구, 자신만의 열등감과 가족 문제로 우울한 친구 등등. 무거운 고민에 짓눌리게 되면 현실을 제대로 살아갈 수도, 미래를 준비할 수도 없어요.

어떻게 하면 십 대가 고민 속에서 허우적대지 않고 자신의 잠재 능력을 마음껏 싹틔우고 살 수 있을까요? 저는 먼저 이들의 고민에 귀 기울여 주고, "당신만 그런 게 아니에요."라고 편들어 주고 공감해 주고 다독여 주어야 한다고 생각해요.

뛰어난 운동선수에게는 좋은 코치가 있지요. 인생이라는 경기장에서 뛸 운동선수는 자기 자신입니다. 운동선수가 최고의 실력을 펼칠 수 있게 코치가 도움을 줄 수 있습니다. 고민이 있을 때 그 고민을 해결할 방법을 살짝만 코칭

해 준다면, 우리나라 청춘들은 충분히 자기 인생을 신나게 살아갈 수 있는 존재라고 생각합니다.

그게 제가 이 책을 쓰게 된 이유입니다. 고민 많은 십 대에게 '따뜻한 힐링'과 '시원한 코칭'을 전달하고자 합니다.

이 책에서는 십 대들이 가장 많이 하는 고민들을 진로, 친구, 공부, 사랑, 자아와 가족이라는 주제로 묶어 다섯 장에 나누어 담았습니다.

이 책에 나온 사례는 모두 제가 실제로 만나서 들은 십 대들의 생생한 고민입니다. 상담 의뢰자의 사생활을 보호하고자 이름, 성별, 나이, 거주지 등은 수정했습니다. 같은 고민으로 힘들어하는 여러분에게 이 책이 조금이라도 도움이 되기를 바랍니다.

우리 주변에 있는 평범한 십 대들이 겪음 직한 삶과 밀착된 고민들을 담았기 때문에, 책을 읽다 보면 내 고민이 나 혼자만의 문제가 아니고 누구나 겪는 것이라 생각되어 조금은 무겁지 않게 느껴질 거예요.

카페에 놀러 가는 가벼운 마음으로 이 책을 읽어 주면 좋겠어요.

마음 카페 메뉴판을 보고, 여러분의 현재 마음 상태와 가장 잘 들어맞는 고민과 메뉴를 골라 읽어 보세요. 마음속에 묵직한 돌덩이 같은 고민이 있다면, 이 마음 카페에서 털어 내길 바라요.

실제로 제가 만난 십 대들은 저와 이 메뉴판을 함께 보며 상담을 한 후, 자신을 더 사랑하게 되었다고 입을 모았어요. 꿈을 포기하지 않게 되었고, 인간관계에도 자신감이 생겼다고 했어요. 연애 문제, 공부에도 실질적 도움을 받았다고 했습니다. 자존감을 회복하는 데도 효과가 있었다고 말해 주었습니다. 제가 만난 십 대들의 삶을 통해 검증이 된 방법이 책에 담겨 있는 셈이죠.

맛있는 음료수와 달콤한 간식을 먹는 마음으로 책을 읽다 보면, 마음에 자신감이 서서히 차오를 거예요. 카페지기인 저는 다음 문장들을 주문 삼아 카페 메뉴를 만들었거든요.

당신은 무얼 하지 않아도 이미 넘치게 귀한 존재입니다.
당신은 존재 자체로 사랑받을 만한 소중한 존재입니다.
당신은 당신이 꿈꾸는 삶을 살 수 있는 능력을 이미 가진 사람입니다.

마음 카페에서 쉼을 얻고, 당신이 원하는 삶을 꿈꿔 보시길 기원합니다.

카페지기 김은재

차례

✚ 추천 메뉴

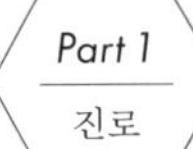

꿈이 없으면 막막하고, 꿈이 있으면 두려워요

꿈을 찾고 꿈을 이루는 법

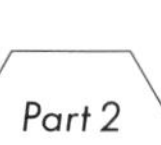

내 마음을 알아줄 사람이 필요해요

너와 나, 좋은 친구가 되어 우정을 가꾸어 나가는 법

Part 3
공부

공부 때문에 스트레스 받아요

공부 만렙 찍는 법

Part 1

진로

꿈이 없으면 막막하고, 꿈이 있으면 두려워요

꿈을 찾고 꿈을 이루는 법

진로 01

하고 싶은 것도,
잘하는 것도 없어요.

'나'는 어떤 사람인지
적극적으로 탐색해야 합니다.

ID 제자리걸음

학교에서 진로 희망서를 나눠 줬는데, 쓰지 못해서 눈물이 났어요. 뭐라도 쓰라는데 종이에 적어 내기가 참 힘들었어요. 내가 뭘 잘하는 지도 모르겠고, 내가 즐겁게 할 수 있는 게 뭔지도 모르겠어요. 제 인생 최대 고민은 이렇게 뚜렷한 장래 희망과 목표 없이 하루하루 의미 없는 삶을 사는 거예요. 도대체 진로를 어떻게 정해야 할지 모르겠어요. 또 정했다가 나중에 후회할 수도 있을 것 같아 무서워요.

꿈을 향해 나가는 친구들을 보면 저와 너무 멀리 떨어져 있는 것 같아 제 스스로가 한심하고 위축되곤 합니다. 꿈이 없을 때는 공부를 잘하면 선택의 폭이 넓어진다고 해서 그냥 공부만 했어요. 하지만 성적도 내 맘대로 나오지 않으니 답답하기만 합니다. 10년 후를 생각하면 진짜 막막해요.

많은 사람들이 자기가 무엇을 하며 살아야 할지 모른 채 살아갑니다. 제자리걸음 님뿐만 아니에요. 이제는 자신의 길을 찾을 때입니다. 십 대를 마무리하며 내 인생을 바쳐 하고 싶은 일을 찾는 것은 정말 중요합니다.

작가 마크 트웨인은 이렇게 말했어요.

"인생에서 가장 중요한 날이 이틀 있는데, 첫 번째 날은 내가 태어난 날이고 두 번째 날은 내가 이 세상에 왜 태어났는지 그 이유를 알게 되는 날이다."

지금 꿈이 없는 건 부끄러운 게 아니에요. 아직 경험해 본 것들이 많지 않으니, 정말 내가 어떤 길로 가고 싶은지 알기 어려워요. 제자리걸음 님처럼 진로를 선불리 정했다가 나중에 후회할까 봐 걱정되는 건 당연한 거예요. 십 대에 명확하게 자기 진로를 정하는 건 어려운 일이니까요.

하지만 지금 학교 분위기, 사회 분위기는 꿈 하나 골라잡지 못하면 자기 삶을 내팽개치고 사는 사람인 양 취급하지요. 학교에서는 꿈 쓰기 수행평가, 꿈 발표 영어 대회 같은 프로그램을 많이 해요. 자기 진로를 제대로 정해야만 좋은 점수를 받을 수 있어요. 그러니 제자리걸음 님처럼 아직 진로를 못 정한 친구들이 초조한 마음이 들고 낭패감이 드는 건 당연해요.

요즘 대학교 입시는 어릴 때부터 자기 꿈을 위한 활동을 착실하게 한 사람에게 절대적으로 유리해요. 고등학교 1학년 때 꿈을 과학자로 적어 내면, 2학년 때는 물리학자, 3학년 때는 양자 역학 연구자처럼 더 세부적으로 적어 내라고 합니다. 근데 이게 말이 쉽지요! 아직 그 공부를 진지하게 해 보지 않았는데 어떻게 알 수 있겠어요?

그럼 진로를 찾지 못한 사람은 제자리걸음 님처럼 일단 공부만 해야 할까요? 아니요! 저는 공부할 시간을 조금 할애해서 자기가 하고 싶은 일을 찾는 게 좋다고 생각해요.

아주 구체적인 꿈이 아니더라도, 자기가 어떤 쪽을 좋아하고 어떤 분야 일을 하고 싶은지 생각은 해야 해요. 그래야 나중에 인생을 낭비하지 않고 자기 길을 잘 갈 수 있어요.

진로를 정할 때 가장 중요한 건 '나'를 아는 것이랍니다. 누구나 부러워하는 전망 있고 돈 많이 버는 직업이 있다고 해 봐요. 그럼 나도 그 일을 해야 할까요? 아니에요. 가장 중요한 건 내가 그 일에 흥미가 있는지, 그 일을 해낼 적성이 있는지 아는 거예요.

흔히 취업을 하려면 좋은 스펙을 쌓아야 한다고 하지요. 대학교 성적, 영어 점수, 자격증, 공모전 수상 등등 말이에요. 하지만 가장 중요한 스펙은 내가

'나'를 정확히 아는 거예요.

지금부터 '나'를 알아볼 수 있는 다섯 가지 방법을 소개할게요. 이 방법을 알아 두면, 자신이 가야 할 길이 조금이라도 보일 거예요.

- **내 길을 찾는 가장 확실한 방법, 하나: 누가 시키지 않아도 좋아서 선택한 일이 내 길입니다.**

조지프 캠벨은 전 세계 신화를 연구한 학자입니다. 수많은 제자가 그에게 자신이 가야 할 길에 대해 묻곤 했답니다.

그때마다 캠벨은 명료하게 이야기했어요.

"그대의 천복(天福)을 따르세요. 천복을 찾아내되, 천복 따르는 것을 절대로 두려워하면 안 됩니다."

천복이 무엇인지에 대해 그는 『신화의 힘』에서 이렇게 이야기합니다.

"지금 하고 있는 일이, 좋아서 선택한 일이라면 바로 그겁니다."

저는 이 말을 듣고 무릎을 쳤어요.

흔히 우리는 진로를 정할 때 남의 목소리를 따라요. "무엇을 하면 먹고살 수 없다.", "안정적인 직업이 최고다.", "앞으로는 어떤 분야가 전망이 좋으니까 꼭 그 전공을 공부해라.", "어떤 일을 하면 경쟁이 너무 심하니까 피해라." 이런 식으로요.

하지만 캠벨은 우리 사회에서 들려주는 목소리를 모두 끄고, 자기 자신의 마음속 소리에 귀 기울여 보라고 합니다.

철학자 프리드리히 니체도 자기 길을 찾는 방법에 대해 비슷한 말을 했어요.

"젊은 영혼이 '지금까지 네가 정말 사랑해 온 것이 무엇이었는가, 너의 영혼을 점령하고 동시에 그것을 행복하게 해 준 것은 무엇이었는가?' 하고 물으면서 과거를 되돌아보는 일이다."

남들이 뭐라고 떠들건, 내 마음속에 품은 꿈이 있나요? 남들이 시키지 않아도 혼자 꼼지락거리며 재미있게 하는 일이 있나요? 그동안 누구도 시킨 적 없는데 스스로 좋아서 했던 일이 있나요? 어쩌면 그 일이 여러분의 길일지 모릅니다.

Q. 아무도 시키지 않았으나 좋아서 한 일은 무엇인가요?

A. ____

- **내 길을 찾는 가장 확실한 방법, 둘: 못했을 때 약 오르는 일이 내 길입니다.**

십 대들은 자기가 하고자 하는 일에서 십 대 때부터 두각을 나타내야 한다고 흔히 착각합니다. 이건 잘못된 생각입니다.

전문가가 되고, 그 일로 밥을 벌어먹고 살려면 타고난 재능 이외에도 많은 시간을 들여 훈련을 해야 합니다. 영웅 영화를 보면 반드시 주인공이 훈련받는 장면이 나와요. 〈해리 포터〉 시리즈의 주인공들은 마법 학교를 수 년 간 다니며 마법 수업을 받아요. 〈엣지 오브 투모로우〉에서는 주인공이 외계인 침공에 맞서 인류를 구하려고 수백 번 죽어 가며 훈련을 받지요. 〈매트릭스〉의 주인공은 스승에게 무술을 배우며 허리가 반으로 접힐 만큼 앞뒤로 몸을 구부리는 훈련을 받아요. 〈쿵푸 팬더〉에서도 무술 고수가 되고 싶은 주인공이 뱃살을

출렁거리며 훈련을 받고요.

내 인생의 영웅이 되려면 이런 고강도의 훈련이 필요해요. 하지만 십 대 때는 이런 고강도 훈련을 받을 여력이 없어요. 다만 확실한 건, 아무리 힘들어도 훈련을 받고 싶다는 마음이 드는 일! 그 일이 바로 자기 길이라는 거예요.

그럼 여러분이 좋아하는 것, 혹은 재능은 무엇인가요? 더 풀어서 말하자면 내가 지속적으로 잘하고 싶은 일 말이에요.

학교 공부를 예로 들어 볼게요. 시험을 못 봤는데도 굉장히 해맑은 아이들이 있어요.

"나 딱 4시간 공부했는데 37점이야. 잘했지?"

이런 애들은 공부가 자기 길이 아니에요. 세상은 넓고 할 일은 많으니까 빨리 다른 길을 찾아야 해요. 하나 틀렸는데 울고불고 난리 치는 애들 있죠. 그 애는 공부가 적성에 맞는 거예요.

웹툰 작가 기안84가 이런 이야기를 한 적이 있어요. 초등학교 때 공부를 진짜 못해서 엄마한테 많이 맞았대요. 근데 공부를 잘하고 싶은 생각은 없었다고 해요. 나중에 미술 학원에 갔는데 그림은 1등을 하고 싶어서 열심히 그렸대요. 기안84의 길은 그림이었던 거죠.

저는 어릴 때부터 작가가 되고 싶었어요. 열 살 무렵부터 책을 보면 그 책을 쓴 작가들이 등단한 나이를 계산하곤 했어요. 하지만 글쓰기를 잘하지는 못했어요. 초등학교 때 전국 단위 백일장에 나갔는데 한 번도 수상집에 실린 적이 없었어요. 그게 그렇게 서운하더라고요. 하지만 포기하지 않고 중고등학교 때도 내내 백일장에 나갔어요. 한 번도 상은 못 탔어요. 하지만 중요한 건 꾸준히 백일장에 참가했다는 거예요.

고2 어느 날, 시 백일장 대회에 나갔어요. 그때 우리 반 친구 한 명이 상을 탔지요. 그 아이가 상을 타는 걸 보고 질투가 났어요. 그때 질투라는 감정이 몸에 불이 붙는 듯한 느낌이라는 걸 처음 알았어요. 그전까지는 그렇게 질투를 해 본 적이 없었거든요.

친구가 학업 우수상을 받으러 구령대 위로 올라가는 걸 봐도 그렇게 속상하지 않았어요. 체육 시간에 온갖 실기 평가에서 0점을 맞을 때도 하나도 속상하지 않았지요. 한번은 뜨개질을 열심히 해서 내가 만든 목도리를 친구에게 준 적이 있어요. 친구가 선물 받고 기분이 안 좋기는 처음이라고 할 정도로 제 뜨개질 솜씨는 엉망이었어요. 그 외에도 저는 못하는 게 참 많은 학생이었어요. 하지만 그 어떤 점수를 받아도 그다지 속상하지 않았어요.

그런데 글짓기를 못하는 건 정말 속상했어요. 다른 친구가 상을 타니까 온몸이 부들부들 떨릴 정도로 분했어요. 나도 정말 잘하고 싶었던 거예요. 나중에 알게 되었어요. 잘하지 못했을 때 속상한 일, 그게 자기 길이라는 걸요.

내가 하고 싶은 일을 잘하도록 만드는 건 살면서 서서히 완성해 나가면 돼요. 지금 못한다고 내 길이 아니라고 생각하면 안 됩니다.

얼마 전, 초등학교 4학년 아들이 친구들이 써 준 생일 편지를 받아 왔어요. 많은 친구들이 이렇게 써 주었어요.

'넌 열정이 있어. 딱지를 칠 때 따려는 마음이 있잖아.'

바로 이 마음만 있으면 돼요. 지금 당장 딱지를 못 치더라도 따려는 마음만 있으면 돼요. 그 후에 연습을 하면 돼요. 딱지를 칠 때 따려는 그 간절한 마음처럼 열정이 생기는 일이 있나요? 못했을 때 가장 약 오르고 도전해 보고 싶은 일이 있나요?

그게 바로 당신의 길일 거예요.

Q. 지금 당장 잘하지는 못하더라도, 못했을 때 약 오르는 일은 무엇인가요?

A. ____

· 내 길을 찾는 가장 확실한 방법, 셋: 롤 모델을 찾아보세요.

내 길을 아는 방법 중 하나는 내가 되고 싶은 사람을 찾아보는 일입니다. 사람들은 저마다 다른 사람을 보면서 존경심과 두근거림을 느낍니다. 자기 인생의 롤 모델인 것이지요.

저는 글과 말로 영향력을 미치는 사람들을 볼 때 마음이 두근거려요. 좋은 글을 쓰고 강연을 하며 사람들의 성장을 돕는 이들을 보면 제 마음이 떨려요. 그런 분들이 텔레비전 강연 프로그램에 나오는 걸 보면 저도 언젠가 그런 프로그램에 나가겠다고 다짐합니다. 제 롤 모델 분들이 쓴 책을 다 읽고, 그분들이 강연하는 현장에 직접 찾아가고 있어요. 인터넷에 있는 그분들의 강연 내용을 정리해서 흉내도 내 보지요. 롤 모델과 닮아 가려고 노력하다 보면 저도 언젠가는 그런 경지에 이를 거라 믿어요.

역사상 위대한 사람들도 다 롤 모델이 있더라고요. 니체는 철학자 쇼펜하우어와 음악가 바그너, 프란츠 리스트를 존경했어요. 피카소는 화가 중에서 벨라스케스, 고야, 마네를 존경했다고 해요. 특히 벨라스케스를 존경해서 그의 그림을 수없이 따라 그리며 습작 시절을 보냈어요. 대가들도 다 누군가를 존경하고 따라하다가 마침내 그들을 뛰어넘은 것이지요.

본받고 싶은 누군가가 생겼다는 건, 내 일상의 사고와 가치관의 틀을 뛰어넘어 도전할 수 있는 큰 대상을 찾았다는 것입니다.

책, 인터넷 영상, 일상 속에서 무수히 스쳐 가는 많은 사람들을 유심히 보세요. 그중에 유난히 호기심이 들거나 내 마음을 떨리게 하는 사람이 있나요? 나 또한 그 사람이 하는 일을 멋지게 해 내고 싶다는 생각이 든다면 그 일이 바로 당신의 일입니다.

Q. 내 마음을 뛰게 한 롤 모델은 누구인가요?

A. ______________________________

· **내 길을 찾는 가장 확실한 방법, 넷: 적성 검사를 해 보세요.**

적성 검사를 해 본 적 있나요? 비교적 빨리 자기 진로를 객관적으로 찾을 수 있는 방법입니다. 인터넷 사이트에서 무료로 할 수 있는 2가지 검사를 소개할게요.

- 직업 흥미 검사(워크넷)
- 직업 적성 검사(커리어넷)

이 검사들은 두 개 모두 하는 데 1시간도 안 걸려요. 이 정도 노력도 안 해 보고 내 길을 못 찾겠다고 하면 안 돼요. 그냥 자기 진로에 관심이 없는 거예요.

워크넷에서는 '홀랜드 검사'라는 직업 흥미 검사를 해 볼 수 있습니다. 내가 어떤 분야에 흥미가 있는지 알아보는 검사예요. 자신의 장점을 알고 싶다면 커리어넷에서 직업 적성 검사인 '다중 지능 검사'를 해 보세요. 장점 없는 사람은 없거든요. 검사 문항 하나하나가 내 장점을 찾아 주는 질문이에요.

'남들보다 유연하다.', '한 번 들은 음을 정확하게 기억할 수 있다.', '나는 요리 재료를 쉽게 다듬을 수 있다.' 이런 것도 다중 지능 검사에 나오는 문항이에요. 저는 예전에 남들보다 책을 빨리 읽거나, 이야기를 듣고 잘 전달하는 등의 능력은 장점으로 생각하지도 않았어요. 스스로 생각할 때 보잘 것 없는 재능이라고 생각했거든요. 하지만 이 두 재능을 장점으로 받아들이는 순간, 제가 잘할 수 있는 일을 찾았어요. 책을 빨리 읽고 다른 사람에게 권하는 영상을 제작해서 유튜브에 올리는 일 말이죠.

이런 재능을 내 인생의 무기로 받아들이면, 자신의 잠재 능력을 펼치는 데 큰 도움이 될 거예요.

두 검사 결과를 혼자 해석하기 힘들다면, 학교 상담실이나 진로 선생님께 검사 결과 해석을 부탁드려 보세요. 이 두 검사에서 1, 2위로 나온 직업을 쭉 적어 보면 교집합이 보일 거예요. 그중 흥미가 가는 직업군을 적어 놓고, 본격적으로 그 분야를 탐색해 보세요. 해당 분야의 직업 영상과 다큐멘터리도 찾아보고, 관련 분야 기사도 찾아보고, 기관도 찾아가서 봉사도 해 보고, 직업인 인터뷰도 해 보고, 체험 활동도 해 보세요. 동아리도 참여해 보면서 그렇게 몸으로 부딪혀야 해요.

저는 직업 흥미 검사에서 사회형이 1순위로 나왔어요. 사람들하고 어울리는 일에 흥미를 가진다고 나온 거예요. 직업 적성 검사에서는 언어 지능이 1순위로 나왔어요.

저는 이 두 분야의 교집합을 찾아보았어요. 언어 지능이 높으니까 말을 하거나 글 쓰는 직업을 하면 되겠지요. 그런데 혼자 집에서 글 쓰는 작가 생활은 못해요. 왜냐하면 직업 흥미 검사가 사회형으로 나왔잖아요. 저는 사람들을 만나는 직업을 가져야 해요. 두 검사의 교집합을 찾아보면 글 쓰고 말하는 직업을 갖되, 사람들과 어울리면서 사는 직업을 가지면 즐겁고 행복하게 살 수 있다는 걸 알 수 있지요.

실제로 저는 학교에서 학생들을 만나는 게 즐거워요. 사회형이기 때문에 강연장에서 낯선 사람을 만나도 떨지 않고 즐겁게 강연을 할 수 있어요. 처음 보는 사람들을 인터뷰하는 일도 어렵지 않아요. 말하는 게 즐거우니까 유튜브 채널 '은재TV'를 운영하는 일도 재미있어요.

여러분의 길은 무엇일까요? 얼른 컴퓨터를 켜고 적성 검사를 해 보세요.

Q. 적성 검사 결과를 써 보세요.

A. 직업 흥미 검사—1유형: 2유형:

직업 적성 검사—1유형: 2유형:

• 두 검사의 교집합 직업:

• 내 길을 찾는 가장 확실한 방법, 다섯: 당신은 사람, 사물, 아이디어, 데이터 중 무엇을 좋아하는 사람인가요?

여러분은 '사람, 사물, 아이디어, 데이터' 중 무엇을 좋아하나요? 피어스 J.하워드가 쓴 『청소년 이해를 위한 심리학』에 따르면 사람은 아래 분류와 같이 '사람, 사물, 아이디어, 데이터', 이 네 가지 중 한 가지 작업 대상과 일한다고 해요.

- 사람을 좋아하는 사람: 집단, 회의, 인터뷰, 관중, 대화
- 사물을 좋아하는 사람: 기계, 동물, 장비, 재료
- 아이디어를 좋아하는 사람: 이론, 이야기, 실험, 문제, 계획, 결정
- 데이터를 좋아하는 사람: 숫자, 스프레드시트, 데이터베이스, 공식

저는 사람을 좋아해요. 고등학생 때 자습 시간마다 친구들을 상담해 주느라 항상 목이 쉬어서 집에 갔어요. 제 상담의 주 종목은 연애와 공부법이었어요. 그 당시 저는 모태 솔로였고, 좋아하는 사람에게 어장 관리를 당하고 있던 처지였지요. 그런 주제에 다른 아이들에게 연애 상담을 해 주는 걸 좋아했어요. 아이들은 저를 만나면 연애가 술술 풀린다며 줄을 섰어요. 공부법 상담도 잘해 주었어요. 저는 공부를 하지 않았다는 게 함정이었지요. 하지만 친구들을 위해 공부법 책을 읽고 공부 계획 짜는 법, 연상 암기법을 알려 주었어요. 명문대에 진학한 선배들을 찾아가 알아낸 공부 잘하는 비법을 친구들에게 널리 전수해 주기도 했어요. 실제로 제가 상담해 준 친구들 중에는 성적을 극적으로

올려서 원하는 대학에 진학해 훗날 박사 학위까지 받은 친구도 있어요.

하지만 정작 저는 사람을 좋아하는 성격을 진로로 연결하지는 못했어요. 지금 생각하면 내가 '사람'을 좋아한다는 사실만 알았어도 진로 방황을 줄일 수 있었을 것 같아요.

대학교를 졸업하고서도 저는 앞으로 무엇을 하면서 살아야 할지 알지 못했어요. 대학 졸업 시기에 남들이 회사에 들어가니깐 저도 무작정 저를 받아 주는 회사에 취직했어요. '남들 하는 일이라면 나도 할 수 있겠지.' 하는 마음이었어요. 대기업 의류 회사에서 기획 일을 하게 되었는데 주 업무는 '데이터'를 다루는 일이었어요. 아침마다 매출 통계를 내고 분석하는 일을 했어요. 도저히 적성에 안 맞아서 못 하겠더라고요. 일을 못하니까 자존심도 상했어요. 일에 보람도 못 느꼈고요. 회사를 나가는 하루하루가 얼마나 괴로웠는지 몰라요. 그 회사에서 하는 일이 내 인생 비전에 영향을 준다면 참고 야근도 하겠는데, 그냥 내 수명이 5분씩 단축되는 느낌만 들었어요. 결국 15개월 만에 사표를 내고 나왔어요. 다른 직장을 구한 것도 아니었어요. 백수가 될지언정 그 회사는 다니고 싶지 않았어요. 그만두고 나서도 후회는 없었어요. 적성에 안 맞는 일을 하는 게 그만큼 고통스러웠거든요.

나를 알지 못하고 남들 따라 적당한 곳에 취직하면 이런 미래를 맞이하게 될 가능성이 큽니다. 2016년, 우리나라 대졸 신입 사원 100명 중 27명이 1년 내에 회사를 그만두었다는 통계도 있거든요. 제가 그 신입 사원 중 한 명이었던 거예요.

이 일에서 배운 교훈은 사람은 자기가 좋아하는 작업 대상과 일해야 한다

는 것입니다. 제가 회사에서 했던 일은 '데이터' 다루는 걸 좋아하는 사람이 해야 하는 일이었지요. 저는 '사람'을 좋아하는 사람이기 때문에 '사람'을 만나는 일을 해야 한다는 걸 나중에야 알았어요. 지금은 교사가 되어 수많은 십 대를 만나 누구보다 즐겁게 일을 하고 있어요. 고등학교 때 친구들 인생을 '힐링 코칭'해 주던 일을 지금도 하고 있는 셈이에요.

요즘 4차 혁명에 대한 뜨거운 관심 덕분에 프로그래머라는 직업이 인기잖아요. 하지만 누가 저한테 연봉 1억을 준대도 저는 그 일을 안 할 거예요. 그 일은 '사물', '데이터'를 좋아하고 잘 다루는 친구들이 하는 거예요. 10억을 준다면? 생각은 해 볼게요. 하하, 농담이에요. 누가 10억을 주지도 않을뿐더러 저는 그 일을 즐겁게 할 수 있는 사람이 아니란 걸 알아요. 앞으로도 제가 좋아하는 '사람' 대하는 일을 열심히 할 거예요.

Q. 당신은 사람, 사물, 아이디어, 데이터 중 어떤 것을 좋아하나요?

A. ______________________________

이상 내 길을 찾는 가장 확실한 방법 다섯 가지와 질문들을 살펴보았어요. 이 질문들에 답을 해 보면 내가 가야 할 길이 조금은 보이지 않을까요?

꿈을 찾을 때는 모래에서 금을 찾듯, 마음의 돋보기로 찬찬히 찾아야 해요. 무엇이라도 내 마음속에서 반짝거리는 게 있다면, 오랫동안 그걸 들여다보세요. 당신이 갈 최선의 길은 남들이 가라는 길이 아닙니다. 당신이 가고자 하는 바로 그 길이 당신이 갈 최선의 길입니다.

자신의 약점을 채우는 데 신경 쓰지 말고, 자신의 강점을 발휘하면서 살겠다고 마음먹으면 훨씬 더 진로 찾기가 쉬울 거예요.

절대 자신의 적성과 흥미를 무시하지 마세요. 당신의 길은 외부가 아닌 당신 내부에서 찾을 수 있습니다.

그 길, 가도 괜찮습니다.

추천 메뉴

꼭꼭 숨은 장점과 재능을 찾아 줄
블랙티

누구나 뱃살 아래에는 탄탄한 식스팩이 있어요. 단지 지방에 파묻혀 있을 뿐! 마찬가지로 내 몸 어딘가에도 눈부신 장점과 재능이 파묻혀 있어요. 블랙티를 마시면 내게 있는 장점과 재능을 적극적으로 찾을 마음이 들 거예요.

카페지기의 힐링 레시피

내 길을 찾는 가장 확실한 방법

1. 아무도 시키지 않았으나 좋아서 선택한 일이 내 길입니다.
2. 못했을 때 약 오르는 일이 내 길입니다.
3. 당신의 마음을 뛰게 하는 롤 모델이 가는 길이 내 길입니다.
4. 적성 검사로 내 길을 찾아보세요.
5. 사람, 사물, 아이디어, 데이터의 작업 대상 중 끌리는 것이 내 길입니다.

당신이 갈 최선의 길은 남들이 가라는 길이 아닙니다.
당신의 길은 외부가 아닌 당신 내부에서 찾을 수 있습니다.
그 길, 가도 괜찮습니다.

돈 되는 일을 해야 하나요?
하고 싶은 일을 해야 하나요?

하고 싶은 일을
소신 있게 선택해요.

ID 카시오페이아

천문학과를 가고 싶어요. 하지만 천문학과를 나오면 돈을 잘 못 벌 거라는 소리를 많이 들어서 고민입니다. 어릴 때부터 가정 형편이 넉넉지 않아서 돈이 행복에 어떤 영향을 주는지 뼈저리게 알고 있어요. 안전한 루트로 돈을 많이 벌고 싶기도 하지만, 천문학 공부도 하고 싶습니다. 물론 직접 경험해 보기 전에는 모르고 다른 사람들 말에 휘둘려서는 안 되지만 걱정이 많이 됩니다. 오랫동안 꿈꾸던 과를 지원해야 하나요? 아니면 현실적으로 취직이 잘 되는 과를 지원해야 하나요? 이것이 현재 최대 고민입니다.

ID 열려라 주근깨

아빠는 저한테 펀드매니저가 되라고 해요. 돈 많이 번다고요. 저는 국문과에 진학해서 글쓰기를 배워 웹 소설 작가도 하고 싶고, 웹 소설 전문 출판사도 차리고 싶어요. 하지만 사람들이 작가는 돈도 못 벌고, 출판은 유망한 업종이 아니래요. 저는 펀드매니저라는 직업에 1도 관심이 없지만, 돈 벌기 위해서는 아빠 말을 들어야 하나요?

ID 바게트

저는 프랑스어를 전공하고 싶은 인문계 고1 남학생입니다. 프랑스어를 전공하고 싶은 이유는 프랑스가 좋고, 프랑스에 살고 싶기 때문이에요. 이렇게 말하면 다들 프랑스어 전공하면 먹고살기 힘들다고, 할 거면 중국어나 요즘 뜨는 베트남어를 하라고 하네요. 하지만 전 프랑스어를 전공하고 싶어요. 프랑스어를 전공해도 괜찮을까요?

천문학, 국문학, 프랑스어, 이외에도 한국사, 물리학, 철학 등등.

이 전공들의 공통점은 무엇일까요? 부모님들이 펄쩍 뛰며 반대하는 학과라는 점이에요. 딱 봐도 취업하기 힘들어 보이잖아요. 자본주의 사회에 살면서 돈이 안 될 것 같은 공부를 한다면 부모님들은 이렇게 나올 거예요.

"천문학? 하늘만 바라본다고 뭐가 나오니?"

"작가 되면 굶어 죽어. 거기다 요즘 출판사는 최대 불황이래. 주변에 책 읽는 사람 있니?"

"외고 나온 애들도 프랑스어로는 못 먹고 산다더라. 통역사가 되어 봤자 고급 계약직 하더라."

요즘 이런 인터넷 유머도 유행이에요.

'행복은 돈으로 살 수 없다. 돈이 없기 때문이다.'

이 말에 많은 사람들이 격하게 공감했죠. 그만큼 우리나라는 물질만능주의 사회예요. 어떤 조사에 따르면, 우리나라는 당장 끼니가 없어 걱정인 나라들보다도 '돈만 있으면 행복할 것'이라는 생각을 더 많이 한대요. 사람들의 욕망이 돈이 된 거죠. 우리나라 사람들은 돈을 많이 버는 직업을 최고라고 생각해요. 공부를 잘하는 애들은 돈을 많이 번다는 의사, 변호사만 하려고 해요.

십 대들은 공포 영화에 열광해요. 하지만 어른들은 심드렁해요. 왜냐면 어른들은 먹고사는 일이 귀신보다 더 무섭다는 걸 알기 때문이에요. 그래서 자녀들이 안정적인 공무원이나 공기업, 혹은 돈을 많이 번다고 알려진 전문직이 되기를 바라는 거예요.

한편으로는 이런 어른들의 마음이 이해는 돼요. 우리나라는 북유럽 복지국가들처럼 사회적 안전망이 있는 사회가 아니에요. 그러니 사람들은 안정적으로 돈을 많이 버는 직업을 추구하지요. 하지만 정말 냉정하게 이야기해서 어른들이 말하는 그런 직업을 갖는 건 이제 낙타가 바늘구멍에 들어가는 것보다도 어려워졌어요. 공무원이 안정적이라고 해서 공무원 시험을 40만 명이나

준비한다지만, 합격률은 2퍼센트도 되지 않아요.

그런 면에서 어쩌면 내가 가진 재능을 발휘하는 게 모두가 좋다는 길보다 알맞은 직업을 얻는 빠른 길일 수 있어요. 그리고 가장 중요한 것은 아무리 미래 유망한 전공을 찾는다고 쳐도, 자기가 재미없으면 끝까지 해 내지 못한다는 점이에요.

심리학자 칙센트미하이는 몰입이 삶의 질을 결정한다고 말합니다. 몰입 없는 행복은 언제든 상황이 바뀌면 없어질 수 있지요. 예를 들어, 열려라 주근깨 님 아버지는 펀드매니저가 되면 돈을 많이 번다고 하셨잖아요. 미국에서는 '켄쇼'라는 AI(인공지능)를 활용한 금융데이터 분석 시스템 때문에 유명한 펀드매니저들이 대거 해고됐어요. 만약 열려라 주근깨 님이 그저 아빠 소망대로 펀드매니저가 되어 돈을 많이 번다고 쳐요. 어느 날 AI 때문에 일자리를 잃는다면? 행복이 순식간에 날아가는 거죠.

하지만 열려라 주근깨 님이 좋아하는 글을 쓰면서 몰입의 즐거움을 느낀다면요? 그런 행복은 누구도 앗아갈 수 없죠. 좋아하는 일을 하면 자기 능력을 뛰어 넘는 110, 120퍼센트 이상의 능력을 끌어내게 돼요. 결과적으로 깜짝 놀랄 만한 결과를 만들어 내게 될 거예요.

여러분이 하고 싶은 일이 노는 것처럼 즐거운 일인가요? 그걸로 돈도 벌 수 있다면요? 생각만 해도 가슴이 두근거리지 않나요?

긍정심리학을 만든 마틴 셀리그먼도 칙센트미하이와 비슷한 이야기를 했어요. 돈 같은 물질적 보상보다 몰입하는 경험을 추구하라고요. 몰입하여 일하면 더욱 생산성을 향상시킬 수 있다고요. 아인슈타인이 395편의 논문을 남긴 것도, 바흐가 1000여 곡의 작품을 남긴 것도 돈이나 명예를 추구하기 위함이 아니라 몰입하고 즐거워해서 나온 결과입니다.

스티브 잡스도 비슷한 말을 했어요.

많은 사람들이 스티브 잡스를 찾아와서 창업 방법을 물었대요. 스티브 잡스는 그들에게 창업 이유를 되물었답니다. 대부분의 사람들은 돈을 많이 벌고 싶어서 창업을 하고 싶다고 대답했대요. 스티브 잡스는 그런 이유로 창업한다면 성공하지 못할 거라고 했어요. 창업은 무언가를 새롭게 하고 싶은데, 아무도 자기 이야기에 귀 기울여 주지 않아 회사를 직접 차릴 수밖에 없을 때 하는 것이라고 말했어요. 창업의 목적이 돈이 되면 안 된다고 말한 거지요.

세계적인 공포 소설 작가 스티븐 킹은 『유혹하는 글쓰기』에서 자신은 한 번도 돈 때문에 글을 쓴 적은 없다고 했어요. 결혼하고 두 아이가 태어나고 세탁소에서 일하면서도 그는 쉬는 시간에 원고지를 펼치고 글을 썼어요. 단지 재미있어서요. 그가 쓴 작품마다 베스트셀러가 되고 영화화, 드라마화 되었지요.

어느 분야에 호기심이 있다는 건 축복이에요. 그 호기심을 채우다 보면 자신만이 할 수 있는 일이 기다리고 있을지 몰라요. 아니면 세상에 없는 일을 만들어 낼 수도 있지요.

카시오페이아 님, 천문학이 궁금하다면 그 공부를 하라고 말해 주고 싶어요. 천문학을 공부하면서 밥벌이도 할 수 있는 진로를 찾아보면 어떨까요? 연구원이 될 수도 있고 천문학에 대한 글을 쓰는 작가가 될 수도 있겠지요.

철학자 강신주 님은 『청소년을 위한 진로인문학』에서 스무 살 때 하고 싶은 일이 있다면 당장은 돈이 안 되더라도 10년만 버티면 그걸로 돈을 번다고

위로해 준 바도 있어요. 돈이 없다면 다른 일로 돈을 벌어서라도 하겠다는 마음으로 하고 싶은 일을 하라고 격려해 주었죠.

철학과 천문학의 공통점은 좋아하는 사람은 분명 있기는 있는데, 끝까지 그 길을 가는 사람이 많지 않다는 점이에요. 두 길 모두 도전하는 사람들이 적기 때문에 끝까지 공부했을 때 희소성 있는 인재가 될 수도 있지 않을까요?

열려라 주근깨 님, 작가가 되거나 출판사를 차리는 게 정말 전망이 없을까요? 2018년 우리나라 웹툰 시장은 약 1조 원, 웹 소설은 4000억 원 규모였어요. 사람들은 이제 스마트폰에 코를 박고 '뭐 재미있는 거 없나?' 하며 콘텐츠를 찾아다니고 있어요. 앞으로도 콘텐츠 시장은 계속 커질 거예요. 미래학자 옌센은 미래를 '드림 소사이어티'라고 했어요. 이제는 사람들이 이성보다는 꿈과 이야기 등 감성을 자극하는 상품을 소비하는 사회가 될 거라는 거지요. 열심히 그 길로 나간다면 펀드매니저보다 더 좋은 기회를 잡을 수도 있지 않을까요?

바게트 님이 프랑스어로 진로를 찾는다면 어떤 게 있을까요? 진로적성전문연구소인 와이즈멘토 조진표 대표는 프랑스어과 나와서 취직이 안 된다는 건 프랑스어를 못해서라고 잘라 말한 바 있어요. 프랑스어과를 가서도 남들이 다 영어가 중요하다고 하니까 영어만 공부한다고요. 우리나라 사람들이 좋아하는 명품 본사는 프랑스에 많으니 패션 업계 등 얼마든지 기회가 있는데도 그쪽 방향은 아예 관심을 끈다고 말이에요. 프랑스어를 배우면서, 프랑스도 가 보고 생계도 꾸릴 수 있는 일을 적극적으로 찾아보면 어떨까요? 좋아하는 일을 하면서 내가 나를 먹여 살릴 때, 행복한 어른으로 살 수 있을 거예요.

많은 사람들이 남들 말만 듣고서 자기가 가고 싶은 길을 가 보지도 않고 포기합니다. 결국 종착역으로 안정적인 직장을 찾지요. 그렇게 '공무원 시험 준비생 40만 명 시대'라는 잿빛 시나리오로 막을 내려요. 어릴 때부터 꿈이 공무원이면 상관없지만, 남들이 다 하니까 공무원 준비를 하는 사람도 많아요. 그나마 공무원 시험에 합격하면 다행이지만, 합격하지 못하면 직업이 '공무원 시험 준비생'이 돼요.

여러분께 이 질문도 꼭 하고 싶어요. 돈을 많이 버는 게 진정 좋은 삶일까요?

저는 성공의 기준을 돈으로만 따질 수는 없다고 생각해요. 일전에 자신의 신념대로 살면서 창의력을 발휘하는 분을 만난 적이 있어요. '아이부키'라는 건축 회사의 이광서 대표님이에요. 이분에게 돈은 인생의 첫 번째 가치가 아니었어요. 대표님은 사회 주택을 만들어요. 사회 주택이란 소득 수준이 도시 평균 이하인 사회적 약자들을 위한 임대 주택을 말해요. 이분은 금천구에 있는 가난한 홀몸 어르신들을 위한 보린 주택이나, 돈 없이 사회생활을 시작하는 청년 1인 가구들을 위한 홍시 주택 같은 임대 주택을 만들었어요. 아이부키의 고객들은 가난한 사람들인 거죠. 일반적으로 회사는 이윤을 추구하는 곳이잖아요. 이 회사는 이윤보다 사람들의 주거 복지에 가치를 두었어요.

이광서 대표님은 원래는 미술을 전공했어요. 졸업 후, 강남에서 창의 미술학원을 운영하면서 큰돈을 벌 기회가 있었대요. 그걸 포기하고 사회적 기업가가 되신 거예요. 저는 왜 그런 선택을 했느냐고 물었어요.

"가치 때문이에요. 돈을 많이 버는 것보다 제가 옳다고 생각하는 가치를 실현하면서 사는 게 너무 짜릿해요. 이게 엄청 중독성이 강해요."

앞으로도 그분은 돈은 좀 덜 벌더라도 소득 불균형으로 인한 주거 문제를

해결하면서 살겠다고 하셨어요. 그 말을 전하는 그분의 표정이 너무 밝았어요. 자기 인생에 대한 자긍심, 자존감이 충만했지요. 저는 이분처럼 사는 것이 '나답게 사는 것'이라고 생각했어요. '나답게 산다'는 건 내가 무엇을 열망하는지를 정확히 알고, 내가 중요시하는 가치가 무엇인지 알고 행동하는 것이니까요.

저는 요즘 크고 작은 일을 결정할 때 아마존 창립자 제프 베조스의 '후회 최소화 프레임워크'를 떠올려요. 베조스 회장이 2010년 프린스턴대학교의 졸업식에서 한 이야기인데요. 젊은 시절, 그는 맨해튼의 한 금융 회사 회사원이었어요. 인터넷 관련 창업을 하고 싶어진 그는 인생의 갈림길이라는 선택에 앞서 여든 살이 된 자신을 떠올려 보았다고 해요. '어떤 삶을 살아야 여든 살이 된 시점에 후회할 일의 개수를 최소화할까?' 이런 고민을 했대요. 그 결과, 창업 시도를 여든 살의 자신이 후회할 리 없다고 생각한 그는 창업을 결심했다고 합니다. 자신이 훗날 후회할지도 모른다고 생각한 딱 한 가지는 시도조차 안 했을 경우였다고 합니다. 그랬다면 자신은 단 하루도 빠짐없이 미치도록 괴로워할 것임을 그때 알았다고 해요.

그는 마음의 소리를 따라 창업했고, 세계 1위 기업을 만들어 냈어요.

죽기 전에 이걸 안 하면 꼭 후회할 것 같은 일이나 공부가 있나요? 만약 그런 일이나 공부가 있다면 눈 딱 감고 도전해 보는 게 어떨까요? 내가 하고 싶은 공부, 하고 싶은 일을 한다는 건 인생이 우리에게 주는 최고의 호사입니다.

영화 〈월-E〉에서 우리의 마음을 울리는 대사가 나오는데요. 우주선에서 오랜 시간 인간을 지배해 온 인공지능 오토가 선장을 설득합니다. 지구로 돌아가지 않고 우주선에 계속 남아 있으면 생존은 할 수 있다고요.

하지만 선장은 수동적인 삶에서 벗어나 새로운 삶에 도전하기로 마음먹죠.

"나는 단순히 살아남는 걸 원하는 게 아니야. 제대로 된 삶을 살고 싶어!"

여러분에게 제대로 된 삶은 무엇인가요?

그 삶을 선택하세요.

추천 메뉴

내 갈 길에 확신을 주는
민트초코

내 꿈에 의심이 들 때, 이 차를 마셔요. 지금 하지 않으면 후회할 일을 마음속에서 찾게 해 줍니다. 내가 가장 값지게 생각하는 가치관이 무엇인지 살펴보고, 그 가치관에 따라 진로를 선택할 수 있게 확신과 용기를 줍니다. 누군가는 민트초코에서 치약 맛이 난다며 그걸 왜 먹냐고 질색해도 내가 좋아한다면 즐기며 마시듯, 좋아하는 길로 소신 있게 가는 힘을 줍니다. 민트초코를 먹을 때처럼 시원한 길이 펼쳐질 거예요.

카페지기의 힐링 레시피

돈과 꿈 사이에서 망설여질 때

인생의 아이러니가 있습니다. 돈을 잘 버는 사람들은 하나같이 돈 때문에 이 일을 시작한 게 아니라고 말하는 것이 그것입니다. 몰입해서 할 수 있는 일, 놀이처럼 할 수 있는 일을 하다 보니까 돈도 벌게 되었다고 말합니다.

성공한 사람들은 자기가 몰입해서 할 수 있는 일을 찾아서 최선을 다한 사람들이에요. 내가 이 공부를 하지 않으면, 이 길을 가지 않으면 죽기 전에 후회할 것 같은 일이 있나요? 눈앞의 돈이나 남들의 가치 판단에 휩쓸리지 말고, 내가 추구하고 싶은 가치관을 생각해 보세요. 그 일을 하는 게 성공의 시작입니다.

제가 정한 길에
확신이 없어요.

자신을 믿고,
굳게 밀고 나가는 게
가장 큰 재능이에요.

ID 제갈공명

저는 정치인이 꿈입니다. 여러 선생님들께서 저의 포부를 아시고, 나라의 대사를 저에게 부탁하셨습니다. 고등학교 2년을 생활해 보니 소인은 많이 부족할 뿐 아니라 천하에는 뛰어난 사람들이 많이 있다는 것을 알게 되었습니다. 제가 과연 대업을 완수할 수 있을지 의문입니다. 그러한 생각 때문에 꿈이 흔들리고, 정치를 못 하게 되면 앞으로 어떻게 살아야 하나 싶어 막막합니다. 불확실한 미래 때문에 저는 꿈을 꾸면 안 될 것 같다는 생각이 자꾸 듭니다. 그 생각을 하다 보면 인생을 사는 것이 너무 허무하옵니다.

ID 세바스찬

실용음악 보컬을 전공하는 학생입니다. 현재 꿈을 꾸고 있는 진로로 잘 갈 수 있을지 고민입니다. 무대 체질도 아닌 것 같고 학원비도 만만치 않고, 가면 갈수록 자신감도 없어져요. 내가 제대로 하고 있는 건지, 아니면 못하는데 내가 깨닫지 못하는 건지……. 여기서 그만두고 새 길을 찾아야 할지, 포기하지 않고 끝까지 도전해야 할지 고민이 많아요.

꿈을 가진 사람들 중에 자기 길에 확신을 가지고 가는 사람이 몇 명이나 될까요? 아마 대부분은 회의감을 느끼며 그 길을 가고 있을 거예요.

"내가 하면 안 되는 것이 아닐까?"

"내가 계속해도 되나?"

영화 〈라라랜드〉의 여자 주인공인 미아도 그랬어요. 미아는 할리우드에서 배우를 꿈꾸는 배우 지망생이에요. 번번이 배우 오디션에 떨어지고 좌절해요. 미아는 영화 초반부에 "과연 내가 꿈을 이룰 수 있을까?"라면서 눈물을 흘리지요. 이 영화를 보고 많은 사람들이 '꿈꾸는 바보들의 영화'라고 찬사를 보냈어요.

미아의 모습, 제갈공명 님과 세바스찬 님의 모습은 다 같아요. 꿈이 있지

만, 그걸 이룰 수 있을지 의심하는 우리의 모습이에요. 꿈꾸는 사람이라면 누구나 한번쯤 겪지요. 결과도 알 수 없는 길을 의심 없이 가기는 힘들잖아요.

그래도 그런 의심을 이겨 내고 자기 꿈을 이뤄 낸 사람들이 있어요. 그런 사람들의 공통점은 뭘까요?

1) 자기 자신을 믿어요.

그건 바로 자기 자신을 믿은 거예요. '내 꿈은 100퍼센트 옳다!'라고요. 내 꿈에 의심이 들어 불안한 건 누구나 그래요. 그럴 때 제갈공명 님과 세바스찬 님, 자신을 믿고 흔들림 없이 나아가 보세요. 내가 절대적으로 내 편이 되어 주면 어떨까요?

영화감독 스티븐 스필버그에게 사람들이 성공의 비결을 물었어요. 그는 "마음의 소리를 따르면 됩니다."라고 답했어요. 실제로 스필버그는 열일곱 살부터 할리우드 영화 제작사 사무실에 가서 자연스레 앉아 있었다는 일화로 유명해요. 자신이 멋진 영화를 만들 거라는 걸 의심하지 않았어요.

제갈공명 님은 정치인이 되고 싶어 해요. 세바스찬 님은 가수가 되고 싶고요. 하지만 자기가 잘할 수 있을지, 꿈을 이루어 낼 수 있을지, 포기해야 할지 고민 중이죠. 아직 제대로 시작해 보지 않았지만 두려움이 앞서기 때문이에요.

그래도 나를 이끈 마음의 소리를 따라 믿음을 갖고 행동해 보면 어떨까요?

저는 자신을 믿고 굳건히 밀고 나가서 꿈을 이룬 학생을 보았어요. 제가 근무한 학교에는 '마이쮸의 기적'이라고 불리는 전설 같은 존재가 있어요. 전설의 주인공은 다영이라는 아이예요. 다영이는 고1 때부터 간호사나 물리치료사를 하고 싶어 했어요. 근데 성적이 심하게 겸손했어요. 『메밀꽃 필 무렵』이라는 소설을 배울 때 느낀 점을 써 보라고 했더니, '당나귀가 허생원 짐을 실어서 등이 아팠을 것 같다.' 이렇게 쓰는 애였어요. 별명이 '백치미'일 정도로요.

하지만 다영이는 자기 꿈을 한 번도 의심하지 않았어요. 자기를 의심하지도 않았어요. 간호사, 물리치료사에 관련된 책을 다 읽고 확신이 더 생겼대요. 주말이면 요양 병원에서 봉사 활동도 하고, 간호사들, 물리치료사들을 만나서 이야기를 나누기도 했어요. 보건 동아리에서 활동했고, 자율 동아리도 보건 계통 동아리를 만들어 활동했어요.

고등학교에 와서 치른 첫 시험에서 좌절할 만한 점수가 나왔어요. 원하는 대학, 원하는 학과를 갈 수 있는 점수가 아니었어요. 하지만 다영이는 '포기'보다 '더 열심히 하기'를 선택했어요. 절망하는 기색 없이 수업 시간에 더 집중했고, 숙제와 수행평가를 더 열심히 했어요. 3년 동안 흔들리지 않고 공부했어요. '자기에게 있는 모든 공부 머리를 불태워서' 받은 내신 점수가 9등급 중에 3.5등급 정도였어요. 빼어난 성적은 아니었지만 그동안 자기 꿈을 위해 노력한 점이 생활기록부에 잘 적혀 있었기 때문에 보건 계통 원서를 준비하기로 했어요. 고3 여름방학 때 다영이가 처음 쓴 자기소개서는 정말 놀라웠어요.

자기소개서 1번 질문이 '왜 우리 학과(물리치료과)에 지원하려고 하나?'였는데 이에 대한 다영이의 답은 이랬지요.

'저는 치킨을 좋아합니다. 치킨을 다 먹고 나면 닭 뼈가 남습니다. 재미 삼아 그 뼈를 맞추다 보니 인간의 뼈도 맞추고 싶어졌습니다.'

고3 담임은 그걸 읽고 웃다가 눈물까지 흘렸어요.

"아, 이게 뭐야!"

다영이가 수줍은 미소와 함께 귀 뒤로 머리를 넘기며 말했어요.

"제가 좀 백김치잖아요."

"뭐? 백김치?"

다영이는 친구들이 자기한테 다들 '백치미'라고 하니까, 그걸 '백김치'로 기억한 거였어요. 우리 백김치, 아니 다영이는 고3 여름방학 내내 계속 진로 활동을 이어 갔어요. 봉사 활동도 하고, 동아리 활동도 했지요. 전국에 있는 대학들을 조사해서 자기가 가고 싶은 대학과 학과를 다 찾아 놓기도 했어요. 그중에는 고3 담임 선생님들도 알지 못했던 괜찮은 학교도 있었어요. 집에서 통학할 수 있는 위치에 있는 4년제 간호학과였는데, 대학 병원도 있는 곳이었어요. 다영이는 그 학교에 꼭 들어가고 싶어 했어요.

여름에 수시 박람회가 열렸는데, 다영이는 그곳도 찾아갔어요. 아이돌 콘서트 보러 가듯 그곳에 1등으로 도착해서 기다렸어요. 그리고 문이 열리자마자 가고 싶은 대학 부스로 뛰어 들어갔어요. 한 교수님이 빙그레 웃으면서 다영이에게 마이쮸를 주었어요. 교수님이 감격한 듯 말했대요.

"문이 열리자마자 뛰어 들어온 친구가 우리 학교로 와서 반가워요."

다영이는 교수님께 궁금한 걸 자세히 물어보고 돌아왔어요. 교수님께 받은 마이쮸는 먹지 않고 비닐봉지에 넣어서 필통에 보관하고 공부했어요.

그렇게 수시 원서 면접날이 다가왔어요. 보건 계통만 지원하기는 했지만, 대학마다 과도 조금씩 다르고 예상 질문도 달라서 여러 대학의 면접을 준비해야 했어요. 담임 선생님은 다영이가 많은 양을 외우지 못할 거라고 판단해서 꼭 가고 싶은 대학의 질문 중에 한 질문의 답만 함께 준비했어요.

드디어 다영이가 꼭 가고 싶은 학교의 면접날이 되었어요. 다영이의 학교 성적만으로는 부족한 곳이었지만, 지원을 하지 않으면 후회할 것 같아 도전한 거였죠. 두근거리는 마음으로 문을 열고 들어갔는데, 면접관 세 명이 앉아 있었어요. 그 가운데에 바로 다영이에게 마이쮸를 준 교수님이 앉아 계셨대요. 교수님이 고개를 갸우뚱거리며 웃으셨어요.

"허허. 학생은 낯이 좀 익은데요?"

다영이가 교복 상의 주머니에서 득달같이 마이쮸를 꺼냈어요.

"교수님, 이 마이쮸를 기억하십니까? 저는 이 학교를 오기 위해 그동안 노력했습니다."

교수님이 빙그레 미소를 지으셨대요.

"아, 그 학생이군요. 수시 박람회 때 만났던. 자, 그럼 면접 합시다."

다영이는 긴장감에 침을 꿀떡 삼키며 교수님의 입에서 무슨 질문이 나올지 기다렸어요. 그 교수님의 입에서 나온 질문은 바로 이것이었어요.

"학생은 왜 우리 학과에 오고 싶습니까?"

이게 무슨 기적일까요? 그건 바로 다영이가 준비한 딱 하나의 질문이었어요! 다영이는 준비한 대로 최선을 다해 답을 했어요.

드디어 결과가 나왔는데, 다영이는 깜짝 놀랐어요. 결과는 합격이었어요. 그것도 장학생으로요!

저는 이걸 운이 좋아서라고 생각하지 않아요. 다영이가 자기 자신을 믿었기 때문에 이룬 일이라고 생각해요. 만약 다영이가 '난 머리도 나쁜데 내 주제에

이런 과에 갈 수 있겠어?'라고 자신을 믿지 못했다면요? 첫 시험 때 좌절하고 '이번 생은 글렀다!'고 포기해 버렸다면요? 꿈 근처에 가지도 못했을 거예요.

다영이는 자기 자신이 외치는 마음의 소리를 무시하지 않고 온몸을 사용해 그 꿈을 이룰 수 있게 스스로를 도운 거지요.

나에게 다른 사람들이 "네가 무슨 일을 하겠냐?"라고 빈정거릴 때, 그걸 받아들여 좌절하는 것보다 더 나쁜 일이 있어요. 바로 자기가 자기 자신을 믿지 못하는 일이죠. 미국의 사상가 랠프 월도 에머슨이 "자기 자신을 믿는 것, 즉 자기 신뢰야말로 성공의 제1비결이다."라고 한 건, 바로 그런 이유 때문이에요.

2) 불안함을 행동으로 채워 넣어요.

제갈공명 님과 세바스찬 님은 하고 싶은 일이 분명히 있어요. 하지만 '그 꿈을 이룰 수 있을까?'하는 생각에 초조해질 거예요. 누구나 그래요.

여기서 포기하는 게 맞는 건지 고민도 생기겠죠. 하지만 분명한 건, 여기서 그만둔다면 계속 후회로 남게 될 거란 점이에요. 멈추기에는 너무나 소중하고 간절한 꿈이잖아요.

도전과 실패를 두려워하지 말아요. 내 꿈에 의심이 들어 불안하다면, 행동으로 내 꿈과 현실을 촘촘하게 메꿔 나가면 됩니다.

최근에 바닷가로 여름휴가를 갔을 때였어요. 열한 살 아들은 난생 처음 서핑 보드를 보았어요. "재미있겠다!" 하면서 바로 바다로 뛰어 들어갔어요.

'내가 저걸 탈 수 있을까?', '물에 빠지면 어떡하지?' 하는 고민은 1초도 하지 않았어요. 아들은 전문가에게 강습을 받은 후, 30분 뒤에는 그럴 듯하게 서핑을 할 수 있게 되었어요.

친구 아들이 열 살 때의 일이에요. 그 아이는 야구 선수가 될 테니 야구단 선수반에 등록시켜 달라고 했어요. 아이를 본 감독님이 엄마에게 그러더래요.

"이 아이는 타고난 체격, 뛰어난 체력, 남다른 재능 중에 가진 것이 하나도 없습니다."

엄마도 그 말에 수긍했대요. 하지만 아이가 하도 우겨서 선수반 활동을 하게 해 주었어요. 아이는 매일 밤 10시까지 훈련하고, 방학 때마다 한 달씩 집을 떠나 전지훈련도 갔어요. 그러기를 몇 달, 시합 때 성적이 나오지 않자 엄마가 걱정이 되어 물었어요.

"너 야구 잘 못하잖아. 야구가 네 길이 아니면 어떡해? 나중에 후회하면."

그 집 아들이 아무렇지 않게 대답하더래요.

"그때는 다른 길 찾으면 되지 뭐."

그렇게 1년이 흘렀어요. 야구 감독님이 엄마에게 이런 말을 전했답니다.

"이 아이는 우리 팀에 꼭 필요한 인재입니다. 여전히 체격, 체력에서 다른 선수들에게 밀리지만 뛰어난 재능이 있습니다. 야구를 할 때 전략을 파악하는 능력이 뛰어납니다."

아이는 경기 판의 전체를 읽고 분석하고, 코치보다 더 정확하게 선수들의 장단점을 파악했던 거예요. 감독님이 아이를 포수로 키워 보자고 하더랍니다.

아이들이 서핑 보드나 야구를 앞에 두고 '나에게 재능이 없으면 어떡하지?', '실패하면 어떡하지?' 하는 생각에 도전도, 시도도 하지 않았더라면 어떻게 되었을까요? 서핑 보드, 야구를 잘하게 되는 즐거운 경험을 못했겠죠.

우리 꿈도 마찬가지인 것 같아요. 내 꿈에 의심이 들 때 포기해 버리면 그 꿈을 이루는 멋진 삶을 경험하지 못하겠지요. 그러니 꿈을 꿀 때 이런 아이들의 마음을 가져 보면 어떨까요? 일단 하고 보자는 마음이요.

제갈공명 님은 정치가가 되고 싶지요? 그건 책상에서만 고민한다고 되는 게 아니에요. 지금 할 수 있는 정치 활동을 해 보는 거예요. 청소년 의회 활동, 학생회 활동 등을 하면서 리더십을 기를 수 있어요. 그 외에도 동아리 활동을 하면서 전 세계 정치 정책을 친구들과 토론할 수도 있어요. 학교와 지역 사회를 바꿀 수 있는 정책이 무엇인지 보고 실천해 볼 수도 있어요.

제가 아는 한 친구는 학생회 활동을 하면서 교장 선생님을 설득해 모든 화장실에 온수기를 설치한 적이 있어요. 친구들이 추운 날 찬물로 손 씻는 게 안타까워 교장 선생님께 제안한 거였어요. 길게 늘어선 급식 줄 때문에 학생들이 다치기도 하니까 학년 별로 시간을 정해 급식을 시작하는 활동도 기획했어요. 한일 관계에도 관심이 많아서 전범 기업 불매 운동을 벌이기도 했어요. 사회 시간에 배운 이론을 바탕으로 캠페인 활동도 전개했고요. 봉사 활동을 하더라도 자기의 롤 모델이 있는 시청에 지원해 롤 모델과 직접 인터뷰를 하며 정치인의 삶에 대해 생각해 보고 관련 책도 읽었어요.

세바스찬 님도 보컬 분야에서 열심히 레슨을 받고 연습해 보세요. 학교 축제에도 참여해 봐요. 작은 무대에서 자신감을 계속 쌓아 가요. 오디션도 나가 보고요. 용기가 있다면 길거리 공연도 해 보고 유튜브 채널도 열어 봐요.

내가 이 일을 잘할 수 있나 의심하는 시간에 내가 할 수 있는 작은 일을 해 봐요. 작은 성취를 맛보다 보면 확신이 들 거예요.

내 심장을 뛰게 하는 일이 있다면 자신을 믿고 당장 시작해 봐요. 해 보지도 않고 포기하지 말자고요.

다음은 자존감의 대가 나다니엘 브랜든이 한 말이랍니다.

"자신을 상대로 저지르는 가장 큰 범죄는 자기 결정을 부인하고 부정하는 것이 아니라, 두렵다는 이유로 자신의 위대함을 부인하고 부정하는 것이다."

당신에게 꿈이 있다는 건, 당신 안에 이미 그 꿈을 이룰 재능이 있다는 거예요. 두려워하지 말고 도전해 보세요. 자신을 믿고, 굳게 밀고 나가는 게 가장 큰 재능이에요.

추천 메뉴

나 자신을 믿게 해 줄
캐러멜마키아토

실패를 두려워하거나 불안해하지 않게 해 줍니다. 대신 더 열심히 하는 것을 선택할 수 있게 해 주는 달콤한 자신감을 줍니다. 내 꿈이 잘못된 게 아니라 내가 나를 못 믿는 것이 잘못되었다는 것을 깨닫게 해 줍니다. 이 세상에서 가장 믿어야 하고, 또 가장 믿을 수 있는 존재가 '나'라는 사실을 일깨워 줘요. 강한 멘탈로 자기 꿈을 이룰 수 있는 행동을 할 힘을 줍니다.

카페지기의 힐링 레시피

내 꿈에 의심이 들 때 가져야 할 2가지 자세

1. 자기 자신을 믿어요.
2. 불안함을 행동으로 채워 넣어요.

진로 04

최선을 다하고 있는데,
슬럼프가 왔어요.

온 마음을 다한다는 건
좌절까지 껴안고
나가는 것입니다.

ID 마린보이

수영을 하는 중3 학생입니다. 초등학교 4학년 때부터 매일 새벽 5시에 일어나 훈련하고 학교에 갔습니다. 방과 후에 날마다 밤 11시까지 훈련하고 있어요. 그동안은 대회 성적이 좋았는데 올해 들어 메달을 못 따고 계속 4등만 하고 있어요. 초조해서 미칠 것 같아요. 중 3 성적으로 어느 체고를 갈지 결정하거든요. 이러다가 제가 원하는 체고를 못 가게 될까 봐 두려워요. 만약 원하는 학교도 못 가고 부상이라도 당해서 수영을 못 하게 된다면 어떡하죠? 그동안 노력한 게 물거품이 된다고 생각하니 막막해요. 그냥 운동을 그만둘까요?

ID 스완

춤을 진로로 정한 열여덟 살 학생입니다. 요새 제가 추는 춤이 마음에 들지 않아요. 자꾸만 실력이 늘지 않는 것 같아 속상해요. 제가 지금 춤추는 게 잘하고 있는 일인지 회의감이 듭니다.

ID 데구루루

소설가가 되고 싶은 열일곱 살 학생입니다. 학교 친구들과 글 쓰는 모임을 중1 때부터 계속 해 왔어요. 근데 지금까지 여러 청소년 문학상 공모전에 지원했는데, 다 떨어졌어요. 일일이 세기 어려울 정도로 떨어지니까 지쳐요. 그만 해야 될까 싶어요.

사연만 들어도 세 사람이 흘린 땀의 짭조름한 냄새가 나는 것 같아요. 그동안 얼마나 애쓰며 살았는지 짐작이 가요.

고생한 만큼 바로바로 결과가 나와 주면 좋을 텐데, 그렇지 못해 속상하죠? 이럴 때 빠지기 쉬운 게 슬럼프예요. 슬럼프는 꿈을 꾸는 사람은 누구나 빠지는 악마의 구렁텅이 같은 지독한 녀석이에요. 모험 영화를 보면 주인공들이 정글을 가다가 꼭 수렁에 빠져서 옴짝달싹 못하고 안으로 서서히 빨려 들잖아요. 슬럼프가 딱 그래요.

하지만 슬럼프가 있다는 건 자랑스러워해야 할 일이에요. 왜냐고요? 꿈을 꾸고 노력하는 사람에게만 슬럼프를 겪을 자격이 주어지는 거니까요.

마린보이 님, 새벽부터 밤 늦게까지 훈련 받는 일을 잘 해낼 수 있는 사람이 몇 명이나 될까요? 스완 님, 새로운 안무를 짜고 연습하는 노동을 기꺼이 한다는 게 쉬운 일이 아니에요. 데구루루 님, 엉덩이를 붙이고 앉아 한 글자 한 글자 이야기를 써 내려가는 것도 엄청난 육체노동이자 정신노동이에요.

자기가 하는 일을 좋아하지 않는 사람은 이런 일들을 절대 해낼 수 없어요! 이 세 사람에게 따뜻한 박수를 보내고 싶어요. 대단해요. 자신을 충분히 자랑스러워해도 돼요.

슬럼프가 오는 건 너무나 당연한 거예요. 우리는 인공지능이 아니기 때문이에요. 감정이 있는 인간이기에 내가 하고 싶은 일을 하다가도 '이게 뭐 하는 짓인가?' 싶은 순간이 오곤 하잖아요. "그냥 확~ 그만둘까?" 이런 생각이 물귀신처럼 내 발목을 끌어당기기도 하지요.

슬럼프가 왔다는 것은 그만큼 당신이 최선을 다했다는 증거입니다. 당신은 충분히 잘해 왔어요. 다시 열정이 솟아오를 때까지 쉬어도 괜찮아요.

다른 일을 하면서 마음을 내려놓아요. 영화도 보고, 친구들을 만나 수다도 떨고, 맛있는 음식도 먹어요. 그리고 스스로를 듬뿍 칭찬해 주세요.

'지칠 때까지 내가 노력했구나.'

'좌절할 때까지 내가 애썼구나.'

결과에 관계없이 자기를 격려해 주고, 대견해하세요.

또, 위대한 사람이라고 해서 꼭 위대한 일만 하는 것도 아니란 사실을 알면 위안이 될 거예요. 펜실베이니아대학교 심리학과 교수 스콧 배리 카우프만은 창의성을 연구하는 심리학자예요. 그에 따르면 셰익스피어도 모든 작품이 다 뛰어난 건 아니라고 해요. 그의 희곡 중에는 아직 무대에서 상영되지 않은 작품도 있대요. 베토벤의 곡도 모두 다 훌륭한 건 아니라고 해요. 피카소는 92세로 죽을 때까지 1만 3500여 점의 그림과 700여 점의 조각품 등 여러 작품을 합쳐 3만여 점의 작품을 남겼는데, '이게 피카소 작품이야? 진짜?'라고 할 만한 작품도 많대요.

인류에 길이 남을 천재들마저 시시한 작품들을 만들었다는 거죠!

저는 배우 송강호 님을 좋아해요. 세계적인 상을 받은 배우지만 그 분의 모든 작품이 다 호평을 받고 흥행을 한 건 아니더라고요. 무명 시절도 있었고, 출연한 영화가 손익분기점을 못 넘긴 적도 있었어요. "묻고 더블로 가!"라는 대사로 유명해진 배우 김응수 님도 긴 무명 시절을 겪고 38년 만에 대중들의 주목을 받았는데요. 한 일간지와 인터뷰를 할 때 자신이 제일 잘한 일은 '포기하지 않은 일'이라고 했어요. 젊은 날의 자신을 밥 먹여 주지 못한 직업을 계속한 일이라고요.

우리가 아는 세계적 예술가나 영화배우가 위대한 사람이 된 이유는 이것 때문인 것 같아요. 매번 최고의 작품을 만든 게 아니라, 자괴감이 드는 날에도 열심히 했다는 점이요. 실패하고 좌절하더라도 끝까지 포기하지 않은 거요.

마린보이 님은 수상을 못 해서, 스완 님은 내 춤이 마음에 안 들어서, 데구루루 님은 공모전에 떨어진 것 때문에 '난 잘하지 못 하니 안 할 거야.'라고 좌

절할 수는 있어요. 하지만 그 마음에 지면 안 돼요. 포기하지 말고 꾸준히 과감하게 도전할 때 원하는 목표를 이룰 수 있을 거예요.

저는 역사 소설을 쓰려고 역사 공부를 열심히 한 적이 있어요. 그때 정조에게 꽂혀서 본격적으로 정조를 조사했지요. 조선 시대에 문화 르네상스를 이끈 왕이잖아요. 정조의 가정환경은 그야말로 콩가루였어요. 아버지는 미치광이 취급을 당하다가 할아버지의 명으로 뒤주에 갇혀 죽었고, 어머니는 자신의 가문만 중시할 뿐 아버지를 나 몰라라 했고……. 이런 집안에서 태어난 정조가 훌륭한 업적을 남긴 것 자체가 너무나 놀라웠어요. 그래서 그분에 관련된 온갖 자료를 섭렵했어요. 그러다 정조가 남긴 이 말을 보게 되었어요. 이 말을 접하고 온몸에 전율이 흘렀어요. 정조 대왕은 이런 말씀을 하셨어요.

> "모든 일에 있어서 시간이 부족하지 않을까를 걱정하지 말고, 다만 네가 마음을 바쳐 최선을 다할 수 있을지, 그것을 걱정하라." -『홍재전서』 175권

이 말은 제 인생의 좌우명이 되었어요. 정조는 자기가 해야 할 일이 '마음을 바쳐' 할 일인지를 묻고 있어요. '마음을 바쳐' 하는 일은 기분 좋고 일이 술술 풀릴 때만 하는 게 아니죠. 하기 싫을 때, 쉬고 싶을 때, 포기하고 싶을 때, 실력이 마음처럼 늘지 않아 속상할 때, 운이 따라 주지 않아 낙담할 때, 그럴 때도 묵묵히 하는 일이에요. 온 마음을 다한다는 건 좌절까지 껴안고 나가는 것입니다.

생각해 보면 모두 스스로가 대견한 적이 있을 거예요. 마린보이 넘은 저녁

훈련을 마치고 집에 갈 때, '내가 이 고된 훈련을 마치다니!' 하고 뿌듯했을 거예요. 스완 님은 좋아하는 아이돌 신곡이 나왔을 때, '와~! 내가 이 음악에 어울릴 춤을 직접 짜 보다니!' 하면서 방방 뛰며 기뻐했을 거구요. 데구루루 님은 공모전에 응모하는 원고를 우체국에 가서 부칠 때, '내가 소설을 완성하다니!'라며 그 자체로 밥 안 먹어도 배부른 느낌을 받았을 테죠. 세 사람 모두 하고자 하는 마음이 하기 싫은 마음을 이겼던 순간의 쾌감과 자신에 대한 기특함을 느낀 적이 있지요? 시원한 탄산음료를 마실 때 톡 쏘는 것처럼 짜릿한 마음을 느낀 적, 분명 있을 거예요. 수상 여부와 상관없이 그 자체로 말이에요.

바로 그런 마음들이 벽돌처럼 쌓이면 어느 순간, 자기가 굉장히 괜찮은 사람처럼 느껴질 때가 있을 거예요. 세 사람이 포기하지 않고 슬럼프를 잘 이겨내고 각자의 길을 뚜벅뚜벅 간다면, 그간 흘린 땀방울이 몸에 새겨질 거예요.

'나는 나를 믿을 수 있구나.'

이게 바로 '자기 신뢰'지요. 자기 신뢰가 쌓이면 삶의 태도가 바뀝니다. 삶의 태도가 바뀌면 인생이 달라집니다.

끈기 있게 목표를 향해 노력하는 것, 그걸 영어로는 '그릿'(GRIT)이라고 불러요. 그릿이 있는 사람은 무슨 일이든 해내는 인생을 살 수 있어요.

펜실베이니아대학교 심리학과 교수 앤절라 더크워스는 자신이 쓴 『그릿』에서 '재능보다 끝까지 하겠다는 집념'이 더 중요하다고 말해요.

위의 세 사람이 그 분야 공부를 더 노력한다고 해서 반드시 성공할 거라고 확신해 줄 수는 없어요. 하지만 이 말은 해 줄 수 있어요.

"Everything Counts." (모든 순간은 쌓인다.)

세 명이 흘린 땀은 모두 차곡차곡 몸 안에 쌓여 있을 거예요. 세 사람 모두의 몸에 끈기와 인내심이 새겨졌을 거예요. 그 힘이 있다면, 마린보이 님이 수영 선수가 아닌 다른 일을 하더라도, 스완 님이 안무가가 아닌 다른 일을 하더라도, 데구루루 님이 작가가 아닌 그 어떤 일을 하더라도 잘 해낼 수 있을 거예요.

다른 건 다 빼앗길 수 있어도 '그릿', 여러분이 스스로 몸에 쌓아 올린 이 소중하고 귀한 '그릿'은 아무도 절대 뺏어 갈 수 없어요. 그러니 기억해요.

몸으로 새긴 건 아무도 빼앗아 갈 수 없다고요.

여러분은 이미 잘하고 있고, 잘 해낼 거예요.

⧓ 추천 메뉴

다시 시작할 수 있는 힘을 충전해 줄
청포도스무디

당신 몸 안에는 이미 당신이 꿈꾸는 인생으로 가는 방법이 새겨져 있습니다. 힘들 때는 잠시 숨을 고르고 쉬어도 괜찮아요. 충분히 쉬고 다시 힘을 낼 때 청포도스무디를 마시면 더 열심히 할 수 있는 싱그러운 에너지를 얻게 됩니다.

✿ 카페지기의 힐링 레시피

슬럼프 극복하는 법

최선을 다하고 있는데, 슬럼프가 왔나요? 슬럼프는 꿈을 위해 노력하는 자에게만 찾아오는 특권이에요. 끈기 있게 노력한 몸에 '자기 신뢰'와 '그릿'이 새겨져 있을 거예요. 그건 누구도 빼앗아 갈 수 없는 보물이에요. 지칠 때까지 고생한 당신을 스스로 위로해 주어요. 힘들 때는 잠시 쉬어도 괜찮아요.

'마음을 바쳐' 하는 일은 기분 좋고 일이 술술 풀릴 때만 하는 게 아니죠.
하기 싫을 때, 포기하고 싶을 때도 묵묵히 하는 일이에요.
온 마음을 다한다는 건 좌절까지 껴안고 나가는 것입니다.

진로 05

어떤 고등학교, 대학교를 가야 하나요? 꼭 좋은 대학을 가야 하나요?

자존감은 학교가 아니라,
내가 내 인생을 통해
만드는 것입니다.

ID 네모

어떤 고등학교를 가야 할지 머리가 터질 것 같습니다. 집 근처 남녀 공학은 공부 분위기가 안 좋대요. 장점은 좋은 학원이 주변에 많다는 거예요. 여고는 꽤 먼데, 공부 분위기가 좋다고 합니다. 근데 선생님들이 성적 좋은 애들만 신경 써 준대요. 학원도 멀고요. 어느 학교를 가야 할까요?

ID 다금바리

엘리트 체육을 한 운동부입니다. 저는 공부가 너무 싫어요. 대학을 안 가면 어떨까요? 고등학교 졸업 후, 건설 설비 일을 배워서 제 사업을 하고 싶어요. 사촌 누나가 대학교 학자금을 대출 받아서 다니는 걸 봤습니다. 취업하고 학자금 대출을 갚자마자 일을 그만두더라고요. 그걸 보니 큰 비용을 내면서까지 대학을 다녀야 할지 모르겠어요. 한 가지 걱정은 사람들이 제가 하는 기술직을 무시할까 봐 두렵다는 점입니다. 그래도 이 길을 가는 게 맞겠지요?

ID 선글라스

학벌이 안 좋을 것 같아 너무 걱정입니다. 성적이 안 되어서 서울에 있는 4년제를 못 갈 것 같아요. 전문대를 가거나 대학을 안 가는 것도 고민해 보았어요. 근데 아직까지 우리나라 사람들은 학벌이 낮은 사람을 무시하지 않나요? 전문대를 나온다면 직장에 들어가더라도 4년제 대졸자보다 월급도 적고 승진하는 데 한계가 있지 않을까요? 특히 전문대 나온 여자라면 더더욱 회사에서 인정받기 힘들겠지요. 4년제 좋은 대학을 나온 애들은 '착하고, 성실하고, 잘하네.' 등등 좋게 평가하고, 그에 못 미치는 대학을 나온 애들은 '공부를 못하네, 불성실했네.'라고 꼬투리 잡으면 어떡하죠? 휴, 전문대나 대학에 가지 않는 사람들에 대한 편견이 없어지는 날이 왔으면 좋겠어요.

'어떤 고등학교를 가야 하나? 어떤 대학을 가야 하나? 대학을 꼭 가야 하나?'

많은 친구들이 이와 같은 진학 고민을 해요. 언뜻 보면 이 질문들은 단순히 어느 학교를 선택하느냐, 대학을 가느냐 마느냐의 진학 문제 같지요. 하지만 진학 문제를 대하는 태도는 자존감 있는 삶과도 관련 지을 수 있어요.

어느 고등학교, 어느 대학을 가든, 혹은 대학을 가지 않든 그게 중요한 게 아니라는 말씀을 드리고 싶어요. 어느 곳이든 자신이 선택을 하고 그 결과에 책임지면 자존감 있는 삶을 살 수 있어요.

· 진로 자존감 뿜뿜 비결, 하나: 어떤 선택을 하든, 그 결과에 책임지면 됩니다.

네모 님의 고민은 강연장에서 듣게 되었어요. 네모 님은 고등학교 진학을 앞둔 중3이었어요. 집에서 멀지만 공부 분위기가 좋은 여고와, 집에서 가깝지만 공부 분위기가 그럭저럭인 남녀 공학 사이에서 치열하게 고민 중이었어요.

저는 강연장 맨 앞줄에 앉아 있던 고2 여학생에게 대신 답변을 해 달라고 마이크를 넘겼어요. 인생의 선배 격인 그 여학생이 단호하게 말했어요.

"학교는 무조건 두 가지만 보면 돼요. 급식이 맛있어야 하고, 집에서 가까워야 합니다."

그 옆에 앉은 여학생도 말했어요.

"우리가 여고 다녀요. 여고라고 다 공부 분위기가 좋은 것은 아니에요. 그리고 성적 좋은 애들만 신경 쓰는 건 대한민국 모든 학교가 마찬가지예요. 그냥 집 가까운 데 가세요."

이런 조언을 해 주었어요. 저는 네모 님께 답이 되었느냐고 물었어요. 네모 님은 여전히 망설여진다고 했어요. 저는 네모 님에게 A학교, B학교 중 어디를 가라고 답하지 않고, 대신 이렇게 말해 주었어요.

"일단 종이에 A학교의 장단점, B학교의 장단점을 써 보세요. 둘 중 어느 쪽으로 마음의 무게가 기우는지 살펴보세요."

네모 님은 엄청 고민을 많이 했는데 여전히 50대 50이라고 했어요.

"그럼 기한을 정하고 반드시 그 기한 내에 결정하기로 해요. 그동안 조언도 듣고, 상담도 받고, 그 학교에 다니는 선배들도 찾아가 보세요."

네모 님은 고개를 끄덕였어요. 하지만 어느 학교를 선택하든 아쉬워할 것이 눈에 선했어요.

"마지막으로, 자기가 선택한 것에 후회하지 말고 책임을 지세요."

그 말에 네모 님의 눈빛이 흔들렸어요. 그동안 조언을 해 준 사람들은 A학교, B학교의 장단점에 대해서만 이야기해 주었겠지요.

사실, 사람은 어떤 선택을 해도 후회가 남기 마련이에요.

'프라이드 치킨을 먹을까? 양념 치킨을 먹을까? 파닭을 먹을까?'

치킨을 고를 때도 심각하게 고민하잖아요.

다이어트를 한다고 선언했는데, 동생이 은혜로운 냄새를 풍기며 라면을 먹고 있다면?

'한 입만 달라고 할까?'

'아니야. 다이어트 선언한 지 하루도 안 돼서 저걸 먹으면 넌 루저야.'

이러면 먹어도 괴롭고, 안 먹어도 괴로워져요.

어차피 어떤 선택을 해도 후회는 남아요. 어떤 선택을 하든, 책임을 지겠

다는 자세만 있으면 돼요. 자존감은 자기가 심사숙고해서 내린 선택을 자기가 존중하고 책임을 질 때 생기는 법이거든요.

인생에서 무언가를 선택할 때는 대부분 선택지의 장단점이 비슷비슷합니다. 그럴수록 고민의 무게는 커지지요. 그러니 선택 후에 후회할 일도 많아집니다. 하지만 일단 선택을 하게 되면 나머지 사항에 대해서는 미련을 버려야 합니다. 그리고 자기가 선택한 일에 책임을 져야 합니다.

선택을 하지 못하고 좋은 것만 가지고 싶은 마음은 어린아이의 마음입니다. 사탕 먹는 걸 선택했으면, 양치질이 하기 싫어도 해야 하는 법이지요.

만약에 집에서 멀어도 학습 분위기가 좋은 B여고를 선택했다고 쳐요. 그러면 늦잠을 자느라 머리를 못 감아서 떡 진 머리로 헐레벌떡 뛰어가더라도, "에이씨, 내가 왜 이 학교를 왔을까? 30분은 더 잘 수 있는 바로 집 옆 학교 갈걸." 하고 자기 머리를 팡팡 때리지 않아야 해요. 내가 원한 건 학습 분위기였으니 더 이상 거리에 대한 미련은 두지 않아야 해요.

집에서 가깝지만 남녀 공학인 A학교를 갔다면 수많은 남학생이 나에게 대시하여 나의 학습 분위기를 심란하게 한다거나(이런 경우는 생각만 해도 좀 흐뭇한걸요?), 우리 반 애들이 나 빼고 다 커플이어서 멘탈에 금이 가더라도 "와, 내가 왜 남녀 공학에 와서 이런 시험에 들지? 여고 갈걸."이라고 하지 말아야 해요.

공부 분위기도 아쉬울 수 있어요. 애들이 다 같이 공부 안 하는 분위기일 수 있잖아요. 그럴 때 후회하면서 "아, 멀더라도 그 여고 갈걸."이라고 하지 말아야 해요. 내가 원하는 게 공부 분위기면 스스로 부족한 공부를 메꿀 수 있는 대안을 찾으면 돼요. 그 분위기에 휩쓸리지 않게 공부 목표를 따로 세우거나, 친구들끼리 스터디를 만들어 공부하는 방법으로 말이에요.

사르트르는 유명한 말을 남겼어요.

인생은 B(Birth)와 D(Death)사이의 C(Choice)라고요.

어떤 대학을 갈 건지, 어떤 직업을 가질지, 전 세계 어느 도시에서 살지, 누구랑 친하게 지낼지, 어떤 옷을 입을지, 어떤 음식을 먹고 살지, 결혼을 할지 말지, 아이를 낳을지 말지를 결정하는 것은 '나' 자신이에요. 타인의 기준대로 살지 않아도 돼요. 그런 하루하루의 선택과 결정들이 모여 나 자신을 만들어요. '삶의 자기 결정권'은 나 자신에게 있는 것이죠.

인생은 오늘 내가 한 선택으로 만들어지는 거예요. 만약 내가 한 모든 선택에 매번 후회하고 산다면, 삶 전체가 후회라는 뜻이에요. 그런 삶을 자존감 높은 삶이라고 하기는 어렵겠지요?

자존감을 높이는 비결은 이거예요. 어떤 선택을 하든, 그 선택에 책임을 지면 된다는 것입니다.

그러니까 지금 배가 고파서 야식을 시키고 싶다면 "뭐 어때?" 하며 치킨을 당당하게 먹거나, "내일 아침에 체중계에 올라서서 내 자신을 미워할 것 같으니까 안 먹을래." 하고 물이나 마시든가 둘 중 하나를 선택해야 해요.

찝찝한 마음으로 치킨을 다 먹고 나서 후회하는 모습은 인간적이기는 하지만, 자존감에는 도움이 되지 않아요.

여러분의 선택에 후회 말고, 책임을 지세요.

· **진로 자존감 뿜뿜 비결, 둘: 스무 살 이후의 인생은 나 스스로 만드는 것입니다.**

노르웨이 오슬로대학교 한국학과 교수 박노자는 저서 『좌우는 있어도 위아래는 없다』에서 우리에게 부러운 모습을 전해 주었어요. 노르웨이 버스 운전기사의 월급이 대학교수나 정부 공무원의 월급과 비슷하거나 심지어 더 많대요. 사람들이 운전기사의 노동을 사회적으로 귀중하게 생각하니, 버스 운전기사들도 자부심이 넘친다고요.

제자들과 책을 함께 읽으며 진심으로 이 모습을 부러워했어요. 우리 사회도 이런 사회가 되면 얼마나 좋을까요? 우리나라는 어떤가요? 육체노동을 하는 사람들을 보면 부모가 자녀에게 "너 공부 못하면 저런 일 한다."며 겁을 주는 천박한 사회예요.

다금바리 님은 대학을 가고 싶어 하지 않아요. 건설 설비 일을 하고 싶어 해요. 한 가지 걸리는 건 사람들의 시선이에요. 저는 사회가 잘못된 것일 뿐, 육체노동을 하는 것은 부끄러운 것이 아니라고 생각해요.

우리나라는 학벌 위주 사회죠. 좋은 대학을 간 사람은 1등 인생이고, 그렇지 않은 사람은 못난 인생이라는 저급한 잣대를 가진 사회예요. 우리나라는 출세의 지름길이 명문대를 가는 거라고 생각해요. 인터넷 유머로 우리나라 지폐에 새겨진 인물들만 봐도 다 공부와 관련된 사람들이라는 이야기가 있어요. 오직 공부를 잘한 사람들뿐이죠! 딱 한 명, 이순신 장군만 난세에 나라를 구하고 백 원짜리 동전에 들어가 계시고요. 조선 시대의 최고 학벌이 성균관 출신인데, 우리나라 지폐는 성균관 관련 사람들이 독식하고 있어요.

천 원권의 이황, 성균관 교수.

오천 원권의 이이, 성균관 장학생.

만 원권의 세종대왕, 성균관 이사장.

오만 원권의 신사임당, 성균관 학부모.

우리는 뼛속까지 '공부를 잘해야 한다'는 인이 박힌 민족 아닐까요?

아직도 고등학교 졸업식 때 교문 앞 플래카드에 '축 명문대 ○명, 축 의대, 치대, 한의대, 교대 ○명' 등 대학 서열화 명단을 쭉 늘어놓아요. 그걸 자랑하는 건, 그것만 정답이라는 거잖아요.

그 플래카드에 이름이 안 들어간 애들이 스스로를 존재감 없는 겉절이라고 생각하는 건 당연한 거 아닌가요? 왜 고등학교를 졸업하는 현장에서까지 애들 기를 죽이는지 모르겠어요.

그럼 우리나라는 정말 학벌 좋은 사람들만이 성공하는 사회일까요? 이제는 좋은 대학만 나온다고 해서 좋은 직장을 가지고 원하는 일을 하면서 돈도 많이 벌기는 힘들 거예요. 전 세계적으로 저성장 시대가 되었기 때문이에요. 기술 발전도 빨라서 학벌만으로는 먹고살기 힘들어요. 설령 좋은 회사에 들어간다 해도 우리나라 대기업의 평균 근속 연수는 10년에 불과해요. 퇴직 후 긴 인생을 살아갈 또 다른 능력이 필요해요.

역사학자 유발 하라리는 지금 젊은이들에게 필요한 교육은 '감성 능력'과 '회복 탄력성'이라는 이야기를 했어요. 이게 참 무서운 말이에요. '회복 탄력성'은 힘든 일이 있을 때 다시 일어서는 것이고, '감성 능력'은 좌절한 마음을 다잡는 거거든요. 즉 미래 사회는 너무 빨리 변화해서 앞으로는 상처받을 일이 많으니, 그때마다 좌절하지 말고 벌떡벌떡 털고 일어나야 한다는 거죠. 낮

은 시험 성적에 좌절하는 것 정도는 아무것도 아닌 상처와 위협이 이십 대 이후의 삶에서 기다리고 있을 거라는 무시무시한 말이기도 해요.

우리 부모 세대는 이십 대까지 공부만 하는 시기를 보내면 그걸로 평생 먹고살 수 있었어요. 하지만 미래 사회는 '안정기'가 없어요. 한때 취업률이 꽤 높은 과가 있었는데, 바로 치기공과예요. 제자 한 명이 전문대학교 치기공과를 나와서 회사를 잘 다녔거든요. 일이 너무 많아서 밤새 일한 적도 많다고 했어요. 그런데 이제는 실업자가 되었어요. 3D 프린터가 자기들이 하는 일을 대신하게 되었대요. 이제 다른 기술을 배워야겠다고 하더라고요.

이렇게 멘탈을 단단히 잡으며 살아야 할 때가 오는 거예요. 그래서 유발 하라리는 이럴 때일수록 '나'를 알아야 한다고 주장해요. 학벌에 의지하지 말고 내가 잘하는 것, 나만이 잘하는 것이 무엇인지 알아야 하는 거죠.

공부가 적성인 사람도 있고, 몸 쓰는 게 적성인 사람도 있어요. 세상 사람들은 생김새와 성격이 다 다른데, 딱 하나의 길만 존재한다는 건 말이 안 돼요. 사람은 누구나 자신만의 방향이 있어요.

다금바리 님은 남의 시선은 신경 쓰지 말고 하고 싶은 일을 밀고 나가도 돼요. '건설 설비'는 모든 사람의 삶에 꼭 필요한 일이잖아요. 그 일을 하는 게 뭐가 부끄러워요? 자부심을 가져도 돼요. 또 그 일을 하면서 스무 살부터 돈을 번다면 인생을 자기 손으로 일구어 나간다는 자존감도 커질 거예요.

선글라스 님은 우리 사회의 학벌 차별 때문에 무시당할까 봐 두려워하고 있어요. 물론 학벌에 대한 인식이 쉽게 바뀌지는 않을 거예요. 또 학벌이 좋으면 그만큼 학교 다닐 때 성실했을 거라고 여기는 건 사실이에요.

하지만 이제는 어떤 학교를 나왔느냐보다는 어떤 걸 잘하느냐가 중요한 시대가 되었어요. 우리가 식당에서 밥 먹을 때 사장님의 출신 대학교보다 맛있는 음식 솜씨를 중요하게 여기는 것처럼요.

최훈민 씨는 스무 살부터 테이블매니저라는 소프트웨어 회사를 운영하고 있는 분이에요. 이분은 IT를 잘하고 싶어서 IT 특성화 고등학교를 들어갔는데, 입시 교육만 하는 학교에 질려서 고1 때 자퇴했어요. 저는 이분을 만나 인터뷰하며 이렇게 물었어요.

"고등학교 중퇴라서, 대학을 나오지 않아서 불이익을 받은 적은 없나요?"

"저는 주로 식당하는 분들에게 영업하는데요. 그분들은 제가 서비스를 잘 제공하는지에 관심이 있지 학벌에는 관심이 없어요."

우리가 삶을 살 때 필요한 건 이런 태도 같아요. 나의 능력으로 사람들에게 필요한 서비스를 해 주고 돈을 받는 거죠. 요즘은 재능 기반으로 돈을 벌 수 있는 플랫폼들이 정말 많지요. 내가 잘할 수 있는 서비스를 개발해서 직업을 삼아도 되는 세상입니다.

이제는 "저 명문대 컴퓨터공학과 나왔어요."가 아니라 프로그래밍 실력을 보여 줘야 해요. 작가나 출판사 운영이 꿈이라면 명문대 국어국문학과를 나온 게 중요하지 않고, 직접 창작한 글이나 책 기획안을 보여 줘야 하는 거예요.

제자 중 한 명은 전문대 경영학과를 나왔는데요. 선글라스 님의 우려와는 달리 회사를 아주 잘 다니고 있어요. 졸업하자마자 중소기업에 취업했고, 이후 이직하는 회사마다 좋은 평을 받고 있어요. 총무부에서 일하는데, 회사 행사나 살림살이를 꼼꼼하게 잘 관리한대요. 자기가 하는 일도 즐겁고, 회사에서도 그

친구를 인정한대요.

그러니 선글라스 님도 학벌 때문에 미리 상처받을 걸 두려워하지 말고, 내가 정말 잘할 수 있는 일이 무엇인지 찾아보면 어떨까요? 학벌이 안 되더라도 진짜 나만이 할 수 있는 일이 있는지 생각해 봐요.

최근에는 유튜브 매체가 인기지요. 유튜브의 모토가 'Broadcast Yourself'예요. 저는 이 모토가 미래 사회의 상징적인 방향이라고 생각해요. 유튜브에서는 좋은 학벌을 가진 사람이 아니라 사람들이 공감하는 콘텐츠를 잘 만드는 사람이 성공하잖아요.

초등학생들에게 선풍적 인기를 끌고 있는 '흔한 남매'라는 개그맨 커플이 있어요. 사람들은 이 사람들의 학벌을 궁금해하지 않아요. '흔한 남매'처럼 학벌을 뺀, 진짜 나만이 할 수 있는 일을 만드는 것, 그걸로 먹고살고 이 세상에 기여하는 것. 그게 이십 대 이후에 해야 할 일 같아요. 고등학교나 대학은 그런 실력을 쌓는 데 도움을 주는 수단 정도면 되겠지요.

당신은 어떤 기술을 갈고닦아 자신만의 것으로 만들고 싶은가요? 언제 어떻게 사회가 변해도 무뎌지지 않을 당신만의 무기는 무엇인가요?

스무 살의 성공이 인생을 결정하지 않아요. 학교 성적이 꼴찌여도, 삶의 성적까지 꼴찌는 아니에요. 모두 다 눈부신 인생을 살 권리가 있고, 그럴 만한 능력이 충분히 있어요.

내 인생을 자존감 있게 만드는 건 스무 살의 학벌이 아닙니다. 스무 살 이후에 만들어 갈 내 삶입니다.

⧓ 추천 메뉴

자존감 든든하게 채워 줄

허니브레드

진학·진로 때문에 머리 터지게 고민해서 당 떨어질 때, 이 메뉴를 드세요. 버터향이 은은하게 풍기는 빵에 달달한 꿀과 생크림을 듬뿍 얹어 먹고 나면, 어디를 가든 충분히 잘해 낼 수 있다는 자존감이 충전될 거예요. 성적이 좋지 않아서 주눅이 들 때, 내가 내 손으로 눈부시게 멋진 삶을 만들 수 있다는 달달하고 든든한 마음을 갖게 해 줍니다.

✿ 카페지기의 힐링 레시피

어떤 진로를 선택하더라도 자존감 높게 살 수 있는 2가지 방법

- 진로 자존감 뿜뿜 비결, 하나: 어떤 선택을 하든, 그 결과에 책임지면 됩니다.
- 진로 자존감 뿜뿜 비결, 둘: 스무 살 이후의 인생은 나 스스로 만드는 것입니다.

내 인생을 자존감 있게 만드는 건
스무 살의 학벌이 아닙니다.
스무 살 이후에 만들어 갈 내 삶입니다.

제가 꿈을 이룰 수 있을까요?

내가 나에게 협조하면,
꿈을 이룰 수 있어요.

ID 쿠크다스 멘탈 저는 하고 싶은 게 많아요. 그림 그리는 거랑 글 쓰는 것도 좋아해요. 하지만 그걸 업으로 삼기에는 이 세상에 나보다 그림 잘 그리고 글 잘 쓰고 만화 잘 그리는 사람이 수두룩 빽빽이에요. 글을 쓰자니 플롯으로 발전시킬 만한 머리가 없고, 그림을 그리자니 그만큼 색채와 명암에 지식이 있는 것도 아니에요. 애매한 재능이 가장 고통스럽다는데, 저한테도 가능성이 있는지 모르겠어요.

아, 음악을 좋아해서 작사, 작곡을 하고 싶은 마음도 있었어요. 어느 날, 음악을 듣다가 눈물이 터져 버렸어요. 좋은 음악을 들으니까 막상 저는 이렇게 음악을 못 만들 것 같아서 자신감이 떨어졌어요. 유일하게 위안을 받는 게 음악이었는데, 이젠 음악조차 못 들을 것 같아요.

또 좋아하는 SNS 스타 때문에 요즘 제가 초라하게 느껴져요. 그 사람은 패션, 일상, 모든 게 멋있어요. 인스타그램에서 최근에 유튜브로 옮겼는데, 팬들이 그대로 따라왔어요. 저도 유튜브 해 보고 싶은데, 자꾸 그 사람하고 비교돼요. 전 아무것도 해 놓은 게 없잖아요.

'꿈이 이루어졌으면 좋겠다'와 '꿈을 이루고 싶다'.

이 두 문장의 차이는 무엇일까요? 비슷한 문장을 보여 줄게요.

'살이 빠졌으면 좋겠다'와 '살을 빼고 싶다'.

두 문장의 차이를 이제 눈치 챘나요? 얼마 전, 저는 거울 앞에서 한숨을 쉬었어요. 군살이 부쩍 붙은 데다가, 건강 검진 결과도 좋지 않게 나왔거든요. 거울 앞에서 이리저리 몸을 살펴보다가 이런 말을 내뱉었죠.

"아! 살이 빠졌으면 좋겠다!"

그러자 머릿속에 입맛을 떨어뜨려 준다는 한약, 알약 같은 게 스쳐 지나갔어요. 누워만 있어도 살을 빼 준다는 기계 시설이 있는 다이어트 센터 등도 떠올랐지요. 그러다 이런 생각을 했어요.

'아, 나는 내가 스스로 살을 빼고 싶다는 생각은 안 했구나! 이번에는 수동적이 아닌 능동적으로 다이어트를 해야겠다.'

그날 저는 헬스클럽에 등록을 해서 운동을 시작했어요. 음식도 건강에 좋고 칼로리가 낮은 음식을 하루 세끼 먹었어요. 수시로 먹던 간식도 끊었지요. 정확히 두 달 후, 체지방만 8킬로그램을 감량할 수 있었답니다.

꿈도 마찬가지인 것 같아요.

내가 가만히 있는데 '꿈이 이루어지는' 일은 없어요. 내가 '꿈을 이루어야' 합니다.

많은 사람들이 쿠크다스 멘탈 님처럼 꿈 앞에서 한없이 작아져요.

"저보다 잘하는 사람들이 훨씬 많아서 용기가 안 나요."

"하고 싶은 일이 있긴 한데, 제가 그 일을 잘할 수 있을지 모르겠어요."

"이미 하고 있기는 한데, 제가 진짜 꿈을 이룰 수 있을까요?"

흥미 있는 일을 발견해도 자신의 꿈을 이룰 수 있을지 확신을 갖지 못해요. 그래서 선뜻 도전하지 못하죠. 재능이 뛰어난 사람들은 이미 저 앞으로 달려나가는 것 같아요. 나는 아무것도 해 놓은 것이 없어서 그 사람들을 그저 동경의 눈으로 쳐다보고 있을 뿐이죠. '과연 내가 그 큰 꿈을 이룰 수 있을까?' 고민하면서 말이에요. 그렇게 시작도 하기 전에 좌절합니다.

하지만 우리가 동경하는 이들도 사실 그 꿈을 이루기 위해 과거에 많은 노력을 했다는 사실을 알고 있나요? 많은 학자들이 꿈을 이루기 위한 방법을 연구했어요. 이 방법대로 하면 우리도 꿈꾸는 삶을 살 수 있을 거예요.

1) 뇌를 바꾸도록 노력해 보아요.

뇌는 근육과 같아서 우리가 쓰는 만큼 바뀐대요. 이걸 '뇌의 가소성'이라고 해요. 우리가 어떤 경험을 하는지, 누구를 만나는지, 어떤 공부를 하는지에 따라 뇌 모양이 달라진대요.

뇌 과학자에 따르면 운동선수의 뇌, 음악가의 뇌, 소설가의 뇌는 각각 모양 자체가 다르다고 해요! 더 놀라운 건 음악가 중에서도 클라리넷을 전공하는 사람의 뇌와 바이올린을 전공하는 사람의 뇌가 다르대요. 저는 이 이야기를 듣고 희망이 생겼어요. '나도 노력하면 내 뇌를 바꿀 수 있구나!' 이런 생각이 들어서요.

뇌 과학자 데이비드 이글먼은 『더 브레인』이라는 책에서 십 대에 왜 많은 도전을 해야 하는지 설명하고 있어요. 그에 따르면, 많은 동물들은 유전적으로 프로그래밍된 상태로 뇌가 '고정 배선'되어 태어난대요. 예를 들어 곰은 동면하도록, 개는 주인을 보호하도록, 철새는 겨울에 남쪽으로 날아가도록 뇌가 미리 세팅되어 있다는 거예요. 하지만 인간만 태어날 때 뇌의 세부적인 배선도가 미리 정해져 있지 않다고 해요. 인간의 불완전한 뇌는 이후 어떤 경험을 하느냐에 따라 다르게 배선이 된대요. 특히 사춘기 시작 무렵에 뇌세포가 과잉 생산되는데, 십 대 시절 내내 과잉 생산된 뇌는 스스로 가지치기를 한다고 해요. 즉 십 대 때 많이 겪은 감정과 행동들은 더 튼튼해지고, 자극 없는 연결들은 제거되는 것이지요.

청소년기뿐만이 아니에요. 어른이 되어서도 뇌는 계속 변해요. 런던은 도로가 복잡하기로 유명해요. 런던의 블랙캡 택시 기사가 되려면 약 4년 간 도로 암기 훈련을 받아야 해요. 런던 시내의 약 2만 5000개 도로와 수천 개의 건물을 외워야 합니다. 그래서인지 런던 택시 기사들은 일반인보다 기억을 관장하는 해마가 커져 있대요.

놀랍지 않나요? 뇌는 쓰면 쓸수록 그 부위가 발달한다는 사실이요. 데이비드 이글먼은 역시 『더 브레인』에서 우리가 오늘 하는 모든 행동들이 모여서 지금의 우리를 만들고 미래의 우리를 만든다고 했어요.

즉 우리가 누가 될지는 우리 자신에게 달려 있다는 거예요. 그럼 어떻게 해야 뇌를 내가 만들고 싶은 대로 만들 수 있을까요?

2) 전문가가 되려면 1만 시간, 10년을 투자해야 합니다.

많은 친구들이 물어요.

"잘하는 일을 해야 하나요? 좋아하는 일을 해야 하나요?"

제가 생각하는 답은 이거예요.

"좋아하는 일을 잘하게 만들면 됩니다."

만약 좋아하는데 별로 잘하고 싶지 않다면요? 그건 진짜 좋아하는 일이 아닐 거예요.

그럼 쿠크다스 멘탈 님이 좋아하는 일인 글쓰기, 그림 그리기, 작사, 작곡 등을 잘하려면 몇 시간이나 노력해야 할까요?

전문성 분야 권위자인 안데르스 에릭슨은 『1만 시간의 재발견』에서 아주 구체적인 숫자를 제시했어요. 전문가가 되려면 1만 시간은 투자해야 한다고요! 에릭슨은 베를린 음악 아카데미 학생들의 연습 시간을 조사했어요. 바이

올리니스트 중 미래에 전문 연주가가 될 엘리트들은 1만 시간, 그냥 잘하는 학생들은 8000시간, 미래에 음악 교사를 희망하는 학생들은 4000시간을 연습했대요. 심리학자들은 타고난 재능이 중요한 것처럼 보이지만, 재능 있는 이들의 일생을 따라가 보면 시간이 흐를수록 재능의 역할보다 연습의 역할이 더 커진다고 주장해요. 1만 시간을 채우려면 하루 세 시간씩 투자할 경우, 10년이 걸려요. 하루 8시간씩 투자하면 4년이 좀 못 걸리죠.

흔히 글쓰기는 천부적 재능이라고 알려져 있는데요. 작가인 제 친구를 보면서 글쓰기에도 1만 시간의 법칙은 통한다는 생각을 했어요. 친구는 처음에 글쓰기에 큰 재능이 없어 보였어요. 공모전에 100번 넘게 떨어질 정도였지요. 하지만 포기하지 않고 1만 시간 동안 책을 읽고 글을 쓰며 도전했어요. 1만 시간을 채운 3년째에 작가로 등단도 하고 4년째에는 책도 여러 권 내면서 작가로 활동하고 있답니다.

저 역시 작가로 등단하고 2년 간은 휴직을 했어요. 하루에 10시간씩 2년 간 작가 공부를 했어요. 그 결실로 책도 여러 권 내고, 그때 얻은 지식으로 유튜브 채널도 운영하고 있지요.

제 언니는 지금 피아니스트로 활동하고 있어요. 고등학교 시절, 하루 6시간 이상 연습하던 게 생각나요. 주말에는 하루 종일 피아노 연습을 했지요. 언니 얼굴에서 뚝뚝 떨어지던 구슬땀을 잊을 수가 없어요. 그 구슬땀 덕분에 언니는 음대에 진학했고, 지금은 전문 연주가가 되었어요. 심지어 지금도 하루 6시간씩 매일 연습한대요. 저는 예체능은 재능으로 되는 줄 알았어요. 그런데 예체능도 재능만으로 되는 게 아니라는 걸 깨달았어요. 음악가 스트라빈스키 역시 유명해진 후에도 하루 10시간씩 연습했대요. 첼로의 대가 파블로 카잘스도 96세로 돌아가실 때까지 매일 하루 6시간씩 연습하며 그 연세에도 연습을 하면 실력이 는다고 했어요.

교육 심리학자 하워드 가드너는 뛰어난 성취를 한 창조적 인재 일곱 명을 연구했어요. 그 역시 어느 분야의 전문 지식에 정통하려면 최소한 10년 정도는 꾸준히 노력해야 한다고 했어요. 안데르스 에릭슨도 '10년 법칙'이라는 용어를 제시하기도 했어요. 10년은 해야 한 분야의 최고 수준 성취에 도달한다고요.

얼마 전, 심찬양이라는 그래피티 아티스트의 기사를 보았어요. 심찬양은 중학교 때 힙합에 빠져 그래피티를 알게 되었대요. 고3 때 그래피티로 먹고살기로 결심하고 10년 간 노력했다고 해요. 돈이 없어 온갖 알바를 하며 이 분야에 도전했어요. 이분도 꼭 10년 만에 밥벌이를 하게 되었어요. 전 세계인이 감탄하는 이분의 그래피티 역시 10년 동안 몇 만 시간을 쏟아 부은 결과겠지요. 노력한 시간은 쏙 빼고 결과만 보고 부러워하면 안 됩니다.

꿈을 이루려면 우리도 꿈의 유리 상자에 1시간 짜리 시간 구슬을 1만 개 모아야 해요.

말콤 글래드웰은 자신의 저서 『아웃라이어』에서 신경과학자 다니엘 레비틴의 말을 인용했어요. 작곡가, 야구 선수, 마술사, 체스 선수 등 어느 분야든 세계적 전문가가 되려면 역시 1만 시간이 필요하다고요.

음악 경연 프로그램을 보더라도 오랜 기간 연습을 하고 무명 기간이 긴 가수일수록 최종까지 살아남더라고요. 〈쇼미더머니〉의 래퍼 넉살이 그랬고, 〈미

스트롯〉의 가수 송가인이 그랬죠. 오디션 무대에 나왔을 때 이들은 1만 시간 이상 연습한 티가 팍팍 나더라고요. 내공이 있는 사람들은 무대에서 떨지도 않아요. 그런 게 전문가구나 싶었어요.

그러니 쿠크다스 멘탈 님은 좌절할 필요 없어요. 뛰어난 성공을 한 사람들과 자신을 비교하는 건 동네 축구 클럽에서 축구를 막 시작한 꼬마가 손흥민을 이길 수 없을 것 같다고 통곡하는 거랑 같은 거예요. 그런데 청소년기에 학교 다니고, 학원 다니고, 공부하면서 어떻게 한 분야에 1만 시간을 투자하겠어요?

이제부터 천천히 하면 돼요.

그런데 1만 시간의 법칙의 창시자 안데르스 에릭슨은 '꾸준히만 하면 목표에 도달할 것이다'라는 말이 틀렸다고 주장해요. 그럼 어떻게 노력해야 할까요?

3) 성공하려면 의식적으로 목적 있는 연습을 해야 합니다.

안데르스 에릭슨은 성공하려면 그냥 열심히 하면 안 되고, '다르게' 해야 한다고 주장해요. 반드시 '의식적으로 목적 있는 연습'을 하라고 해요.

목적 있는 연습이란 명확하고 구체적인 목표가 있는 연습을 말해요. 피아노를 칠 때도 대충 시간만 때우며 치는 것은 아무 효과가 없어요. 정확한 음을 짚으려고 집중하면서 쳐야 한다는 거예요. 또 좋은 코치를 통해 피드백을 받으며 교정할 필요가 있다고 이야기해요. 그렇게 힘겨운 1만 시간을 채워야 전문가가 된다고 했어요.

아무리 잘나 보이는 사람도 다 이런 연습을 통해 만들어진 거지요. 청소년기부터 아무 노력없이 뛰어난 글을 쓰고, 엄청난 그림을 그리고, 사람들을 감

동시킬 만한 노래를 만들 수 있는 사람은 없어요.

흔히 모차르트를 신동이라고 하지요. 하지만 모차르트의 아버지는 모차르트를 세 살 때부터 높은 강도로 훈련시켰습니다. 스물한 살이 되어서야 피아노 협주곡 9번을 작곡했지요. 혹자들은 연습량에 비해 결과물이 늦었다고까지 말하기도 합니다. 모차르트는 "나는 더 노력할 필요가 없도록 열심히 노력해야만 했다."고 고백하기도 했습니다.

용기 내서 무언가에 도전했는데도, 지금 당장 손에 잡히는 결과가 없어서 방황할 수도 있어요. 그게 당연한 거예요.

십 대 때는 무엇을 이루어서 눈부신 결과를 맺을 수 있는 시기가 아닙니다. 꿈을 이루는 건, 앞으로 내가 쏟아 붓는 시간들에 달려 있어요. 초조해하지 않아도 됩니다. 내가 나에게 협조하면, 꿈을 이룰 수 있어요.

백종원 아저씨는 모두들 알고 있죠? 음식점 프랜차이즈 사업의 귀재이고 연예인 못지않게 인기를 누리는 방송인이잖아요. 그 아저씨가 과연 청소년기에도 지금처럼 그렇게 요리를 잘했을까요? 자기가 음식점 사업에 소질이 있다는 걸 알았을까요? 아닐걸요.

아마 주방에 들어가 "어머니, 라면에는 대파만 넣는다는 편견을 버려유. 설탕을 두 숟갈 듬뿍 넣어 볼까유? 어떤 맛일지 궁금하쥬?" 했다가 엄마한테 등짝을 맞았을 수도 있어요.

지금은 무언가를 꿈꾸는 것조차 크나큰 용기를 내야 하는 시기예요. '도전해 볼까?'라고 생각하는 것 자체로 격려받아 마땅해요. 내가 꿈을 이루기 위해 기꺼이 1만 시간, 10년을 투자한다고 생각하고 천천히 해 봐요.

인터넷 유머에 이런 게 있어요. 어느 날 악마가 화가 지망생 앞에 나타났어요.

"내가 너를 최고의 화가로 만들어 주지."

화가 지망생이 악마에게 떨리는 목소리로 말했어요.

"제가 최고의 화가가 되려면, 제 영혼을 주면 되나요?"

그러자 악마가 웃으며 말했어요.

"아니, 4B 연필 깎고 데생부터 시작한다."

무슨 일이든 일단 데생부터 시작해야 해요. 꿈의 유리 상자에 1만 개의 시간 구슬이 찰 때까지.

⧓ 추천 메뉴

꿈을 이루어 주는

앙버터

꿈을 위해 이를 앙! 악물고 버티고 있는 당신.
달달한 팥 앙금 같은 당신의 희망과 짭조름한 버터 같은 당신의 노력이 결합되어 간절히 원하는 꿈을 이룰 에너지를 줄 거예요.

✿ 카페지기의 힐링 레시피

꿈을 이룰 수 있는 방법 3가지

1. 뇌는 근육과 같아서 우리가 쓰는 만큼 바뀝니다. 뇌가 바뀔 때까지 노력해 봐요.
2. 전문가가 되려면 1만 시간, 10년을 투자해야 합니다.
3. 성공하려면 의식적으로 목적 있는 연습을 해야 합니다.

Part 2

친구

내 마음을 알아줄 사람이 필요해요

너와 나, 좋은 친구가 되어
우정을 가꾸어 나가는 법

친구 01

관계가 꼬여 버린 친구, 다시 노력해야 하나요?

최선을 다했다면,
때로는 손절이 답입니다.

ID 자두

저에게는 베스트 프렌드가 있었습니다. 7~8년 된 친구예요. 앨범을 보면 그 친구 사진밖에 없습니다. 저에게는 정말 소중한 친구였죠. 그런데 고등학교에 입학하고 나서는 사이가 멀어지기 시작했어요. 제가 다른 친구들이랑 놀면 저한테 자꾸 그 친구들 험담을 하더라고요. 얼마 전, 제가 처음으로 남자 친구를 사귀게 되었어요. 걔가 제 남자 친구를 못마땅해하면서 대놓고 무시하는 거예요. 자기도 남자 친구 사귄 적 있으면서요. 저한테 "나는 너한테 소홀할까 봐 내 남자 친구한테도 마음 안 줬다."고 하더라고요.

저는 그 아이가 말을 거칠게 해도 다 참고 맞춰 주려고 노력했어요. 한번은 제가 속상한 마음에 울면서 속마음을 얘기한 적도 있어요. 그런데 그 친구는 오히려 자기가 계속 저를 봐 준 거라고 빈정거리더라고요. 그러다 연락이 뜸해지고 서서히 멀어졌어요. 하지만 아무리 생각해도 그 애랑 인연을 끊는 건 아닌 것 같았어요. 그래서 다시 친해지려고 연락을 했는데, 연락을 잘 안 받고 저한테 다시 정을 안 주더라고요. 그 애 때문에 얼마나 많이 울었는지 몰라요. 이렇게 틀어진 사이, 다시 되돌릴 수 있을까요?

세상에는 노력만큼 안 되는 일도 많아요. 특히 인간관계가 그렇죠. 원래 상처는 가장 가까운 사람에게 받기 마련이에요. 자두 님도 베스트 프렌드 때문에 정말 스트레스를 많이 받고 있군요. 한때 가장 친했던 친구와 서서히 멀어진다면 섭섭하지 않을 사람이 있을까요?

친구란 마음을 나눈 기억을 공유하는 사이지요. 그러니 멀어지고 있는 친구를 떠올리면 미련이 몽글몽글 피어오를 수밖에 없어요. 어떻게든 망가진 관계를 다시 되돌리고 싶어지겠죠.

자두 님은 충분히 애썼어요. 서먹해진 다음에도 먼저 연락을 했잖아요. 먼저 손을 내밀었지만 그 친구가 피했지요. 이럴 때는 자기 마음을 잘 들여다볼 필요가 있어요. 자두 님은 아직도 이 친구가 그 자체로 좋은가요? 아니면 그 친구랑 보낸 시간을 그리워하고 있는 건가요? 어릴 때는 친구랑 같이 장난치고, 수다 떨고, 게임만 해도 죽이 잘 맞는다고 생각할 수 있어요. 하지만 커 가면서 우리는 여러 사람들과 만나게 되고, 그러면서 정말 나랑 잘 맞는 친구를 찾아가게 돼요.

만약 그 친구 자체가 좋다면, 자두 님은 소중한 관계를 위해 노력을 해 봐야 해요. 그런데 노력했는데도 관계가 나아지지 않는다면요? 그 친구와의 관계는 딱 그 정도 선일 거예요.

그건 자두 님 잘못이 아니에요. 우리는 남자 친구나 다른 친구를 얼마든지 새로 사귈 수 있어요. 좋은 친구라면 자연스럽게 이해해 주겠지요.

친해지면 가장 하기 쉬운 실수가 선을 넘는 거예요. 아무리 친한 사이라도 상대와 잘 지내려면 서로 일정한 거리를 두는 것이 가장 중요해요. 그런데 친구는 "나는 너한테 소홀할까 봐, 내 남자 친구한테도 마음 안 줬다."고 했어요. 이건 우정이 아니라 집착으로 보여요. 친구는 아이가 엄마한테 떼쓰듯 자기만 봐 달라고 하잖아요.

인간관계에서 딱 이 두 가지만 하지 않아도 상처를 주고받을 일이 없어요. 남을 통제하려 하거나, 남에게 의존하거나.

자두 님 친구는 이 두 가지를 다 하는 걸로 보여요. 자두 님을 통제하려 하고, 자두 님에게 의존하고 있죠.

좋은 친구는 서로 거리를 존중해야 해요. '나'와 '너'가 있고 나서 '우리'가

있는 거예요. 그 친구에게는 '나'와 '우리'만 있지, '너'를 인정하고 있지 않은 것처럼 보여요.

이미 자두 님은 충분히 노력할 만큼 한 것 같아요. 그래도 미련이 남죠? 어떻게 하면 좋을까요? 바로 친구와 추억을 분리해 보는 거예요. 그 친구와 별개로 둘 사이에 있었던 소중한 추억들과 좋은 감정들에 감사해도 돼요.

그런 후에 자두 님은 친구에게 내밀었던 손을 거두어도 될 것 같아요. 다른 말로 하면 절교. 또 다른 말로 손절. 절교까지 안 가더라도 만나면 그냥 인사만 하는 친구로 지내도 돼요. 이건 무자비하거나 냉혹한 일이 아니에요. 추억에 대한 모욕은 더더욱 아니에요.

앞으로 당신의 소중한 마음을 잘 받아 줄 친구들과 우정을 나누기에도 시간은 짧아요. 앞으로 그들과 좋은 시간 많이 보내세요.

얼마 전에 제자 한 명이 관계에 대한 시조 한 편을 썼어요. 반 친구들이 기립 박수를 보냈답니다. 그 시조를 소개할게요.

제목: 손절

가는 말이 고와야 오는 말이 곱다는데
가는 말이 고와도 오는 말이 꼬우면
빠르게 손절하자, 손절하고 평화 찾자

우리를 울게 하는 우정이여!
붙잡고 싶은 친구라면 가게 내버려 두지 말고 노력해 보아요!

같이 밤을 새서라도 수다를 떨면서 꼭 다시 잘 지내려고 노력해 봐야 해요!

그러나 계속 나를 울게 한다면?

렛잇고! 렛잇고! 그냥 가게 내버려 둬요!

추천 메뉴

너와는 절교당

흑당버블티

친구와 쌓은 추억이 버블버블 올라오게 해 줍니다. 흑당처럼 달콤한 추억은 추억대로 간직하고, 그 친구와는 서서히 멀어지게 마음의 정리를 도와줍니다.

카페지기의 힐링 레시피

손절 대상 인간관계 구별법

좋은 인간관계는 수평적인 관계입니다. 인간관계에서 딱 이 두 가지만 하지 않아도 상처를 주고받을 일이 없어요. 남을 통제하려 하거나, 남에게 의존하거나. 상대를 내 뜻대로 만들어서 나만의 존재로 만들려고 하면 탈이 납니다. 친구란 그냥 존재 자체가 힘이 되는 존재입니다. 만나서 기쁜 것보다 고통만을 준다면, 그때는 관계를 끊는 것도 답입니다.

인간관계에서 딱 이 두 가지만 하지 않아도
상처를 주고받을 일이 없어요.
남을 통제하려 하거나, 남에게 의존하거나.

이유 없이 뒤통수 맞고
왕따 당하고 눈물 납니다.

당신은 누가 뭐라 해도
괜찮고 소중한 사람입니다.

ID 복숭아 베스트 프렌드가 제 뒤통수를 쳤어요. 저한테는 초등학교 동창인 남자 사람 친구 A가 있습니다. 저는 내색은 안 했지만, A를 좋아해요. 제 베스트 프렌드 중 한 명인 B가 A에 대해 물었어요. 저는 A에 대해 말해 주었죠. 나중에 다른 친구에게 들으니까 B가 A에게 먼저 메시지를 보내서 연락을 시작했대요. 그러고는 친구들한테 자기가 A를 좋아하는 걸 알면서, 제가 중간에서 A한테 꼬리 치고 다닌다고 소문을 내고 다녔대요. B는 제 앞에서 자기가 A를 좋아한다는 말을 한 마디도 하지 않았거든요.

졸지에 저는 친구 뒤통수치고 친구가 좋아하는 남자에게 꼬리 친 여자애가 되어 버렸어요. 애들도 다 오해하고 있는 것 같아요. 저를 보면 수군수군하는 것 같고요. 그것도 속상하고 무엇보다 베스트 프렌드가 제 뒤통수를 친 게 너무 화가 나요. 어떻게 해야 하나요?

ID 여우비 저는 올해 반장이 되었어요. 그런데 제가 왕따를 당할 줄은 몰랐어요. 반 친구 한 명이 이유 없이 저를 싫어하더니 애들을 선동해서 제가 반에 들어가면 자기들끼리 하던 이야기를 딱 멈춥니다. 이상한 눈빛을 보내서 사람을 주눅 들게 합니다. 학교 폭력으로 신고하고 싶은데, 딱히 결정적 증거를 남기지 않고 교묘하게 사람 피를 말립니다. 너무 괴롭습니다.

무슨 일을 하려고만 하면 걔가 태클을 걸어요. 전교에 저에 대한 헛소문도 퍼뜨리고 다녔어요. 정말 자퇴하고 싶었고 스트레스가 너무 심해서 학교도 며칠 결석했어요. 지금은 반이 바뀌기만 기다리고 있어요.

영국 철학자 홉스는 "사람은 사람에게 있어서 늑대다."라고 했어요. 사람이 사람을 물어뜯을 수 있는 존재란 걸 간파한 것이죠. 프랑스 철학자 사르트르는 "타인은 지옥이다."라고까지 했어요. 사람에게 큰 상처를 받아 본 적 있는 사람이라면 이 말에 공감할 거예요. 학창 시절에 왕따, 은따에 대한 상처나 기억이 없는 사람은 드물죠. 무슨 돌림노래처럼 왕따를 시키는 것 같아요.

따돌림을 당하는 기분, 얼마나 힘든지 말 안 해도 알아요. 뇌 과학자들에 따르면 우리가 무리에서 소외될 때 고통을 느끼게 하는 뇌의 부위가 몸이 아플 때 고통을 느끼게 하는 부위와 같대요. 뇌의 활동 패턴만 봐서는 신체적 고통을 겪는지 심리적 고통을 겪는지 구분하기 어려울 정도라고 해요.

같은 공간에서 매일 봐야 하는 누군가가 나를 미워해서 헛소문을 퍼뜨리고 교묘하게 괴롭힌다면 얼마나 힘들까요? 사람은 나를 싫어하는 사람에게조차 인정받고 싶어 하는 존재입니다. 그런데 누군가 날 대놓고 거부하고 배척한다면 좌절감과 우울감에 빠지기 쉬울 거예요. 사는 게 지옥일 테죠.

복숭아 님, 친한 친구가 뒤통수를 때렸네요. 그런 말을 한 친구도 원망스럽고, 그 말에 넘어간 다른 친구들에게도 몹시 배신감을 느꼈을 것 같아요. 여우비 님, 이유 없이 왕따를 당하다니 정말 억울하고 힘들었겠어요. 얼마나 힘들면 학교를 못 나갔을까요? 두 분께 무조건적인 위로를 보내요.

- **첫 번째 대처법: 내 탓이 아니라고 생각해요.**

학교에 있다 보면 여러 사건을 접하게 되지요. 피해자가 별 다른 잘못을 하지 않았는데도 왕따를 당하는 경우를 보게 됩니다. 중학생들과 지낼 때의 일이에요. 얼굴이 뛰어나게 예쁜 여학생을 같은 반 친구 4명이 괴롭힌 적이 있었어요. 가해자들에게 이유를 물어보니, 단지 얼굴이 예쁜 친구가 남자들에게

인기가 많으니 시기심 때문에 그랬다고 하더라고요. 성격이 순하고 착한 모범생이 피해를 본 경우도 있어요. 가해자는 피해자에게 질투를 느껴서 그랬다고 했습니다.

사람은 누군가를 좋아할 수도 있고 싫어할 수도 있고 시기심을 느낄 수도 있어요. 하지만 자기가 싫어한다는 감정을 내세워 한 사람을 왕따 시킬 권리는 없어요. 한 사람을 집단으로 따돌리는 행동은 잘못된 행동입니다.

이유 없이 왕따를 당하는 경우에도 피해자들은 자기가 무엇을 잘못했나 자책하게 됩니다. 하지만 특별한 이유가 없다면 그건 가해자가 원인인 경우가 많습니다.

가해자들은 본인이 행복하지 않을 가능성이 큽니다. 프로이트는 좌절-공격 가설을 주장했어요. 가해자가 자기 삶의 욕구가 좌절되었을 때 다른 사람을 공격한다는 것입니다. 복숭아 님과 여우비 님을 괴롭힌 친구들은 여러분에게 화가 난 게 아니라 자기 삶에 분노하고 있는 거예요. 그 분노를 복숭아 님과 여우비 님에게 투사한 것이죠.

투사란 자기가 받아들이기 힘든 감정을 남에게 던져 버리는 거예요. 그걸 인정하면 본인이 비참해지니까요. 복숭아 님의 친구는 열등감에 시달리는 사람입니다. 복숭아 님이 자기 짝남과 잘 지내는 걸 보고, 질투가 나서 없는 얘기도 퍼뜨리는 거예요. 자기가 용기 없는 걸 복숭아 님 탓으로 돌려 버리는 거죠. 복숭아 님은 믿었던 친구가 배신을 했기 때문에 상심이 클 거예요. 내가 그런 친구와 친했다는 걸 자책하지는 마세요. 그냥 그 친구가 그 수준밖에 안 되는 거예요. 어른들도 뒤통수 많이 맞아요. 어떤 사람이 진짜 좋은 친구인지 알려면, 아무리 어른이라고 해도 시간이 오래 걸려요.

여우비 님이 찾아와 하소연할 때가 떠오르네요. 여우비 님은 절대 다른 사람에게 휘둘릴 것 같지 않은 강한 학생이었어요. 당당하고 밝고 모범생인 친구였지요. 그런 여우비 님마저 왕따 주동자에게 당해서 눈물을 터뜨렸어요. 왕따 주동자는 자기가 주목받고 싶은데, 늘 선생님이나 친구들에게 주목받고 인정받는 여우비 님에게 시기심이 있었어요. 가해자는 집에서 부모님에게 언어폭력을 당하고 사랑받지 못했거든요. 자기 마음속에 불타는 분노를 엉뚱한 대상에게 화풀이한 거였어요. 가해자는 별 생각 없는 애들의 마음을 조종해서 반장인 여우비 님을 교묘하게 따돌리며 쾌감을 얻었죠. 그 시간을 여우비 님은 고통 속에서 보냈고요.

복숭아 님, 여우비 님, 내가 큰 잘못을 해서 이런 고통을 당하는 것이라고 자책하지 않아도 돼요. 상대방이 문제일 수 있으니까요.

그래서 열등감이 많은 사람들을 조심할 필요가 있어요. 열등감은 '나는 남보다 못하다'고 생각하는 걸 말해요. 하지만 사람은 누구나 잘난 사람이고 싶은 욕심이 있어요. 현실의 자기는 못났어도 진심으로 원하는 모습은 잘난 사람인 거죠. 그래서 열등감을 메꾸고 다른 사람들에게 그 모습을 들키지 않으려고 노력해요.

열등감을 극복하는 좋은 방법은 자기가 노력해서 못난 부분을 채워 나가는 방법이에요. 하지만 이 방법은 시간도 오래 걸리고 하기도 어려워요. 사실 가장 쉬운 방법은 자기 잘못을 남 탓으로 돌리는 거예요. 또는 잘난 사람을 깎아내려 자기 수준까지 끌어내리는 방법도 있죠. 자기보다 못나 보이는 애들을

깔아뭉개면서 자기가 잘났다는 걸 증명해 보이려 시도하기도 해요.

이들의 모토는 이거예요.

'잘난 애들 깎아내리고, 약한 애들 밟아 주자.

예쁜 애들 엿 먹이고, 못난 애들 조롱하자.

잘나가는 애들한테 훼방 놓고, 찌질한 애들 면박 주자.'

이런 식이니, 자기 눈에 거슬리는 세상 사람 모두가 왕따의 대상이 될 수 있어요. 왕따를 주도하면서 부족한 자기들이 우월하다고 느끼는 거예요. 가해자들에게 동조하지 않으면 자기가 희생자가 될까 두려워 함께하는 아이들도 많지요. 복숭아 님과 여우비 님은 이들의 희생양이 된 것입니다.

그러니 스스로 자책하지 말아요. 나를 잘못된 존재라고 생각하지 말아요.

- **두 번째 대처법: 해결을 위한 시도를 해 보아요.**

자, 그저 슬퍼하고 저절로 오해가 풀리기를 기다리지 말고 여러 시도를 해 보면 어떨까요? 괴로운 상황을 빨리 없애야 하니까 감정적이기보다는 이성적으로 움직여 보아요.

먼저 오해를 풀어 보는 거예요. 복숭아 님은 억울한 마음이 있을 거예요. 내가 잘못한 일이 없는데 친구들이 어떤 사실을 오해한다면, 친구들에게 적극적으로 다가가서 오해를 해명하면 좋겠어요. 당사자가 아니면 진실을 모르잖아요. 이때는 SNS보다는 직접 만나 얼굴을 보고 이야기해야 해요. SNS 때문에 또 다른 오해가 생겨서 일이 꼬이는 경우가 정말 많아요.

자신을 오해하고 있는 친구들에게 가요. 친구를 험담하는 분위기로 시작하지 말고, 담담하게 사실만 이야기하면 됩니다. 또 가해자를 만나기가 껄끄럽겠지만 "네가 잘못 알고 있는 점 때문에 내가 오해받아서 힘들다."라고 이야기해 보세요. 물론 쉽지 않은 일인 거 알아요. 하지만 그렇게 해야 그 친구가 앞으로 나를 쉽게 생각해서 함부로 이야기하고 다니지 않을 거예요.

마음이 많이 힘든 경우에는 혼자 해결하려고 하지 마세요. 도움을 요청하는 것도 용기입니다. 여우비 님 같은 경우는 혼자서 해결할 수 없을 정도로 큰 상처를 받았지요. 이때는 혼자서 끙끙대지 말고 담임 선생님, 부모님이나 상담 선생님 같은 믿을 수 있는 주변의 어른들에게 꼭 털어놓고 적극적으로 해결해야 해요.

그건 가해자를 위해서도 필요한 일이에요. 가해자도 친구를 악한 마음으로 괴롭히는 게 잘못된 일이라는 걸 알고 멈추게 해야 해요. 가해자는 누군가를 싫어하는 감정이, 그 아이를 따돌리거나 괴롭힐 수 있는 권리는 아니라는 걸 배워야 합니다.

- **세 번째 대처법: 상처 주려고 작정한 사람에게 상처받지 않기로 다짐합니다.**

"상처받지 않는다 함은 맞지 않는 것이 아니라 맞아도 손해를 입지 않는 것이다."

고대 로마 철학자 세네카의 말입니다. 자존감 높은 사람은 누가 나를 무례한 말로 공격해도 자존감에 상처받지 않습니다.

불교에 "같은 화살에 두 번 찔리지 마라."라는 말이 있어요. 누구든 처음 화살에 찔리면 당황스럽고 슬프고 화나고 상처받아요. 하지만 그 뒤가 문제예요.

친구들이 내게 한 말이 근거가 있는 말인지, 진실인 건 아닌지 따져 보게 돼요. 그 친구들이 날린 화살로 스스로를 찌르지 말아야 합니다. 그 말들을 곱씹으며 계속 상처받지 말아야 합니다.

'내가 문제인가?'

'내가 잘못인가?'

이런 생각을 하면서 자기 비하를 하거나 자기 탓을 하지 말아야 합니다. 그래야 괴로움 속에서 나올 수 있어요. 우리 주변에는 우리에게 상처를 주려고 작정하고 공격하는 사람들이 있을 수 있습니다. 비열한 사람들은 상대가 어떤 말을 들을 때 가장 아프다는 걸 잘 알아요.

아마 복숭아 님이나 여우비 님을 왕따 시켰던 애들은 이런 수법을 잘 구사했던 것 같습니다. SNS 채팅 방에 초대해 놓고 자기들끼리 나가 버리는 사이버 불링을 한다거나, 이들이 교실에 들어오면 갑자기 대화를 멈추고 딴짓을 하며 소외감을 주는 식으로요. 자꾸만 그렇게 싸움을 걸어 올 때 어떻게 대처하면 좋을까요?

영화 〈해리 포터〉 시리즈에 등장하는 말포이가 바로 상대의 아픈 점만 콕콕 찍어 공격하는 캐릭터입니다. 말포이는 친구들에게 비수를 찌르는 말을 잘 합니다. 해리에게는 고아라고, 론에게는 가난하다고, 헤르미온느에게는 머글이라고 빈정거립니다. 그 말들은 사실이기에 반박할 수도 없습니다.

그때 해리 포터와 친구들은 놀라운 반응을 보입니다. 말포이가 아무리 싸움을 걸어와도 "말포이잖아. 신경 쓰지 마."라고 말하며 피해 버립니다. 심지어 론의 어린 여동생 지니마저 "닥쳐, 말포이!"라고 하며 말포이의 공격을 제압해 버립니다.

해리 포터와 친구들은 말포이에게 기분 나쁜 말을 들었을 때 그걸 곱씹지 않아요. 귓등으로 넘겨 버려요. 말포이가 던진 화살에 두 번 찔리지 않아요. 어차피 말포이가 자신들에게 작정하고 상처 주려고 한 말이잖아요. 만약 상대가 한 말 중에 객관적으로 내가 고칠 부분이 있으면 고치면 됩니다. 그게 아니라 단지 시기, 질투 혹은 자기 열등감에 빠져서 하는 행동이라면 "닥쳐, 말포이!" 같은 마음가짐이 필요합니다.

진짜 영화사에 길이 남을 명대사가 아닐 수 없습니다. "닥쳐, 말포이!"

이 대사를 꼭 기억하세요!

길을 가다가 하필 새로 산 신발에 껌이 붙었다고 가정해 볼게요.

'내가 문제야. 왜 괜히 집을 나왔지. 역시 난 바보야.'라고 스스로를 자책하지는 않겠지요? '아이, 오늘 재수가 없네.' 하고 껌을 떼고 갈 길 가면 됩니다.

내게 상처를 주려고 작정한 사람들이 제일 바라는 일은 내가 괴로워하는 것입니다. 누구 좋으라고 괴로워해요? 그 사람들이 던진 말과 행동 때문에 괴로워하는 것은 그런 사람들에게 소중한 내 시간과 에너지를 쓰는 것입니다. 나를 미워하는 사람들을 신경 쓰면서 시간 낭비 하지 말고, 나를 아껴 주는 친구들을 위해 시간과 에너지를 써요. 나를 사랑해 주고 좋아해 주는 사람들과 잘 지내기에도 부족한 시간이에요.

마음에 꽂혀 있는 화살을 이제 쑥 뽑아내세요. 당신은 있는 그대로 괜찮고 소중한 사람임을 잊지 말아요. 당신에게는 상처를 극복해 낼 힘이 있어요.

⧓ 추천 메뉴

친구에게 받은 스트레스 깨부수어 줄
슈니발렌

망치로 깨 먹는 울퉁불퉁 못생긴 독일 과자입니다. 그동안 친구에게 받은 상처, 배신감, 스트레스를 와장창 망치로 깨서 날려 버리세요. 단, 과자를 깰 때 '이런 슈니발렌!'을 기분이 풀릴 때까지 외쳐 주세요! 과자를 모두 깨부순 후에는 당신을 좋아하는 친구들을 만나 행복한 시간을 보내게 될 거예요.

✿ 카페지기의 힐링 레시피

이유 없이 왕따 당한 후 대처법 3가지

- **첫 번째 대처법**: 내 탓이 아니라고 생각해요.
- **두 번째 대처법**: 해결을 위한 시도를 해 보아요.
  - 오해를 풀어 보세요.
  - 혼자 해결하려고 하지 마세요.
- **세 번째 대처법**: 상처 주려고 작정한 사람에게 상처받지 않기로 다짐합니다.
  - "닥쳐, 말포이!"를 기억합니다.

믿고 걸러야 할
시한폭탄 같은 친구 5유형!

좋은 친구란 나를 진심으로 대해 주고, 내가 감정이 격해졌을 때도 나를 안정시켜 주는 친구입니다.
반대로 피해야 할 친구는 나보다는 자기 자신에게만 관심이 있고, 내 감정이 안정적일 때조차 내 감정선을 조종해서 나를 격하게 만드는 친구입니다.
아래와 같은 친구들은 피해야 할 친구들이에요. 이런 친구들과 함께 있으면 끝이 좋지 못해요.

"어머! 이런 친구는 꼭 피해야 해!"

01 친구들 말은 안 듣고 남의 얘기 가로채서 자기 자랑만 하는 애

어디서든 주인공이 되고 싶어 하고 우월감, 통제감을 느끼고 싶어 하는 스타일이에요. 처음 봤을 때는 화려하고 자신감 넘쳐 보이는 모습이 매력적일 거예요. 하지만 당신의 일상과 감정에는 관심이 없고, 당신을 자기에게 찬사를 보내는 도구로만 여길 거예요. 화려한 겉모습과 달리 속으로는 열등감이 높을 가능성이 있어요. 당신이 일이 잘 풀리고 성공하면 아마 당신을 질투해서 깎아내릴걸요.

02 피해 의식에 절어 있는 애

항상 자기가 당했다고 얘기합니다. 잘 쓰는 말은 "사람들이 날 무시한다."입니다. 세상 모든 사람이 자기를 힘들게 한다고 징징댑니다. 자칫 당신이 그 사람의 감정 쓰레기통이 될지도 몰라요. 언젠가는 당신이 자신을 무시했다며 당신에게도 분노를 퍼부을지 모릅니다.

03 만나면 남 험담만 하는 애

사람은 자기에게 있는 부족한 부분을 보면 투사를 한대요. 자신과 같은 못난 점을 갖고 있는 다른 사람이 그렇게 꼴 보기 싫대요. 남 험담을 많이 한다는 건, 자기가 자신을 싫어하는 사람일 가능성이 커요. 자기가 결점 투성이니까 남들도 꼴 보기 싫은 거죠. 당신에게서도 못마땅한 점을 찾아 다른 데 가서 험담할걸요.

04 분노에 차 있는 애

발끈 화를 잘 내는 애. 이런 친구는 자기 화를 못 참기 때문에 작은 자극에도 벌컥 화를 잘 낼 거예요. 그러면서 자기는 뒤끝이 없다고 하죠. 그래서 당신만 상처받는 경우가 많을 거예요. 주변에 싸움을 잘 걸기 때문에 괜히 옆에 있다가 덤터기를 쓰기도 합니다.

05 교묘한 말 공격을 하는 애

친절한 것 같지만 교묘하게 기분 나쁜 공격을 날리는 애가 있어요. "너는 뚱뚱한 애치고는 치마가 잘 어울리네." 같은 말을 하죠. 욕이 아닌 듯 욕인 것 같은 말을 날리며 기분 잡치게 만드는 애는 정신 건강에 도움이 되지 않아요. 상대에 대한 시기심이 많아서 그렇습니다.

이들은 내 에너지를 뽑아 갈 에너지 흡혈귀입니다.
이런 애들이 옆에 있다면? 피해요! 어서!

친구가 물건을 훔치자고 하고
담배를 권해요.

혼자여도 괜찮아요.
더 좋은 친구가 반드시
나타날 거예요.

ID 아싸스멜 풀풀

중학교 2학년이 되고 얼마 후, 아빠 직장 때문에 다른 학교로 전학을 왔어요. 원래도 제가 소심하고 낯을 가려서 급식실에 혼자 갈 용기가 없어 걱정했어요. 거기다가 수련회를 바로 다음 주에 간다고 해서 막막했어요. 소풍이나 수련회 가서 친구가 없으면 정말 우울하잖아요. 근데 저희 반에서 활발하고 재미있는 친구들 세 명이 저를 끼워 주어서 다행히 전학 간 첫 날에 함께 급식을 먹게 되었어요. 그 주말에 수련회 준비를 하기로 하고 시내에 같이 나갔어요. 근데 애들이 한 화장품 가게에 들어가기 전에, 화장품 몇 개를 훔치자고 하는 거예요. 제가 망설이니까 저한테 망을 보라고 했어요. 전 어쩔 수 없이 망을 보기는 했어요. 친구들이 섀도우, 아이라이너, 틴트를 훔치고는 노래방에 가서 엄청 재미있는 놀이를 한 것처럼 좋아하더라고요. 저도 어쩔 수 없이 웃기는 했는데, 속으로 엄청 놀랐어요.

노래방을 갔더니 이제 담배를 권하더라고요. 마지못해 거절하기는 했는데 앞으로 이 애들하고 계속 놀아야 하나요? 또 친구들이 어떤 아이돌을 좋아하는데, 억지로 그 가수들 프로필도 외워야 할 것 같아요. 제 취향이 아니라는 건 감추고요. 이 애들이 반에서 영향력이 있는 것 같아 만약 이 무리에서 나가면 저는 수련회 때도 혼자 다녀야 하고 왕따가 될 수도 있을 것 같은데 어떡하죠?

ID 물렁근육

친구들이 장난으로 밤에 길가에 주차된 자동차 문을 열어 안에 있는 물건을 훔치자고 합니다. 아, 저는 이제 어떻게 해야 할까요? 저는 이 친구들을 배신할 수 없거든요. 예전 학교에 다닐 때 애들한테 왕따를 당한 적이 있어요. 가장 최악은 화장실에서 볼일 볼 때 양동이로 물벼락을 맞은 일이었어요. 애들이 제 입에 대걸레를 쑤셔 넣은 일도 있었어요. 이 학교에 왔더니 힘센 애들 무리에서 저를 받아 줬어요. 덕분에 다른 애들이 저를 무시하지 않아서 좋아요. 근데 사실 요즘 좀 괴로운 일이 있었어요. 제가 천식이 있는데 애들이 자꾸 담배 피우라고 권하는 거랑 장난이라면서 제 목을 자꾸 조르는 거요. 애들이 날 우습게 여기나 싶어서 속상한 건 있었어요. 하지만 그건 저 혼자 잠깐 속상하면 되는데, 자동차에서 물건을 터는 건 범죄잖아요. 안 한다고 하면 이 무리에서 밀려날 텐데, 다시 혼자가 되면 어쩌죠?

아싸스멜 풀풀 님, 얼마나 힘들었을지 짐작이 가서 짠했어요. 저도 새 학기가 되면 교실 뒤편에서 코끝이 시큰거렸던 기억이 있거든요. '과연 이 교실에서 내가 잘 살아남을 수 있을까?', '친구들과 친해질 수 있을까?' 하는 생각에 목울대가 뻐근해진 적이 많아요. 아싸스멜 풀풀 님은 심지어 전학을 왔네요. 다니던 학교에서 새 학기를 맞으면 쉬는 시간에 복도에서 아는 애들을 볼 수 있고, 운 좋으면 친한 애들이랑 같은 반이 될 수도 있잖아요. 그런데 새로 전학 간 학교라니요. 거기다가 다음 주가 수련회라니 날벼락이겠군요. 새 학기, 또 새로운 학교생활을 할 때 가장 걱정되는 건 바로 급식 시간이죠. 요즘 혼밥이 유행이라지만, 혼자 밥 먹는 걸 두려워하는 사람들이 많아요. 저도 그랬어요. 혼자 밥 먹을 일이 생기면 아예 굶기도 했지요.

그럴 때 먼저 다가와 준 친구들이 참 고마웠겠어요. 누구라도 그랬을 거예요. 그런데 그 친구들이 아싸스멜 풀풀 님의 상상을 뛰어넘는 행동을 한 거죠. 물건을 훔치고, 담배도 권했지요. 이 친구들하고 안 놀자니 앞으로 아싸가 될 것 같아 두렵지요?

물렁근육 님이 찾아와 어두운 얼굴로 말하던 모습도 생각나네요. 물렁근육 님이 항상 입에 달고 다니던 말이 있었어요.

"저는 친구가 필요해요. 외로워요."

전에 다니던 학교에서 입은 상처가 있어서인지, 물렁근육 님은 무척 외로워했어요. 혼자일 때 자신의 존재는 너무나 보잘 것 없이 느껴졌대요. 힘센 애들 무리에 들어가서 안심하고 싶었나 봐요. 그래서 노는 애들 무리를 어떻게든 비집고 들어갔지요. 여럿이 몰려다니면서 자신감이 생긴 것 같았어요. 그러던 중, 친구들이 함께 차량털이를 하자고 한 거죠. 범죄인 게 뻔하지만 다시 혼자가 될까 봐 물렁근육 님은 몹시 초조해하고 있네요.

아싸스멜 풀풀 님과 물렁근육 님께 묻고 싶어요. 그 친구들과 있어 지금 외롭지 않나요? 진짜 괜찮나요?

사실, 가끔은 혼자여도 괜찮아요.

사람들은 외로움을 피하려고 아무 집단에 들어가기도 해요. 하지만 이 집단이 나와 맞지 않다는 생각이 들 때는 이런 생각을 해 봐요. '나는 혼자인 게 싫은 걸까? 내가 혼자인 걸 친구들이 보는 게 싫은 걸까?'

만약 다른 사람들의 시선 때문에 혼자 있는 게 두렵다면, 혼자 있는 건 괜찮다는 말을 해 주고 싶어요.

살다 보면 원치 않아도 혼자인 시간이 생길 때가 있어요. 정말 신기하게도 그 많고 많은 사람 중에 나와 꼭 맞는 사람이 없을 수도 있답니다. 저 역시 학창 시절, 우리 반에 나와 잘 맞는 친구가 없어서 혼자인 적이 있었어요. 직장에 들어가서도 수많은 입사 동기 중 마음에 맞는 사람이 한 명도 없었던 적이 있었지요. 하지만 저는 그게 제 잘못이라고 생각하지 않아요. 다만 맞는 사람이 없었을 뿐인걸요. 지금 당장 이 공간에 친구가 없는 게 잘못된 건 아니에요.

또, 친구들은 동등한 관계여야 해요.

나를 함부로 대하는 친구.

남들에게 보여 주기 위한 친구.

내가 일방적으로 비굴하게 맞춰 줘야 하는 친구.

나를 하인, 시녀 부리듯 당연하게 자기 심부름 시키는 친구.

거기다 내가 옳지 않다고 생각하는 일을 강요하는 친구라면,

이런 친구를 사귈 바에야 혼자여도 괜찮아요. 시간이 흐르면 아싸스멜 풀풀 님과 물렁근육 님을 잘 이해해 주는 좋은 친구를 만날 수 있을 거예요.

친구 관계에는 두 가지가 있어요.

첫째, 같이 있을수록 다 같이 망하는 무리.

둘째, 같이 있을수록 다 같이 잘되는 무리.

"내가 최근에 만난 사람 다섯 명의 평균이 내 수준이다."라는 말이 있어요. 내가 최근에 어울린 다섯 명의 얼굴을 떠올려 보세요. 나는 어떤 수준인가요?

그래서 "너 왜 그런 애들이랑 노니?"와 같은 말이 "넌 그것밖에 안 되니?"라는 말로 들려 발끈하게 되지요. 누군가 친구 욕을 하면 꼭 내 욕을 하는 것 같고요.

하지만 냉정하게 생각해 봐야 해요. 외롭다고 아무나 만날 수는 없잖아요. 사람은 생각보다 다른 사람들의 영향을 정말 많이 받아요. 막 살기에는 당신 인생은 너무나 소중해요.

보통 '같이 있으면 다 같이 망하는 무리'는 서로 자기보다 못난 사람들하고만 어울리려고 해요. 그 무리에 들어가면 자신이 다른 애들보다는 낫다고 생각해서 우월감을 느낄 수 있거든요. 이런 친구들은 다른 친구가 성공하고 잘

되는 것을 적극적으로 막아요. 내가 갖지 못한 것을 남도 갖지 못하게 하지요. 다 같이 계속 수렁 속에 빠져 있고 싶어 해요.

여러분은 혹시 그런 적 없었나요? 숙제가 많은 날, 애들끼리 연락하잖아요.

"나 안 했어."

"나도 안 했어."

누군가 그때 "야, 다 같이 하지 말자." 하고 말하죠. 그러면 일순간에 안심이 돼요. 금세 마음이 편안해지죠. 근데 누군가 "난 할 건데?" 하면 그 친구도 못 하게 막고 싶잖아요.

물렁근육 님은 실제로 친구들에게 "나 천식이어서 담배 끊을 거야."라고 말했대요. 그때 친구들은 낄낄 웃으면서 담배에 불을 붙여 주었대요. 물귀신처럼 다 같이 안 좋은 쪽으로 끌고 가려고 한 거죠. 좋은 친구가 아니에요.

친구들은 계속 더한 요구도 했어요. 심지어는 차량털이까지 함께하자고 권유했어요. 그때 친구들 사이에서 무시당하고 싶지 않은 마음이 생기면, 결국 그 일을 함께하게 됩니다.

물렁근육 님은 어떻게 해야 할까요? 좋은 삶을 살려면 단호하게 "NO!"라고 말해야 합니다. 마음속에 '어? 이게 아닌데?'하는 신호등이 켜지는 순간이 있을 거예요. 내 기준, 나다움을 잃으면서까지 지켜야 할 관계는 없어요.

많은 사람에게 둘러싸여 있다고 외롭지 않은 게 아니에요. 그 친구들 속에서 진짜로 외롭지 않나요? 내가 별로라고 생각하는 사람들과 계속 어울린다면, 그건 자기 스스로를 좋은 삶을 누릴 가치가 없는 사람이라고 여기는 거예요. 『12가지 인생의 법칙』을 쓴 조던 B. 피터슨 교수는 "당신에게 최고의 모습을 기대하는 사람만 만나라."고 조언하기도 했어요. 그러려면 먼저 내 자신이 나에게 최고의 모습을 기대해야겠지요. 내가 나를 귀하게 여기면 좋은 친구들이 반드시 다가올 거예요.

아싸스멜 풀풀 님과 물렁근육 님은 어떤 친구를 만나고 싶어요? 나를 진정으로 아껴 주고 잘되기를 바라는 친구를 만나고 싶지 않나요? 속마음을 털어놓으며, 점심시간에 회전 초밥처럼 운동장을 돌면서 수다 떨 수 있는 친구를 원하지 않나요? 얼굴만 봐도 "짜식!" 하면서 웃음이 쿡쿡 터지는 친구를 만나고 싶지 않나요? 나를 동등한 존재로 대해 주고 내 말에 진심으로 고개를 끄덕여 주는 친구와 대화하고 싶지 않나요?

수많은 사람 속에 있는 인싸가 되는 것보다, 아싸가 되더라도 나를 알아주는 단 하나의 진정한 관계가 나를 성장시켜요. 아직 그런 사람을 못 만났다면 당분간 혼자여도 괜찮아요.

어떤 심리학 연구에 따르면 높은 언덕도 친구가 손을 잡아 주면 낮게 보인대요. 서울에서 부산까지 가장 빨리 가는 방법은 뭘까요? 바로 좋아하는 사람과 함께 가는 거랍니다. 좋은 친구를 사귀면 인생을 즐겁게 보낼 수 있어요. 힘든 마음을 털어 놓고 내 인생을 홍이 나게 하는 친구, 그런 친구 만드는 방법이 궁금하다고요?

그럼 다음 장으로 따라오세요!

⧓ 추천 메뉴

쇼킹하게 좋은 친구가
당신을 알아보게 해 줄
쇼콜라

정말 좋은 친구가 당신을 알아봐 줄 거예요.
당신의 유머 한 마디에 방청객 알바처럼 뒤로 넘어갈 정도로 웃어 주고, 당신의 눈빛 하나에 안부를 걱정해 주고, 당신의 꿈에 격려를 아끼지 않을 좋은 친구가 나타날 거예요. 친구와 초콜릿처럼 달콤한 시간을 보내길 바라요.

✿ 카페지기의 힐링 레시피

혼자가 될까 봐 나쁜 친구라도 붙잡고 싶은 당신에게

아직 내가 누구인지 모르는 탓에 우리는 무리에 들어가서 자신감을 갖길 원해요. 혼자라는 존재는 너무 하찮고 약해 보이잖아요.
하지만 외로움은 누군가 곁에 있다고 해서 채워지는 게 아니에요. 많은 사람들에게 둘러싸여 있어도, 그 사람들이 나를 진정으로 위해 주지 않는다면 여전히 외로울 거예요.
지금 당신 곁에 있는 친구가 진정으로 당신을 위해 주는 친구인가요? 여러 명과 어울리는 인싸가 되기보다는 당신 마음을 진정으로 알아주는 한 친구를 가진 아싸가 되는 것이 더 나을 수 있어요. 아직 그 사람을 못 만났다면 때로는 혼자여도 괜찮아요. 내가 나를 사랑해 주면, 언젠가 당신 마음을 알아주는 친구들을 만날 거예요.

좋은 삶을 살려면 단호하게 "NO!"라고 말해야 합니다.
마음속에 '어? 이게 아닌데?' 하는 신호등이 켜지는 순간이 있을 거예요.
나다움을 잃으면서까지 지켜야 할 관계는 없어요.

친구  04

자꾸 오해받는 소심한 나,
친구 사귀려면
어떻게 해야 하죠?

한 명의 마음만 얻을 수 있다면
핵인싸 아니어도 괜찮아요.

ID 미지수

사람들은 저를 오해합니다. 사람들이 타인의 겉모습만 보고 판단하지 않았으면 좋겠어요. 내 주변 사람들은 아무도 내 기분을 몰라 주고, 내 고민에 공감해 주지 않아요. 사람들은 저에게 "화났냐?"라는 말을 자주 해요. 저는 사실 낯을 엄청 가리고 조용한 성격인데, 자꾸 사회에 불만 있냐고 물어서 속상해요. 다른 친구들처럼 활발하게 지내고 싶은데 마음처럼 쉽지 않아요. 또 사람들과 어떻게 지내야 할지도 모르겠고, 사람들하고 잘 지내는 게 어렵고 두려워요.

저는 어릴 때부터 소심하다는 소리를 많이 들었어요. 엄마도 제가 배 속에 있을 때부터 잘 움직이지 않았다고 했어요. 그래서 저는 소심한 성격은 타고난 걸로 생각했어요.

저는 남들을 정말 많이 의식해요. 하지만 혼자 지낸지 수년 째고요. 내 주장을 펼치지도 못하고, 애들 사이에서는 '말 안 하는 아이'로 찍혀 버렸어요.

다른 사람들은 너무 쉽게 "성격 고치면 되지."라고 말하지만, 저는 그게 너무 어려워요. 사람들이 저한테 "넌 의지가 없다."고 말하는데, 그런 말을 들으면 섭섭해요. 한번은 인터넷 검색에서 찾은 친구 사귀는 법을 활용해서, 먹을 걸 싸 가지고 가서 친구들하고 친해진 적도 있어요. 하지만 그 관계는 진짜가 아닌 것 같아 제가 그 친구들을 멀리하고 다시 혼자가 되었죠.

주변에서 하도 "넌 노력하지 않는다."는 말을 들으니, 이제는 '나한테는 의지가 없나 보다.', '정말 나는 아무것도 못하는 사람인가 보다.' 이런 고민이 들어요. 왜 저는 늘 부족한 걸까요?

진짜 힘든 일이 있을 때 연락할 친구가 많지 않아서 속상했던 적, 있지 않나요? 친해지고 싶은 친구가 있는데 머뭇거리다가 놓쳐 버린 적, 있지 않나요? 다가가고 싶은 친구는 인기가 많아 아예 나에게 관심조차 없지 않나요? 남들은 참 쉽게 친구를 사귀는 것 같은데, 나만 친구 사귀는 게 힘들다고 느껴지지 않나요?

유난히 성격상, 기질상 친구 만드는 게 어려운 사람이 있어요. 미지수 님은 다른 친구들에게 자꾸 오해만 받아서 무척 속상했겠어요. 친구를 사귀고 싶은데 뜻대로 되지 않아 힘들 것 같아요.

노력을 안 한 것도 아니잖아요. 인터넷을 뒤져서 친구 사귀는 법도 알아보고 나름 엄청 노력하고 있지요. 친구들 눈치도 많이 보고, 그동안 참 애 많이 쓰면서 살았어요. 조금 더 쉽게 친구를 사귀는 방법은 없을까요?

1) 나를 '소심하다'라는 틀 안에 가두지 말아요.

어떤 연구에 따르면, 사람 10명 중 2명은 나에게 호감을 가진대요. 5명은 나에게 별 관심이 없고, 나머지 3명은 나를 적대적으로 본대요. 우리는 그 10명 중 나에게 호감을 가진 2명을 공략하면 됩니다. 또한 사람들이 활발한 사람들만 좋아한다는 편견을 버려야 해요. 미지수 님처럼 조용하고 차분하고 신중해 보이는 사람을 좋아하는 사람도 분명히 있어요. 그러니 자신감을 가져요. 친해지고 싶은 애가 있다면, 용기 내서 먼저 다가가 보면 어떨까요?

혹시 좁은 우리에 갇힌 돼지를 본 적 있나요? 돼지는 평생 좁은 쇠틀에 갇혀 옆으로 움직이지도 못하고 살아가요. 얼마나 힘들겠어요? 세상에는 자기도 모르게 스스로를 그런 틀에 가둔 사람들이 많아요.

'나는 소심해.', '나는 먼저 말을 못 해.'

그러면 정말로 그 틀 안에서 꼼짝도 못 하게 돼요. 상대가 먼저 다가오기만 간절히 기다리고 있지요.

한번은 이런 반 친구들을 만난 적이 있어요. 고등학교 입학 후, 한 달이 지나도록 반 분위기가 남극 세종 기지 저리 가라 할 정도로 냉랭했지요. 저는 한 명씩 따로 만나서 이야기를 해 보았어요. 다들 외롭대요. 모두 친구들이 다가와 주기만을 기다리고 있었어요. 분명 서로가 서로에게 호감을 가지고 있었는데요. 아무도 먼저 틀을 깨고 나서지 못하니까 활발한 친구들조차 조용하게 숨 막히는 시간을 보내더라고요. 다들 속으로 미지수 님과 똑같이 괴로워하고 있었답니다.

그럴 때는 '상대가 먼저 다가와 주어야 한다.'는 틀을 깨고 '나도 먼저 다가갈 수 있다.', '먼저 말 걸 수 있다.'라고 생각을 전환해 보면 어떨까요?

원래 뭐든 처음 한 번이 힘들어요. 자꾸 하다 보면 생각보다 괜찮은 결과가 있을 거예요. 예상 외로 주변에 당신이 먼저 말 걸어 주길 은근히 바라는 애들이 많답니다.

철학자 헤겔이 그랬어요. "마음의 문을 여는 손잡이는 안쪽에만 달려 있다. 내가 먼저 열지 않으면 밖에 있는 사람은 내 마음의 귀퉁이조차 보지 못한다."

미지수 님의 아름다운 마음의 귀퉁이, 친구를 위해 마련해 놓은 소중한 마음의 귀퉁이를 먼저 보여 주면 어떨까요?

2) 호감형이 되는 가장 쉬운 방법은 웃는 거예요.

미지수 님은 표정 때문에 사람들이 자기를 오해한다고 괴로워하고 있어요. 사실 사람들에게 그 어떤 말을 해도 오해는 쉽게 풀리지 않을 거예요. 그럼 가장 쉬운 방법은 뭘까요? 바로 웃는 거예요.

이탈리아 파르마대학교 연구팀은 사람의 뇌에서 '거울 뉴런'이라는 신경 네트워크를 발견했어요. 이 거울 뉴런 때문에 사람들은 상대의 얼굴 표정을 보고 상대의 마음과 기분 상태를 알 수 있다고 해요.

집에 들어갔는데 부모님 표정이 심각할 때는 어떻게 하나요? 눈치가 있다면 까불 때가 아니란 걸 알고 조심하잖아요. 거울 뉴런이 순간적으로 그 사람의 감정을 판단하는 거죠.

사람들이 미지수 님을 볼 때 "화났냐?", "사회에 불만 있냐?"라고 묻는 건, 미지수 님의 표정이 화나 보이기 때문이에요. 다른 친구들이 '와, 쟤 안 좋은 일 있나 보다. 가까이 가면 안 좋을 것 같아.'라고 느껴 피하게 되는 거죠.

과학자들이 이런 실험도 했대요. 얼굴 근육을 움직여서 억지로 웃는 인상을 만들게 했대요. 따라해 볼래요? 입꼬리를 올리고 눈꼬리를 내려요. 광대를 승천시켜요. 아……. 사탄의 인형 처키 같은 표정이라고요? 미안해요.

실제 연구 결과, 얼굴 근육을 조정해 밝은 표정을 지은 사람은 기분이 더 좋아졌고, 얼굴 근육을 조정해 어두운 표정을 지은 사람은 기분이 더 안 좋아졌대요. 이건 자신조차 자기 표정에 따라 기분에 영향을 받는다는 뜻이에요. 입꼬리에 파르르 경련이 날 정도로 억지로 웃으라는 뜻은 아니에요. 하지만 내가 정말로 다른 친구들에게 다가가고 싶다면, 입꼬리를 살짝 올리고 웃는 게 썩 어려운 일은 아니잖아요?

웃는 사람이 사람들이 호감을 얻는 이유를 하나 더 들어 볼게요. 바로 '정서 감염'이라는 건데요. 사람은 주변 사람들의 감정에 쉽게 영향을 받는다는 거예요. 웃고 있는 사람이 많은 곳에서는 웃음이 나고 우울한 표정을 한 무리에 들어가면 나도 우울해지죠. 그래서 사람들은 덩달아 유쾌해지려고 개그맨 같은 사람들을 좋아해요.

그러니 사람들에게 오해를 받지 않으려면 웃어 보세요. 어금니가 보이게, 목젖이 달랑거리며 보일 때까지 웃지 않아도 돼요. 그냥 씩 미소만 지어도 돼요.

3) 공감 능력을 기르려고 노력해요.

우리가 친구를 만나는 이유는 내 감정을 이해받기 위해서겠지요.

내가 힘든 일이 있을 때 친구가 내 말을 잘 들어 주고 "그동안 힘들었겠네." 라고 말해 주면 어떨까요? 눈물을 글썽이며 내 손을 꼭 잡아 준다면 기분이 어떨까요? 그 순간 내가 온전히 이해받았다는 생각이 들겠죠. 어두웠던 마음이 전구를 켠 듯 환해지지 않을까요? 이런 게 공감이에요. 친구의 입장에서 친구의 마음을 알아주는 것이죠.

영국 작가 C.S. 루이스는 공감에 대해 이렇게 말했어요. "한 사람이 다른 사람에게 "뭐? 너도? 나만 그런 줄 알았어."라고 말하는 순간 우정이 싹튼다."고요. 사람들은 자기 이야기에 맞장구치고 공감해 주는 사람들을 좋아해요.

미지수 님도 그렇게 하면 됩니다. 상대의 입장에서 상대의 마음을 알아주는 거예요. 만약 친구가 선생님한테 혼나고 왔다면, 다가가서 "괜찮아?"라고 친구 마음을 생각해서 말해 주는 게 바로 공감이에요.

"그러게 좀 잘하지.", "내가 너 그럴 줄 알았다.", "그렇게 하지 말고 이렇게 해 봐." 이런 식의 비난, 판단, 조언은 도움이 되지 않아요.

그럼 상대의 감정과 입장을 어떻게 알아차릴 수 있을까요? 미지수 님은 남들을 많이 의식한다고 했어요. 얼핏 보면 남들의 감정에 공감을 많이 할 수 있을 것 같지만 그렇지 않아요. '다른 사람이 나를 어떻게 생각할까?'만 생각하느라 정작 상대 마음을 헤아리지 못해요. 상대에게 위로를 건네야 할 상황에서 상대가 날 어떻게 볼까만 생각하고 있으니 사이가 좋아질 수 없어요. 감정지수(EQ)가 높은 사람은 상대방의 입장에서 생각해 보고, 감정 지수가 낮은 사람은 상대가 날 어떻게 볼까만 생각해요.

친구의 얼굴이 우울해 보이고 어둡다면 친구가 왜 그런지 생각해 봐요. 이유를 모를 때는 다가가서 "무슨 일 있니?"라고 말하면 돼요. 친구가 속상한 일이 있었다고 이야기하면 "그랬구나. 나라도 속상하겠다." 그 말 한 마디면 돼요.

아마 미지수 님은 "어? 재가 왜 표정이 어둡지? 아, 나 때문이구나."라는 말도 안 되는 결론을 내렸을 거예요. 그 뒤로 위축이 되곤 했겠지요. 눈치를 보는데 정작 눈치가 없는 거예요. 인간관계에서 '나만 잘하면 된다'라는 생각을 버려야 해요. 무의식 속에 있는 '나는 뭔가 잘못된 존재'라는 그릇된 생각도 함께 던져 버리세요. 친구가 우울해하거나 슬퍼하는 건 나름의 이유가 있어서이지, 미지수 님 때문이 아니랍니다.

또, 다른 사람들의 말을 잘 듣고 표정에 세심하게 관심을 기울이는 노력을 해 보면 어떨까요? 사람들은 자신에게 관심을 가지고 질문하면 좋아해요. 자꾸 질문하고 반응을 잘하려고 노력하다 보면 공감 능력이 키워질 거예요.

저는 태어나서 한 번도 이단 줄넘기를 해 본 적이 없어요. 중력이 저를 허락하지 않아요. 제가 이단 줄넘기를 하려면 엄청 노력을 해야겠지요. 공감하는 능력도 유전이나 환경 때문에 사람마다 차이가 있을 거예요. 제가 이단 줄넘기를 못하는 것처럼 친구들에게 공감하는 것이 어려운 사람들도 분명히 있어요.

제가 아무리 연습해도 전교에서 제일 이단 줄넘기를 잘하는 사람이 되기는 힘들겠죠. 하지만 죽어라 연습하면 보통 줄넘기는 예전보다 더 잘하게 될 거고, 어쩌면 이단 줄넘기도 몇 개는 할 수 있을 거라 생각해요.

미지수 님도 마찬가지예요. 공감의 달인은 못 되더라도 미지수 님이 친해지고 싶은 친구들에게 최소한 오해는 받지 않을 거예요. 그리고 예전보다 조금이라도 더 친구들과 가까워질 수 있어요. 그렇게 조금씩 노력하면 돼요.

추천 메뉴

'하이! 헬로우!' 하고
먼저 인사하게 해 줄
헤이즐넛라테

특별 메뉴! 철학자 헤겔의 추천 메뉴입니다.
마음의 문을 여는 손잡이는 안쪽에만 달려 있다고 해요. 이 음료를 마시면, 마음의 문 손잡이를 자신이 먼저 열어젖힐 용기가 생깁니다. 이 세상에는 나에게 호감을 가진 사람이 반드시 존재합니다. 그들과 당신이 헤이즐넛 향처럼 은은하고 감미롭게 마음을 나눌 수 있는 진정한 친구 사이로 발전하게 도와줍니다.

카페지기의 힐링 레시피

마음에 드는 친구를 내 편으로 만드는 3가지 방법

1. 나를 '소심하다'라는 틀 안에 가두지 말고, 먼저 다가가 보아요.
2. 호감형이 되는 가장 쉬운 방법은 웃는 거예요.
3. 공감 능력을 기르려고 노력해요.

친구 05

좋은 친구들과
잘 지낼 수 있을까요?

우정을 지키려면
정성이 들어가야 해요.

ID 안개 지금 친구들이 너무 좋아요. 졸업하고 나서도 계속 잘 지낼 수 있을까요? 또 고등학교, 대학교에 가거나 사회에 나가면 새 친구들을 만날 텐데 제가 친구들을 잘 사귈 수 있을까요? 은근히 제가 아싸 체질이어서 걱정이에요. 친구를 잘 사귀고 또 그 관계를 오래 유지할 수 있는 방법이 있나요?

"인간에게 고통이 있으니 그중 하나는 사랑하는 사람들과 떨어져 지내야 하는 것이고, 그중 하나는 미운 사람들과 함께하는 고통이니라."

부처님이 하신 말씀입니다. 우리는 언젠가 좋아하는 친구들과 헤어지게 됩니다.

친하게 지내던 친구와 같은 반이 되지 않거나, 친구가 멀리 이사를 가기도 합니다. 중학교, 고등학교, 대학교를 가게 되면서 친구들과 다른 공간에서 지내기도 합니다. 이들과 계속 우정을 유지하고 싶지요?

또는 새 학기가 되어서 같은 반이나 학원에서 정말 마음에 드는 친구를 만날 수도 있어요. 그 친구와 정말 잘 지내고 싶지요?

우정을 시작하고 유지할 수 있는 방법이 있답니다.

1) 먼저 찾아갑니다.

우정은 정성입니다. 집에서 장수풍뎅이, 사슴벌레, 햄스터를 키운 적이 있어요. 작은 동물하고 친구가 되려니까 무척 돌볼 일이 많더라고요. 특히 햄스터 똥 치우기! 작은 동물에게도 이렇게 정성이 들어가는데, 친구 관계에는 더더욱 세심한 정성이 필요하죠.

설흔 작가님이 쓰신 『우정 지속의 법칙』에는 우리 선조들의 우정법이 나와요. 스마트폰도 없고 SNS도 없던 시대에 선조님들은 참 박력 있더라고요. 친해지고 싶은 상대한테 무조건 찾아갔대요. 친해지고 나서 친구가 보고 싶으면 밤중도 마다하지 않고 찾아갔다고 해요. 책에는 박제가가 열아홉 살에 박지원을 불쑥 찾아간 이야기가 나와요. 박지원은 홍대용을 무작정 찾아갔고요. 정약용은 친구들과 모임을 결성하고 줄기차게 만났대요. 친구가 보고 싶은 마음에 달빛 교교한 한양 골목을 도포 자락 휘날리며 뛰는 선조들의 모습이 참 친근하게 느껴졌어요. 친구들과 함께 떡볶이를 먹고, 피시방을 가는 우리와 다를 게 뭐예요.

저는 열다섯 살에 만난 친구를 25년 넘게 사귀고 있어요. 돌이켜 보면 제가 그 친구에게 먼저 다가갔어요. 그러다가 그 친구가 고등학교를 다른 지역으로 가게 되었는데, 저는 꼬박꼬박 그 친구에게 편지를 썼어요. 그 친구가 집에 오는 날이면 꼭 만났고요. 물론 상대가 싫다고 손사래를 치는데도 스토커처럼 쫓아다니라는 이야기가 아니에요. 상대가 피하고 거절하거나 내 마음을 받아 주지 않으면 중단해야겠지요.

내가 좋아하는 친구, 꼭 친해지고 싶은 친구와 오래 우정을 나누려면 이처럼 정성이 들어가야 한다는 뜻이에요. 다행히 제가 그 친구에게 마음을 주는 만큼 그 친구도 저에게 마음을 주더라고요.

저는 살면서 좋은 사람들을 많이 만났어요. 하지만 꾸준히 연락을 하지 못해 지속적으로 잘 지내는 친구가 많지는 않답니다. 하지만 그 친구와는 어른이 되어서도 자주 연락했지요. 그 친구에게 계속 연락을 하는 에너지를 쏟은 덕분에 지금도 우리는 서로 힘든 일이 있을 때면 만나서 마음을 나눠요.

우정은 이렇게 함께한 시간을 먹고 자라는 것 같아요.

2) 대화법만 바꾸어도 핵인싸됩니다.

친구와 만나서 좋은 관계를 유지하려면 대화를 잘해야 합니다. 만나서 즐거워야 또 다시 만나고 싶겠지요.

심리학자 제임스 페네베이커는 재미있는 연구 결과를 발표했어요. 서로 모르는 피실험자들끼리 대화를 하도록 한 후 상대에 대해 평가하게 했대요. 그 결과, 자신이 말을 많이 할수록, 대화를 한 상대에게 호감을 가졌대요.

핵인싸가 되는 대화법의 비밀이 여기에 있습니다. 사람들은 자기 이야기를 잘 들어주는 사람을 좋아한다는 거죠. 그러니 말을 많이 하기보다는 잘 들어야 합니다.

좋아하는 친구와 관계를 잘 유지하고 싶다면 가만히 물어보세요.

"어떻게 지내?"

"요즘 기분은 어때?"

"그때 한다고 한 일은 잘되고 있어?"

사람들은 자기 이야기를 할 때 초콜릿을 먹을 때처럼 뇌 흥분 중추에서 도파민이 분비된대요. 사람들은 자기 이야기를 하며 즐거워합니다. 자기에게 호기심을 가지고 물어봐 주는 사람을 다시 또 만나고 싶어 하겠지요. 저는 좋아하는 친구들을 만날 때는 항상 궁금증을 가득 안고 갑니다. 친구들의 근황이 정말로 궁금하거든요.

듣는 자세도 중요해요. 상대방이 하는 말이 세상에서 가장 중요하다는 자세로 경청을 합니다. 몸을 상대에게 살짝 기울여요. 저는 소중한 사람들과 함께 있을 때는 휴대폰을 꺼서 가방에 넣어 둡니다. 휴대폰을 탁자 위에 놓는 것만으로도 대화의 질을 떨어뜨린대요.

또한 친구를 만날 때는 대화의 몫을 공평하게 해야 합니다. 치킨을 먹을 때도 닭다리 두 개를 혼자서 홀랑 다 먹는 친구는 얄밉지요. 친구 몫을 나누어 주어야겠지요. 대화도 마찬가지예요. 자기 혼자 모든 대화를 독식하면 다음에는 만나기 싫어집니다. 나 혼자만 말하지 않게 조심합니다.

마침표 대화도 권해 드립니다. 마침표 대화란 한 사람의 말이 마침표를 맺을 때까지 끊지 않는 거예요. 친구가 "나, 요즘 학원 옮겼잖아. 우리 학원에 진짜 잘하는 애들이 많아서 기가 팍 죽는데……."라고 이야기하고 있어요. 그럴 때 친구 말을 끝까지 듣지 않고, "맞다, 너희 학원 근처에 진짜 맛있는 떡볶이 집 있잖아. 내가 거기 먹어 봤는데……."라고 말을 가로채 자기 이야기를 하면 그 친구는 당신을 다시 만나고 싶지 않을 거예요. 마침표 대화를 처음 한다면, 인내심이 필요할 거예요. 하지만 익숙해지면 친구 말이 다 끝날 때까지 충분히 기다릴 수 있게 될 거예요. 자기 말을 끝까지 다 들어준 상대에 대한 고마움 덕분에 우정은 더욱 깊어질 거고요.

우리가 이렇게 친구의 말을 잘 들어주어야 하는 이유는 사람들이 시간을 내서 친구를 만나는 목적을 생각해 보면 됩니다. 바로 내 마음을 이해받고 싶은 것입니다. 그러니 따뜻하게 상대의 말에 공감해 주며 진심으로 친구의 마음을 감싸 주면 됩니다. 그러면 그 친구도 한겨울 포근한 솜이불처럼 내 마음을 감싸 줄 거예요.

좋은 우정은 좋은 대화법에서 시작됩니다.

3) 친구 이야기를 싸구려 뉴스로 만들지 않아요.

친구들을 만나다 보면, 다른 친구들의 이야기를 아무렇지 않게 하는 애들이 있어요.

"있잖아, 걔네 부모님이 지금 이혼 소송 중이라서 그렇게 까칠한가 봐."

그 말을 한 당사자는 정말 어렵게 친구에게 속마음을 털어놓았을 거예요. 그 이야기를 듣다 보면 이런 생각이 들어요.

'얘는 딴 데 가서도 내 얘기를 하겠지?'

내가 친구에게 솔직한 마음을 털어놓았는데, 그것이 누군가에게 그저 흥밋거리인 싸구려 뉴스가 된다면 어떨 것 같아요? 화나지 않나요?

내 이야기가 어딘가에서 떠돌기를 바라지 않는다면, 나도 소중한 친구가 나에게 털어놓은 비밀과 이야기를 다른 데 가서 떠들어 대면 안 돼요. 그게 친구에 대한 예의예요. 입이 근질근질해도 참아야 해요. 임금님 귀는 당나귀 귀라는 말이 괜히 나온 게 아니에요. 친구의 비밀은 대나무 숲에서도 털어놓으면 안 돼요.

좋은 친구 관계를 유지하는 최고의 비결은 바로 그 친구를 진심으로 아끼고 존중하는 거랍니다. 그럼 나도 그 친구에게 그런 대접을 받을 거예요.

⧓ 추천 메뉴

단짝을 만들어 주는 프레첼

서로 이어져 있는 프레첼처럼 좋은 친구와 단짝이 되게 해 드립니다. 기쁜 일이 생기면 10배로 기쁘고, 슬픈 일이 생기면 슬픔이 10분의 1로 줄어들게 만들어 주는 우정을 얻게 됩니다.

✿ 카페지기의 힐링 레시피

좋은 우정을 만들어 나가는 3가지 법칙

1. 먼저 찾아갑니다.
2. 대화법만 바꾸어도 핵인싸됩니다.
3. 친구 이야기를 싸구려 뉴스로 만들지 않아요.

우정의 최고 비결은 친구를 진심으로 아끼고 존중해 주는 것입니다.

Part 3

공부

공부 때문에 스트레스 받아요

공부 만렙 찍는 법

To Do list

공부는
왜 해야 하나요?

공부는 대학 가려고
하는 게 아니고,
내 인생을 채우려 하는 거예요.

ID 솜사탕 고 1이 된 저는 앞날이 깜깜합니다. 한 학기가 지나니 벌써 지칩니다. 수행평가에 시험에……. 책만 펴면 머리가 아파 오고 집중하기가 힘듭니다. 마음으로는 공부해야 하는 걸 알겠는데, 정확히 왜 공부를 해야 하는지 모르겠어요.

ID 먹방요정 저는 인문계 고등학교에 괜히 온 것 같아요. 엄마가 꼭 인문계 가라고 강요해서 왔는데 후회 중입니다. 제 꿈은 제 이름을 건 식당을 차리는 거거든요. 빨리 돈이나 벌고 싶은데 왜 공부해야 하는지 모르겠어요.

솜사탕 님처럼 책을 펴면 머리가 지끈지끈 아파 오는 사람들이 많을 거예요. 스마트폰만 켜면 하루 종일 재미있게 보낼 수 있는데, 공부는 재미가 없죠. 당장 필요도 없고 쓸데없어 보이는 걸 왜 배우는 걸까요? '2차 함수', '제국주의', '형태소'를 배우는 게 내 행복과 어떤 연관이 있는지 모르겠지요.

거기에 시험 스트레스까지 더해지면 공부란 녀석은 친해지려야 친해질 수가 없어요. 시험 날, 공책에 남은 지우개 똥을 바닥에 털듯 시험지에 달달 외운 지식을 다 털고 나면 머릿속에 남는 것도 없어요. 실제 관련 연구 결과를 봐도, 무작정 암기한 지식은 다음 날만 되어도 많은 부분을 기억하지 못한대요.

당장 시험을 보니까 울며 겨자 먹기로 공부를 하긴 하는데 손에 잡히지는 않죠? 거기다 학원까지 가서 또 공부해야 합니다. 도대체 왜 이 지긋지긋한 공부를 해야 할까요?

저는 공부를 2가지로 나누려고 합니다. 첫째는 입시를 위한 공부, 둘째는 내 삶을 채우기 위한 공부입니다.

1) 입시를 위한 공부를 해야 하는 이유: 내가 원하는 공부를 고등학교나 대학에서 가르쳐 준다면, 그 공부를 하기 위해 오늘 치열하게 공부해요.

먼저 입시를 위한 공부에 대해 알아볼게요. 입시를 위한 공부를 하려면 일단 목표가 있어야 해요. 중학생이라면 '나는 어느 고등학교를 왜 가고 싶다', 고등학생이라면 '나는 어느 대학교 무슨 과를 왜 가고 싶다'와 같은 목표요.

제게는 PD, 의사, 화장품 회사 CEO, 항공정비사, 프로그래머 등 다양한 직업을 꿈꾸는 제자들이 있어요. 이 친구들은 그 꿈을 이루는 수단으로 대학을 가려고 해요. 그러기 위해서 지금은 필요 없어 보이는 과목도 공부하고, 5지선다형 문제집을 푸는 공부도 하고, 여러 비교과 활동도 열심히 쫓아다니며 하고 있어요. 내신 성적이 중요한 입시를 준비 중이라면 수업을 집중해서 듣고, 수행 평가도 성심성의껏 내지요.

입시를 위한 공부를 할 때 힘을 내서 할 수 있는 방법은 내가 앞으로 배우고 싶은 공부와 가고 싶은 고등학교나 대학교를 분명하게 정하는 거예요. 그걸 정하지 못했다면, 곰곰이 그것부터 생각해 봐야 해요.

저는 솜사탕 님과 이야기를 나누어 보았어요. 솜사탕 님은 곤충을 공부하고 싶어 했어요. 어릴 때부터 곤충을 좋아했대요. 자기 꿈은 곤충 신종을 발견해서 자기 이름을 붙여 주는 것이라고 했어요.

이런저런 이야기를 나누다 보니 솜사탕 님은 조심스레 생물학과가 있는 한 대학에 가고 싶다고 했어요. 자기 성적보다 너무 높아서 포기하고 있었다고요. 그 대학에 자기가 존경하는 곤충학자가 대학 교수로 있다고 했어요. 인터넷 카페에서 활동하는 선배들도 그 대학 출신이 많대요. 솜사탕 님은 이상

과 현실이 너무 멀다며 씁쓸해했죠. 하지만 좌절할 필요 없어요.

부처님이 이런 말씀을 했어요. 바로 눈앞에 거친 강이 있는데 강 너머 땅에 꼭 가야 해요. 도저히 혼자서는 못 건널 것 같아요. 그럴 때는 뗏목을 타고 건너가야 한다고 했어요. 그리고 강을 건너면 그 뗏목을 버리면 된다고 했어요. 뗏목을 계속 들고 이고 갈 필요가 없다고요.

이걸 공부와 입시에 적용해 보면 어떨까요? 강 건너 땅이 내가 진짜 하고 싶은 공부를 해서 원하는 삶을 사는 모습이라고 가정해 봐요. 내가 원하는 공부를 가장 잘 가르쳐 주는 교육 기관이 대학이라고 해 봅시다. 그 곳을 가기 위해서는 입학 자격이 필요해요. 때에 따라서는 높은 학교 성적이 필요할 수도 있고, 다양한 스펙이 필요할 수도 있어요. 그럴 때는 그곳을 가기 위해 공부를 하고, 스펙을 쌓을 필요가 있어요.

솜사탕 님이 원하는 대학을 가기 위해서는 생물 공부뿐 아니라 다른 과목 공부도 해야 해요. 학생부 종합 전형으로 가려면 비교과 활동도 열심히 해야 해요. 그런 공부와 활동을 강 건너 땅에 가기 위한 뗏목이라고 생각해 보세요.

잘할 수 없을 것 같아서 지레 포기하지 말아요. 꿈이 정해졌다면 방법을 찾아보고 실천하면 됩니다.

내가 진짜 하고 싶은 공부를 입시를 통과해야 하는 고등학교나 대학교에 가서 배울 수 있다면, 오늘 하루 최선을 다해 보는 건 어떨까요?

2) 내 삶을 채우기 위한 공부를 해야 하는 이유: 공부는 대학 가려고 하는 게 아니고, 내 인생을 채우려고 하는 겁니다.

대학에서 배우고 싶은 공부가 없다면요? 그럼 공부를 안 해도 되는 걸까요?

저는 오히려 한 수 더 얹어서 이야기하려고 해요. 공부는 대학을 가려고 하는 게 아니라 평생 하는 거라고요. 와! 대학 가기 위해 공부하는 것도 힘든데, 평생 하는 거라고요?

이제는 명문대 졸업장이 있어도 취직하기 힘든 세상이 왔어요. 그건 지금 청년들의 잘못이 아니에요. 사회가 그렇게 변한 거예요. 이제 사람들을 고용하지 않아도 되는 기업들이 생겨나고 있어요. 몇 해 전, 페이스북이 인스타그램을 10억 달러, 우리 돈으로 치면 거의 1조 원 넘는 돈을 주고 인수했어요. 그때 인스타그램의 직원 수는 고작 13명이었어요. 이미 아마존 본사가 있는 미국뿐 아니라 우리나라에서도 무인 매장이 운영 중이에요. 기술 발전으로 앞으로는 더욱 고용 없는 성장이 늘어날 거예요. 인공지능 변호사 로스, 인공지능 의사 왓슨과 같이 전문 직종에도 인공지능이 대활약을 하고 있어요. 인공지능이 소설도 쓰고, 그림도 그리고, 광고도 만드는 시대죠.

그래서 일생 동안 직업을 스무 번 넘게 바꾸어야 하는 시기가 온다고들 해요. 이때 필요한 게 바로 자기가 필요한 공부를 그때그때 배울 수 있는 '공부력'입니다.

그럼 여러분은 어떤 공부를 해 보고 싶나요? 제가 미래에 공부해서 도전해 보기 좋은 분야들을 소개해 볼게요.

영상 제작, 목공, 역사, 프로그래밍, 건설 설비, 그림, 스페인어, 패션 디자

인, 건축, 제빵, 요리, 글쓰기, 화학, 마케팅, 여행 기획, 웹툰, 심리학, 운동, 보컬, 작곡, 연기, 뮤지컬, 의학, 간호학 등등이 있습니다.

이 중에는 대학에서 배울 수 있는 것도 있고, 다른 곳에서 배울 수 있는 것도 있어요. 지금 대학에 개설된 공부만 공부라는 태도를 버리면 어떨까요? 얼마든지 자기가 하고 싶은 공부를 가장 잘 가르쳐 주는 곳을 찾아 공부하면 됩니다! 대학은 공부를 배울 수 있는 한 가지 선택지일 뿐이죠. 살면서 자기가 필요한 지식이 있다면, 어디든 필요한 곳에서 다시 배우면 돼요.

패션 디자이너가 되고 싶은 친구는 대학교 패션 디자인과를 가도 되지만 SADI, 에스모드 같은 사설 교육 기관에서 배울 수도 있어요. 프로그램을 배우고 싶은 친구는 기업에서 운영하는 비트 컴퓨터 교육 기관을 이용할 수도 있어요. 농부가 되고 싶은 사람은 대학교 평생 교육 기관에 개설된 농업 후계자 양성 과정에서 배울 수도 있지요. 건설 설비를 하고 싶은 친구는 직업 전문학교에서 기술을 배울 수도 있어요. 제 주위의 한 친구는 홍대에서 한 선배가 타투하는 걸 보고 반해 버렸어요. 그럼 이 친구는 그걸 알려 주는 선생님을 찾아서 배우면 돼요.

먹방요정 님은 식당 창업을 하고 싶다고 했어요. 요즘 정부에서 청년 창업 사관학교 같은 교육 기관에서 창업을 가르쳐 줘요. 전문계고 요리학과를 가거나, 대학에서 외식조리학과를 전공해도 되지요. 아니면 대학을 가지 않고 도제처럼 실제 요리사에게 배울 수도 있어요.

그럼 이런 공부를 하고 싶은 사람들이 왜 학교 공부를 해야 할까요? 또 아직 공부하고 싶은 게 없는 친구들은 학교 공부를 어떻게 해야 할까요?

학교 공부가 인생에 언젠가 도움이 될 거라고 생각해 보아요. 스티브 잡스는 대학교를 중퇴했는데, 대학에 다닐 때 서체 수업을 들었대요. 20년 후, 컴퓨터를 개발할 때 서체 수업에서 들은 내용을 활용해 다른 컴퓨터에는 없는 아름다운 글꼴을 개발했지요. 과거가 현재와 어떻게 연결될지 당시에는 알지 못했다고 하더라고요.

먹방요정 님은 식당 창업을 한다고 해 봐요. 기술 가정 시간에 요리 실습을 하고, 과학 시간에 영양소에 대해 배워요. 세계사 시간에 음식의 역사와 문화에 대해 배우고요. 요즘은 식당 업계에 배달이 거의 필수가 됐어요. 여러 애플리케이션을 통해 배달을 하는데요. 요리 실력도 중요하지만 고객 리뷰에 댓글을 달며 관리하는 것도 중요해요. 국어 시간에 글쓰기를 통해 이런 능력을 키운다고 생각해 보면 어떨까요? 또 식당을 한다면 가게 이름, 홍보 문구, 제품 상세 페이지도 만들어야겠지요? 문학 작품을 공부하면서 주인공에게 감정 이입을 해 본 적이 있다면 고객들, 거래처 사람들, 직원들의 입장을 헤아릴 수 있겠죠. 또 일하고 온 날, 좋은 시 한 구절을 떠올리며 지친 마음을 위로할 수 있을 거예요. 독서하는 습관을 길러 독서를 통해 세상의 변화와 경제 흐름의 변화 양상도 알 수 있지요. 이 세상은 문서로 이루어진 세상이에요. 학교에서 터득한 글을 읽고 해석할 수 있는 능력을 통해 계약서를 해석하고 검토해서 본인에게 유리하게 쓰는 데 도움을 받을 수 있죠. 가게 계약서도 문서거든요.

또 사회 시간에 배운 법 지식이 도움이 될 수 있어요. 배달 애플리케이션과 계약을 할 때도, 알바생을 고용할 때도 법 지식을 알아야 하죠.

미술 시간에 배운 디자인 능력으로 광고판을 꾸밀 수도 있을 테고, 음악 시

간에 부른 노래로 힘든 하루를 마무리할 수도 있을 거예요.

이처럼 지금 배우는 공부들이 미래에 어떻게 연결될지 모르니까 호기심을 가지고 알아 두면 어떨까요? 일단 지금 하는 공부는 연습이라고 생각하는 거예요. 학교 공부를 하는 이유는 목표를 세우고 도전하는 태도를 가지는 것에 있어요. 하기 싫은 것도 꾸준히 해내는 끈기를 기를 수 있어요. 이 능력을 키워 놓으면 꼭 배우고 싶은 공부가 생겼을 때 바로 적용할 수 있을 거예요. 공부는 평생 하는 것이니까요!

⋈ 추천 메뉴

공부가 꿀잼이 되게 해 주는
살구잼쿠키

공부가 노잼일 때 먹으면, 자기가 진짜 하고 싶은 공부를 찾게 해 주는 쿠키입니다. 좋아하는 공부를 계속 하다 보면 인생이 꿀잼이 되는 건 보너스!

✿ 카페지기의 힐링 레시피

공부를 해야 하는 2가지 이유

1. 내가 원하는 공부를 고등학교나 대학에서 가르쳐 준다면 그 공부를 하기 위해 오늘 치열하게 공부해요.
2. 공부는 대학 가려고 하는 게 아니고, 내 인생을 채우려고 하는 겁니다.
   이제는 공부력이 중요한 시대! 내게 필요한 지식이 있다면, 대학이 아니어도 어디든 필요한 곳에서 다시 배우면 돼요.

자기가 하고 싶은 공부를 가장 잘 가르쳐 주는 곳을 찾아 공부하면 됩니다!
대학은 공부를 배우는 한 가지 선택지일 뿐이죠.
살면서 자기가 필요한 지식이 있다면,
어디든 필요한 곳에서 다시 배우면 돼요.

공부  02

노력만큼 성적이
나오지 않아 속상하고,
잘하는 친구들이 질투 나요.

남과 비교하지 말고,
나와 비교해요.

ID 지렁이 짝짝

커피에 차가운 물까지 연신 마셔 가며 밤새서 공부했어요. 사실 시험 보고 나서 기분이 좋았고 스스로 만족했어요. 영어는 노력한 덕분인지 점수를 30점이나 올려서 80점을 맞았거든요. 다른 과목들도 조금씩 올랐어요. 하지만 정말 열 받는 일이 생겼어요. 친구 한 명이 영어 시험을 다 찍었다는데 저보다 잘 본 거예요. 저는 쪽잠을 자면서 공부했지만, 그깟 운에 지고 말았어요. 노력은 배반하지 않는다지만 뒤통수를 쳐도 이렇게 칠 수 있나 싶어요.

그리고 공부 잘하는 애들을 보니까 박탈감이 느껴져요. 저도 노력하는데 왜 걔네는 항상 저를 앞서갈까요? 제 점수에 만족했던 마음도 바로 사라졌고요. 항상 뒤처지고 있는 제 모습이 정말 씁쓸하고 초라하게 느껴집니다. 이러다가 대학도 못 가고 취업도 못하게 될까 두려워요.

ID 요리 검객

특성화고에서 요리를 전공하는 고1입니다. 저희 반에는 요리 천재가 두 명 있어요. 저는 최선을 다해서 공부합니다. 필기는 제가 1등인데, 실기에서 항상 그 두 명한테 밀려서 3등입니다. 그 둘은 저처럼 노력하는 것 같지도 않아요. 그냥 실실 웃으면서 뚝딱뚝딱 요리하는데도 1, 2등을 유지하는 거죠. 그 애들의 결과물을 보면 좌절감만 듭니다. 더 이상 노력하는 게 의미가 있나 싶어요.

지렁이 짝짝 님, 공부를 잘하기 위해 무척 노력했네요. 정말 고생 많았어요. 예전보다 성적이 오른 것도 진심으로 축하드려요. 성적 올리기가 쉽지 않은데, 정말 마음 단단히 잡고 공부한 게 보여요. 하지만 그냥 찍은 애보다 성적이 나오지 않아서 화나죠? 또, 나는 공부를 열심히 하는데 원래 잘하는 애들을 보면 열등감이 들 수밖에요.

요리 검객 님, 마음고생이 느껴져요. 요리 평가가 끝날 때마다 허탈하고 좌절감이 들겠어요. 필기가 1등이라는 건 노력파라는 건데요. 요리를 잘하는 두 친구들에게 밀려 늘 3등을 한다니 힘이 빠지겠어요.

지렁이 짹짹 님은 이렇게 말하고 울기도 했어요.

"저는 죽도록 노력하고 있어요. 결승점을 향해 목구멍에서 피 냄새가 날 때까지 뛰는 느낌인데, 전교 1등 하는 애는 성능 좋은 스포츠카를 타고 내 앞을 휭 지나가 버리는 것 같아요."

어느 날은 "운동부 애들이 그리워요."라고도 하더라고요.

"운동부 애들이 안 와서 저희끼리 경쟁이 너무 치열해요. 1학년 때는 걔네가 성적을 깔아 줘서 마음이 편했어요."

지렁이 짹짹 님은 성적 스트레스 때문에 같은 반 친구들을 자기 성적 아래에 깔아 두는 매트리스 정도로 생각할 만큼 절박했던 거죠.

사실 이와 관련한 가장 큰 문제점으로 우리나라의 잘못된 입시 제도를 들 수 있습니다. 지렁이 짹짹 님은 자기가 노력해서 받은 점수에 처음에는 만족했어요. 근데 그걸 다른 사람과 비교한 순간, 자신의 점수가 초라해져 버린 거예요. 요리 검객님도 분명히 요리를 완성했을 때는 뿌듯한 마음이 있었을 거예요. 하지만 친구들과 등수로 비교하니 좌절감이 들었던 거죠.

우리나라는 상대평가가 뿌리내린 사회이기 때문이에요. 사고방식 자체가 남과 자연스레 비교하게끔 되어 있는 사회예요. 고등학교의 내신 제도는 9등급으로 사람을 나눕니다.

핀란드는 운동 경기 외에는 1등이 없다고 해요. 우리나라에서 공부 성적으로 석차를 매긴다면 하면 깜짝 놀란대요. 공부는 모르는 걸 알아가는 과정이지 평가가 아니라고 여기기 때문이에요.

우리나라 학생들은 1년에 정기 시험만 4회에다가 각 교과목에서 쏟아져 나오는 수행평가까지 치러야 해요. 그 모든 평가는 상대평가예요. 우리나라 시험의 평가는 더 나은 결과를 도출하기 위한 피드백이 아니에요. 그냥 말 그대로 등급을 나누기 위한 과정일 뿐이에요. 수업 시간에 배운 내용만 시험에 나와서는 '그놈의 변별력'을 맞출 수 없으니 어려운 문제가 꼭 나와 줘야 해요. 선생님이 시험 문제를 쉽게 내면 오히려 욕을 먹어요. 시험이 너무 쉬우면 1등급이 안 나올 수도 있거든요.

매번 평가 받으며 살다 보니, 어느 순간 자기 등에 한우처럼 등급이 꽝 찍혀 있는 기분이 들 거예요. 그러다 체념하게 될 테지요.

"그래. 난 5등급 인생이지 뭐."

"나는 늘 3등이지."

자기 성적에 성취감을 느꼈다가도 남과 비교를 하는 순간, 본인만 비참해지고 멘탈이 깨져요.

〈헝거 게임〉이라는 영화가 있는데요. 제 인생 영화예요. 열 번도 넘게 봤어요. 판엠이라는 가상 국가는 열두 구역의 아이들을 매년 2명씩 뽑아 헝거 게임이라는 대회에 내보내요. 거기서 최후의 한 명이 살아남을 때까지 서로를 죽이는 게임이에요. 그걸 보면 그냥 우리나라 입시제도 같아요. 누군가를 밟아야 등수가 올라가잖아요. 우리의 처지와 비슷하지 않나요?

영화 속 주인공은 헝거 게임 후 심각한 트라우마에 시달려요. 십 대들도 마

찬가지예요. 자꾸만 타인과 비교하면 불안해지고 우울해질 수밖에 없어요. 누군가를 밟고 올라가야 한다는 압박감, 누군가에게 뒤처졌을 때의 패배감 속에 신음할 수밖에 없어요.

이런 마음을 어떻게 다스려야 할까요?

1) 오직 나 자신과 경쟁해야 합니다.

한때 '김연아와 아사다 마오의 멘탈 차이'라는 말이 유행했어요. 두 사람은 나이도 같고 체형도 비슷해요. 한일 양국 언론에서는 두 사람을 라이벌이라고 부추겼죠. 아사다 마오는 주니어 시절부터 '트리플 악셀' 기술을 성공해서 천재라는 소리를 들었어요. 주니어 세계 선수권 대회에서 시니어 레벨의 높은 점수를 받을 정도로 재능 있는 선수였어요. 하지만 김연아와 경기할 때면 자꾸만 김연아를 의식하는 모습을 보였어요.

김연아가 완벽하게 해내면 동공 지진이 일어나서 경기를 제대로 해내지 못했어요. 김연아가 실수라도 하면 신이 나서 경기를 했어요. 즉, 아사다 마오는 경기를 할 때면 늘 김연아와 경쟁한다고 생각하고 연기한 거죠.

반면 김연아는 한 기자가 "아사다 마오와의 경쟁에서 이길 수 있느냐?"고 묻자 이렇게 답했어요.

"저는 누구를 이기려고 경기하는 게 아니에요. 피겨 스케이팅이 좋아서 하는 거예요."

김연아는 자기만의 기술을 1만 번 이상 연습하며 실력을 길렀어요. 남과 비교할 시간에 자기 실력을 쌓은 거죠. 그래서 실력이 늘 일정해요.

2010년 밴쿠버 동계 올림픽 때, 아사다 마오가 먼저 연기를 펼쳤어요. 엄청난 점수를 받고 아사다 마오는 펄쩍 뛰며 기뻐했어요. 아사다 마오의 모습을 보고도 김연아는 흔들리지 않았어요. 담담한 표정으로 자기 연기에 몰두했어요. 그러고는 금메달을 따냈죠.

우리도 김연아처럼 의연할 필요가 있어요. 남과 비교하지 않고 오직 나 자신이 얼마나 성장했는지를 생각하는 것이 중요해요. 남이 잘하더라도 '뭐 어쩌라고?'라는 마음으로 씨익 웃고, 내 할 일을 하는 강철 멘탈을 길러야 해요.

또한 다른 친구를 부러워할 이유도 없어요.

인생을 살 때 실력이 아닌 운으로 인한 한 번의 성공은 그 친구에게 독이 되는 경험이에요. 친구는 '어? 공부 안 해도 찍으면 되는구나.'라고 생각해서 다음에도 공부를 게을리할 수 있어요. 인생은 단거리 경기가 아니라 장거리 경기입니다. 운을 믿는 사람들은 결국 그 태도 때문에 몰락해요.

저는 글을 쓰기 때문에 가끔 별 습작 없이 공모전에서 큰 상을 받는 작가님들을 봐요. 무척 부럽지만 그게 그분들에게 독이 되기도 하더라고요. 십 년이 지나도 후속작을 못 내는 분들도 있어요.

또 잘하는 친구는 그만큼 알게 모르게 노력을 했을 거예요. 겉으로는 "아, 망했다. 아무것도 안 했다." 이렇게 말하는 친구들이 있는데요. 사실 집에 가서 밤새서 한 거예요. 많이 했는데도 시험을 못 봤다고 하면 창피하니까 괜히 엄살떠는 거죠. 지렁이 짹짹 님 친구 중에 별로 공부를 안 한 것 같은 친구 역시 보이지 않는 곳에서 치열하게 했을 거예요. 아니면 과거에 선행 학습으로 지금 할 공부를 다 해 놓았겠죠. 요리 검객 님 친구들도 분명 요리를 너무 좋아해

서 하루 종일 요리만 생각하고 집에서 실습해 보는 노력을 하고 있을 거예요.

하나 더, 나보다 정말 빼어나서 경쟁 자체가 안 되는 친구를 볼 때는 '천재는 제끼고 가자.'라는 자세가 필요해요. 그 친구는 그 친구의 인생이 있고, 나에게는 소중한 내 인생이 있으니까요.

인생을 살 때는 남과 상대평가를 하지 말고, 나와 절대평가를 해야 합니다. 즉, 남과 비교하지 말고, 나와 비교해요.

2) 나는 변하고 성장할 수 있다는 성장 마인드셋을 가집니다.

흔히 IQ가 높은 똑똑한 사람이 행복하게 살 거라고 생각하잖아요. 한 실험 결과에 따르면 인생에서 행복한 사람은 IQ가 높은 사람이 아니라 성격이 좋은 사람이었대요. 학교 성적도 IQ가 높은 사람보다 포기하지 않는 자세로 자기를 잘 통제하고 관리한 사람이 뛰어났다고 합니다. 타고난 머리보다 삶을 대하는 태도가 중요한 것이죠.

지렁이 짹짹 님과 요리 검객 님은 최선을 다해 자기 할 일을 하고 있잖아요. 남과 비교하지 말고, 꾸준히 노력하는 태도를 계속 유지한다면 인생을 행복하게 살 수 있을 거예요.

스탠포드대학교 심리학과 교수 캐럴 드웩 교수도 수십 년 간의 연구 끝에 '마인드셋'(마음가짐)이 삶을 결정한다는 결론을 내렸어요.

마인드셋은 두 가지가 있다고 해요. 고정 마인드셋을 가진 사람들은 '능력은 변하지 않는다.'고 믿어요. 성장 마인드셋을 가진 사람들은 '능력은 얼마든지 발전시킬 수 있다.'고 믿어요. 성장 마인드셋을 가진 사람들이 고정 마인드셋을 가진 사람들보다 성공할 가능성이 훨씬 크다고 합니다.

이 둘 중에서 나는 어떤 마인드셋을 가지고 있는지 알아볼까요? 아래의 질문을 읽고 해당하는 항목의 점수를 더해 보세요.

1. 성공한 사람을 보면 질투가 나고, 나는 그 사람들만큼 못한다는 생각에 풀이 죽는다. (0점)
2. 성공한 사람들은 어떻게 목표를 이루어 냈는지 궁금하다. 나도 성공할 방법을 찾고 싶다. (1점)
3. 잘하지 못할 것 같은 일은 시도조차 하지 않는다. 어차피 안 될 게 뻔하다. (0점)
4. 해 보고 싶은 일은 도전한다. 처음부터 잘하지 못해도 개의치 않는다. 조금씩 잘하게 되리라 믿는다. (1점)
5. 잘하는 사람은 타고났다. 재능이 있는 사람을 따라가기는 힘들다. 따라서 노력은 별 의미가 없다. (0점)
6. 사람마다 재능 차이가 있기는 하겠지만 노력하면 극복할 수 있다. 나는 내 노력으로 목표를 이룰 수 있다. (1점)
7. 실패를 하면, '역시 난 이것밖에 안 되는 사람'이라고 생각하며 좌절하고 포기한다. (0점)
8. 실패를 통해 배운다. 실패를 통해 내가 부족한 것을 배우고, 성공의 발판으로 삼는다. (1점)

내 점수 ( )점

더한 점수가 4점에 가까울수록 성장 마인드셋을 가지고 있는 사람이고, 0점에 가까울수록 고정 마인드셋을 가지고 있는 사람이에요.

지렁이 쨱쨱 님과 요리 검객 님이 '나는 왜 뛰어난 애들보다 못할까? 머리가 나쁜가?'라고 생각한다면 고정 마인드셋을 가지고 있다고 할 수 있어요.

하지만 지렁이 쨱쨱 님은 영어 점수가 무려 30점이나 올랐어요. 다른 과목 성적도 올랐다고 했어요. 그건 아무나 할 수 있는 일이 아니에요. 요리 검객 님도 필기 1등과 실기 3등을 유지할 정도로 애쓰고 있어요. '내가 노력하면 되는구나. 이 정도도 해냈으니 다음에는 더 잘하겠구나.'라고 생각하는 건 성장 마인드셋이에요. 자신에게 아낌없이 칭찬해 주어도 돼요. 이미 충분히 잘하고 있어요.

내가 생각하기에 오늘 하루 성실했다면 스스로 대견해해도 돼요. 시험 결과에 따른 만족이 아니라 하루하루 최선을 다한 과정에 스스로 만족하면 돼요. 결과에 관계없이 자기를 격려해 주고, 아껴 주어도 돼요. 다른 사람과 비교하면서 자신의 가치를 떨어뜨리지 말아요.

'나는 날마다 성장하고 있다.'

'내가 잘할 수 있는 분야를 찾아 날마다 노력하다 보면 내가 꿈꾸는 삶을 살 수 있게 될 것이다.'

이렇게 생각해 보기로 해요.

베스트셀러 작가이자 컨설턴트인 사이먼 사이넥은 『나는 왜 이 일을 하는가?』에서 이런 말을 했어요.

"다른 사람과 경쟁할 때는 아무도 도와주려고 하지 않는다. 하지만 자기 자신과 경쟁할 때는 모든 사람이 도와주고 싶어 한다."

남을 의식하지 말고, 내 목표에만 초점을 맞춰 노력하다 보면 더 멋진 내가 될 수 있을 거예요.

추천 메뉴

뿌듯한 마음 들게 해 줄
고로케(크로켓)

다른 사람과의 비교 때문에 늘 마음이 허기진 사람을 위한 고로케입니다. 고로케를 먹으면 고로케(그렇게) 하던 비교를 멈추게 되고, 자신이 한 노력에 뿌듯한 마음을 갖도록 해 줍니다.

카페지기의 힐링 레시피

나만 뒤처진 것 같아 좌절감이 들 때

1. 오직 나 자신과 경쟁하겠다는 마음을 가집니다.
2. 나는 변하고 성장할 수 있다'는 성장 마인드셋을 가집니다.

인생을 살 때는 남과 상대평가를 하지 말고,
나와 절대평가를 해야 합니다.
남과 비교하지 말고, 나와 비교해요.

완벽주의 탓에
시험을 망쳐요.

나를 너그럽게,
친구처럼 대해 주어요.

ID 초록불

완벽주의 성격 때문에 스트레스가 일상입니다. 중학교 때는 반장도 하고 전 과목 공부를 잘했어요. 공부도, 운동도, 음악도, 외모도 어느 하나 놓치고 싶지 않았어요. 스트레스를 받아 가며 완벽한 내가 되려 했죠. 그런데 고등학교 첫 시험이 트라우마가 되었어요. 시험 첫날, 첫 과목을 열심히 준비했는데 망쳤어요. '다음 시험은 잘 봐야지.'라는 생각은 계속 들었는데 점수가 자꾸 머릿속에 맴돌아서 다음 시험도 망쳤어요. 다음 날 시험도 준비를 할 수 없었고, 그렇게 첫날의 결과 때문에 시험 전체를 망쳤어요. 그때 딱 이런 생각이 들었죠. "나는 완벽했었는데, 이제 어떡하지?"

일주일 내내 울었어요. 미래가 끝난 느낌이 들었어요. 1년이 지난 지금까지도 시험 볼 때는 잠도 안 자고 매일 울었죠. 정말 이 세상에서 없어지고 싶었어요.

그러다 정신을 차리고 다시 공부하고 있어요. 하지만 남들 놀 때 열심히 했는데도 남들보다 공부가 잘 안 되는 게 힘들어요. 제 꿈은 중국어 통역사거든요. 중국어 자격증도 땄을 때에만 아주 잠깐 기뻐요. 그러다가 만점이 아닌 것도 속상해지고, 겨우 낮은 등급 딴 것에 좋아하는 제 자신이 한심해요. 그럴 때마다 마음고생을 많이 합니다. 나를 욕하고 상처 내게 됩니다.

친구들이 "너는 중국어 하나는 잘하잖아."라고 부러워하기도 하지만, 생각해 보면 제가 그나마 잘하는 게 중국어인데 그걸 또 그렇게 잘하는 건 아니거든요. 그래서 더 우울해져요.

이번 시험에서는 중국어 과목에서 딱 1개를 틀려서 97점을 받는 바람에 2등급이 되었어요. 친한 친구가 만점을 받아서 1등급이 되었는데, 그 친구를 제가 미워하고 있더라고요. 친구를 미워하는 제 모습에 '네가 그러고도 사람이냐?'라는 생각이 들어서 자책합니다. 부모님은 스트레스 받지 말라고 하지만 전혀 위로가 되지 않습니다. 힘든 걸 이야기해도 제 기분을 몰라주고 전혀 공감하지 않는 표정을 보면 오히려 더 화가 나고 부모님과도 싸우게 됩니다. 울지 않으려고 해도 자꾸 눈물이 나오는 제가 너무 한심합니다.

1차 지필고사 첫째 날, 시험이 끝난 후였어요. 초록불 님은 책상에 쓰러지듯 엎드려 한참을 울었어요. 초록불 님이 눈물로 얼룩진 얼굴을 들고 말했어요.

"이번 시험도 망쳤어요. 저는 완벽해야 하는데, 뭐 하나 잘하는 게 없어서 우울해요."

초록불 님 얼굴은 시험 기간 내내 그렇게 눈물로 짓눌려 있었어요. 시험이 끝나고 나서도 소화도 안 되고 입맛도 없다고 했어요.

초록불 님은 남들이 보기에는 책임감이 강하고 모든 일에 최선을 다하는 학생이에요. 누가 봐도 모범생이었지요. 하지만 자기 비하에 빠지면 곧잘 부여능산리 고분처럼 몸을 웅크리고 엎드려 울었어요.

흔히 심리학자들은 사람들 내면에 비평가가 살고 있다고 해요. 초록불 님의 마음속에는 남들보다 목소리가 큰 비평가가 살고 있는 것 같아요. 초록불 님이 잘한 일이 있어도 내면의 비평가가 트집을 잡지요.

'와, 중국어 자격증 시험 합격했어!'

초록불 님이 기쁨을 느끼려고 하면 내면의 비평가가 찬물을 끼얹어요.

'그래봤자 뭐 해? 만점도 아니잖아.'

그럼 기분이 확 가라앉죠.

초록불 님이 만점을 받는다면 기분이 좋아질까요? 아니요. 내면의 비평가는 금세 '고작 5급 자격증이잖아. 1급도 아니면서 잘난 척하지 마.'라는 목소리를 들려줄 거예요.

학교 시험을 봐도 마찬가지예요. '중국어 시험 1개 정도 틀린 건 괜찮아.'라고 생각하려고 해도 마음에서 이런 소리가 들려오죠.

'1등급이 아닌데 웃음이 나오니? 그렇게 열심히 해도 한 과목도 만점을 못 받았네. 이 과목도 망쳤으니 다른 것도 뻔해.'

이러면서 모든 삶의 의욕을 꺾어요.

초록불 님은 자기 자신 때문에 주눅이 들어 살고 있는 거예요. 누가 나한테 비난을 하면 견디기 힘들어요. 그런 사람은 안 보면 그만이에요. 하지만 그 사람이 자기 자신이라면 얼마나 힘들까요?

독일 트리어대학교 심리학자들은 고약한 실험 하나를 고안해 냈어요. 단기간에 모두를 불안에 떨게 할 실험! 일명 '트리어 처치법'이라고 해요. 일단 피실험자들에게 앞으로 1분 뒤에 사람들 앞에서 발표를 하게 될 것이라고 말합니다. 아울러 사람들이 자신의 발표를 평가할 것이라고 얘기해 주었어요. 날벼락 같은 소리를 들은 피실험자들은 엄청난 불안감에 휩싸이게 되었지요. 생각만 해도 스트레스가 확 올라가지 않나요? 초록불 님은 스스로 트리어 처치법에 시달리면서 살고 있는 거예요. 내가 늘 날 평가하려고 대기하고 있으니까요.

제 친구 중 한 명은 엄한 엄마 밑에서 자랐어요.

"엄마, 나 100점 맞았어."

친구가 시험지를 들고 가면 엄마가 "다음에도 잘한다는 보장은 없잖아."라고 싸늘하게 말했대요. 글짓기 상을 받아 가도 "자만할까 두렵다."면서 기뻐하지 않았대요. 이런 엄마와 있다면 얼마나 흥이 안 나겠어요? 초록불 님의 자아가 바로 이 엄마 같은 역할을 한 거예요.

그러니 그동안 정말 힘들었겠죠? 항상 내가 나를 평가하고, 내가 나를 비난하고, 내가 이룬 것들에 호응해 주지 않고, 내가 나를 혼만 냈으니 말이에요.

자기를 비하하는 마음이 들 때, 어떻게 해야 할까요?

1) 내가 나를 친구처럼 너그럽게 대해 줍니다.

『나, 지금 이대로 괜찮은 사람』의 저자 박진영 님은 자기가 자신에게 '평가자가 아닌 지지자'가 되어 주라고 말해요. 만약 친구가 울면서 "나 중국어 시험 다 맞아야 하는데 하나 틀렸어."라고 말하면 어떨까요?

"똥멍청이. 넌 머리가 장식이니?"라고 욕하거나 "팽팽 노는 걸 보니 그럴 줄 알았다."며 맹비난을 퍼부을까요? 그러지 않겠지요. 초록불 님은 "괜찮아. 하나 틀린 건 그럴 수 있지. 충분히 잘했어."라며 친구를 위로할 거예요.

"근데 말이야. 나 사실 1등급 맞은 내 친구를 미워했어. 걔 때문에 내가 2등급이 되었거든." 하고 친구에게 속마음을 털어놓는다면 어떨까요? 친구가 "너 그렇게 안 봤는데 쓰레기구나."라고 할까요?

"나라도 그런 마음이 들 것 같아. 속상했겠다. 이놈의 입시 제도가 문제야. 1개밖에 안 틀렸는데 2등급이라니. 너랑 그 친구가 무슨 잘못이니?"라고 편들어 주겠지요.

우리는 자신에게만 인색해요. 이제 친구를 대하듯 나를 대해 줘요. 나 자신에게 따뜻하고 너그러운 태도를 가지는 것을 '자기 자비'라고 해요.

존 맥스웰이라는 리더십 전문가가 꾼 꿈 이야기를 해 볼게요. 꿈속에서 한 남자가 복면을 쓰고 자꾸만 알짱거리며 자기를 방해했대요. 결국 그 남자를 잡아서 복면을 벗겨 보니까 자기 자신이더래요. 내가 성장하는 걸 방해하는 건 사실 나 자신이 아닐까요?

무언가 잘한 게 있나요? 열심히 공부해서 97점이나 받고, 자격증도 땄나요? 그럼 기쁨을 충분히 누려요. 제가 제일 좋아하는 영어 문장을 들려 드릴게요.

You deserve it!

"당신은 그럴 자격이 있어요!"라는 말이에요. 할리우드 영화에서 정말 많이 나오는 표현이에요. 우리나라 영화에서는 이런 표현이 드문 걸 보면, 우리는 상대나 자신을 인정하는 데 인색한 문화인 것 같아요.

당신은 충분히 잘 해내고 있어요.

칭찬받을 자격, 스스로 자랑스러워할 자격, 스스로 인정할 자격이 있어요.

그러니 당신이 해낸 걸 기뻐하고, 그 순간을 충분히 누리세요.

2) 비현실적인 기준을 버리고, 있는 그대로 나를 받아들여야 해요.

초록불 님이 힘든 이유 중 하나는 자기에게 너무 완벽함을 기대하기 때문이에요. "공부도, 운동도, 음악도, 외모도 어느 하나 놓치고 싶지 않았어요."라는 말에서 이런 욕심이 드러나요.

세상에 완벽한 사람은 없어요. 이건 마치 '난 세상 모든 사람들에게 사랑받아야 해!'처럼 이루기 힘든 신기루 같은 목표예요. '되고 싶은 나'와 '현실의 나'가 다르니까 그때부터 초조해져요. 그래서 조금만 자기에게 빈틈이 보여도 좌절하고 무너져 버려요.

'난 완벽해야 해 → 근데 내가 잘 못하는 게 있네? → 망했네! → 내가 고작 이런 것 때문에 힘들어하는 찌질한 사람이네! → 난 정말 최악이야! → 멘붕!'

그러다 자기를 탓하며 책상 위에 누가 던져 버린 찰흙처럼 책상과 하나 되어 우는 거죠. 자기가 만들어 놓은 환상인 '나는 완벽한 사람'이라는 덫에 걸린 거예요. 사람은 누구나 자기 자신을 사랑하는 마음이 있어요. '자기애'라고 하죠. 건강한 자기애는 좋은 것이지만 지나친 자기애는 자기 자신을 객관적으로 들여다보지 못하게 만들어요.

사람은 누구나 모자란 점이 있어요. 그리고 실수할 수도 있어요. 스위스 정신의학자 칼 융은 누구나 '그림자' 같은 모습을 가지고 있다고 했어요. 정말 건강한 사람은 그림자 같은 모습을 자꾸만 떼어 버리려고 하는 사람이 아니라 이 그림자까지 껴안는 사람입니다.

그러기 위해서는 내 부족한 점을 탓하고 판단하는 마음을 내려놓아야 해요. 있는 그대로, 못난 내 모습 그대로 받아들여야 해요. 시험 한 번 망친다고 인생 큰일 나지 않아요. 실패해도 괜찮아요. 넘어져도 괜찮아요. 때론 내가 이루고 싶은 일을 못 이루어도 괜찮아요. 그럴 수도 있어요.

인간인데 좌절할 수 있고, 친구를 미워할 수 있어요. 못난 감정을 느낄 수도 있어요. 그것까지 못마땅하게 생각하면 숨은 어떻게 쉬나요? 내 못난 행동, 내 못난 감정까지 다 받아들여 주세요.

저는 제가 못났다는 생각이 들 때면, 이 책 구절을 떠올려요. 김형경 작가님이 쓴『사람 풍경』의 한 부분이에요.

> 이제 나는 내가 선하기도 하고 악하기도 하며, 아름답기도 하고 추하기도 하며, 정의롭기도 하고 비겁하기도 하며, 이기적이기도 하고 이타적이기도 하며……. 그런 얼룩덜룩하고 울퉁불퉁한 존재로서 존엄하고 사랑받을 수 있는 존재임을

알게 되었다. 그런 나를 사랑할 수 있게 되면서 타인의 그런 점들도 끌어안을 수 있게 된 점이 더욱 만족스럽다.

모든 사람에게는 잘난 부분도 있고 못난 부분도 있어요. 세상에 완벽한 사람은 없어요. 누구나 단점이 있고 다들 진상 짓을 하면서 살아요. 수술실 불빛보다 환한 조명 밑 얼룩 하나 없는 거울 앞에 서 있다고 생각해 보세요. 나의 있는 모습 그대로를 당당하게 마주 보기란 힘들겠지요. 우리는 완벽해서 사랑받는 존재가 아니에요. 찌질하고 단점이 있는 존재지만 존재 그 자체로 사랑받을 만한 존재이고, 존엄한 존재입니다.

당신, 완벽하지 않아도 괜찮아요.

3) '무 아니면 전부'라는 극단적인 신념을 버립니다.

잘못된 신념이 삶을 힘들게 합니다. 인생을 힘들게 하는 건 '무 아니면 전부'라는 생각이에요. 이런 흑백논리로 삶을 대하면 생각과 행동이 극단적이 됩니다. 자신이 완벽하지 않으면 아무것도 안 한 거라고 생각해요. 이런 신념을 버리면 인생이 훨씬 편해질 거예요.

초록불 님은 딱 한 번 시험을 망친 일 때문에 그동안 완벽했던 인생이 와르르 무너지는 경험을 했어요. 그 뒤로 시험 공포증이 생겼고요. 지나친 보편화예요. 시험 한 번 망한다고 인생이 망하지 않거든요.

실패에 대한 생각도 바꿀 필요가 있어요. 전구를 발명한 에디슨은 전구를 발명하기 위해 1만 번이나 실패했다고 해요. 에디슨은 "나는 실패한 것이 아니다. 단지 효과 없는 1만 가지 방법을 찾아냈을 뿐이다."라고 했어요.

우리 삶은 한 번의 순간으로 결정되지 않아요. 실패로부터 배워서 온전해지는 게 사람이지요. 실패도 하고 성공도 하면서 계속 나아가는 거예요.

초록불 님은 중국어 시험에서 97점을 맞았어요. 하지만 1등급이 아니면 필요 없다는 초록불 님의 태도가 자신을 힘들게 해요. 자격증 시험도 만점이 아니면 필요 없다는 태도를 가지고 있어요.

하지만 중국어 통역사에게 필요한 자질은 무엇인가요? 시험을 만점 받는 건가요? 아니죠. 통역을 잘하는 게 중요하죠. 점수보다 중요한 건 실력이에요. 자격증을 딸 만큼, 97점을 받을 만큼의 실력은 절대 어디 가지 않잖아요. 1등급 아니면 안 되고, 만점 아니면 안 된다는 극단적인 사고만 버린다면 '나 지금 이렇게 잘하고 있어.'라고 스스로 격려할 수 있을 거예요.

혹시 여러분도 초록불 님처럼 내 기준에 미치지 못한 나 자신을 경멸하고 있나요? 내 기대에 못 미치는 나 때문에 무너져 내릴 듯 우울한 분이 있나요? 남과 비교해 자신을 깎아내리는 분이 있나요? 자기 비하, 자기혐오에 빠져 열등감에 시달리며 방황하는 분이 있나요? 최선을 다했다고 생각했는데도 결과가 뜻대로 나오지 않아 좌절한 분이 있나요? 더 나아가 나는 실패자이고, 나 때문에 내 가족들이 힘들어진다고 생각하는 분이 있나요?

어쩌면 초록불 님과 더불어 자기 비하를 하는 분들은 '나는 완벽해야 한다'는 자신만의 틀 안에 갇혀 마음의 지하실에 머무르고 있는 것 같아요. 이제는 그 지하실에서 벗어나서 지상으로 올라오세요. 당신이 그토록 자기 비하로 힘들어한 이유는 사실 스스로가 더 잘되길 바라는 마음이 크기 때문이에요. 그

마음을 믿고, 지금껏 당신을 탓했던 에너지로 오늘 당신이 할 수 있는 일을 하세요. 당신 안에는 실패를 딛고 일어설 수 있는 회복 탄력성이 있을 거예요.

그동안 애쓴 당신을 스스로 토닥여 주세요.

"그동안 잘해 보려고 고생 많이 했어. 또 실패하더라도 다시 도전해 보자."

내 인생은 수없이 여러 번 기회를 주어도 될 정도로 소중하니까요.

추천 메뉴

내 마음을 토닥여 줄

마카롱

잘해 보려고 했다가 실패했을 때, 나에게 주는 선물 같은 달콤한 마카롱을 한 입 베어 물어 보세요. 그동안 많이 애썼다고, 포기하지 않고 잘 버텨 주었다고 자신을 다독여 줄 마음이 들 거예요. 최선을 다한 자신에게 고마운 마음이 들게 해 줄 겁니다.

카페지기의 힐링 레시피

자기 비하 때문에 괴로운 마음이 들 때 3가지 대처법

1. 내가 나를 친구처럼 너그럽게 대해 줍니다.
2. 비현실적인 기준을 버리고, 있는 그대로의 나를 받아들여야 해요.
3. '무 아니면 전부'라는 극단적인 신념을 버립니다.

공부 04

공부를 잘하고 싶은데 왜 이리 게으를까요?

자신을 탓하지 말고,
공부법을 조금만 바꿔 봐요.

ID 액체괴물

저는 날마다 저한테 져요. 매번 져요. 학교 숙제, 학원 숙제, 공부할 건 많은데 새벽 4시까지 숙제도 안 하고 휴대폰만 해요. 그러다 잠들면 자책감이 들어요. 공부를 해야 한다는 생각이 들지만 그것을 실천으로 옮기는 것이 안 됩니다. 공부 계획을 짜 놔도 실행한 적이 없어요. 당연히 학교 성적도 안 나와요. 그나마 학원에서 강제로 공부를 시키지만 그것도 한계가 있어요.

더 안타까운 건 모처럼 공부하려고 책상에 앉아도 집중하는 시간이 30분이 채 되지 않는다는 거예요. 제 꿈은 변호사예요. 공부를 되게 잘해야 하는 직업이지만 제 공부 방식의 문제점 때문에 고민이 많아요.

어떤 때는 공부를 안 해도 뭔가 잘될 것 같고, 지금 당장 노력하지 않아도 결과는 항상 좋을 것 같은 근거 없는 자신감에 휩싸이곤 합니다. 하지만 시험을 보고 결과가 나오면요? 엉엉 울면서 후회해요. "미친 XX, 나가 죽어야 해." 하면서 제 머리를 때립니다.

저는 의지가 없나 봐요. 어떻게 하면 공부를 잘할 수 있을까요?

액체괴물 님, 공부를 잘하고 싶은데 매번 자기와의 싸움에서 지니까 좌절감 들겠어요. 해야 할 건 많은데 자꾸만 딴짓을 하게 되는 건 누구나 그렇지요. 거기다 학교, 학원, 숙제, 수행평가, 시험에 시달리니까 지치는 건 당연해요. 힘드니까 당연히 보상 심리로 휴대폰을 보면서 스트레스를 풀고 싶겠지요.

어느 날, 액체괴물 님이 한숨을 쉬며 말하던 게 생각나네요. 학원 가느라 학교 끝나고 애들이랑 밥 한 번 제대로 못 먹어 봤다고요. 혼자 공부할 시간도 부족해서 그만두고 싶은데, 솔직히 수업에서 얻는 정보를 포기 못하니 학원으로 간다고요.

하지만 학원에서도 불안감 때문에 앉아 있을 뿐 집중하는 시간은 길지 않다고 했어요. 막상 공부하려면 의욕이 떨어져서 잘 안 되고요. 액체괴물 님은 아무래도 시험 문제들이 자기를 오해하는 것 같다면서 웃었어요. 아무리 화해하려고 해도 답이 자기를 피해 간다면서요.

한번은 액체괴물 님이 휴대폰을 제게 보여 줬어요. 이번 시험 기간에 친구에게 메시지를 보냈대요.

내가 지금 공부 안 하고 게임하면 사람이 아니고 개다

3시간 후, 친구한테 메시지가 왔대요.

공부했냐?

액체괴물 님이 잠시 망설이다 메시지를 보냈어요.

멍멍

흔히 공부를 의지의 문제라고 생각해요. 시험을 보고 나면 울면서 자기 머리를 때리고 자책할 때는 의지가 불타올라요. 하지만 다음 시험 때도 똑같이 새벽까지 딴짓하면서 흐지부지 시간을 보내지요.

조너선 하이트라는 심리학자는 기가 막힌 비유를 했어요. 우리 본능을 코

끼리, 이성을 그 위에 탄 기수로 표현했지요. 보통 인간을 이성적인 존재라고들 하지만, 그는 아니라고 말해요. 본능인 코끼리가 훨씬 힘이 세서 이성은 본능을 살살 달래 가며 살아야 한다고요. 즉 공부를 잘하고 싶은데 안 되는 건 의지가 약해서가 아니라는 거예요. 우리가 코끼리 같은 본능을 잘 통제할 수 없어서 그런 거래요. 그러니 우리 본능을 잘 통제할 수 있는 행동을 하면 공부도 잘할 수 있게 되겠지요?

본능을 통제하면서 공부를 잘할 수 있는 3단계 공부법을 알려드릴게요.

바로 제가 만든 'WHY-HOW-WHAT' 공부법입니다. 줄여서 'WOW 공부법'이라고 해요. 저는 고등학교 2학년 2학기부터 이 공부법으로 공부해서 원하는 대학에 합격했고요. 임용 고시도 6개월 만에 합격했답니다. 이 공부법으로 제가 만난 수많은 제자들이 성적이 올랐고, 본인이 원하는 목표를 이루었답니다.

1) WHY- 왜 공부하는지 정하고, 목표를 정확하게 정해야 합니다.

공부 1단계는 바로 WHY, 왜 공부하는지를 정해야 합니다. 코끼리 등에 탄 기수는 코끼리에게 방향을 정해 주어야 합니다. 코끼리 같은 우리 본능은 공부하는 걸 싫어합니다. 편안하게 놀고 싶어 하죠. 코끼리에게 왜 공부하는지 동기부여를 시켜 주어야 공부를 잘할 수 있어요.

공연 연출 기획자가 되는 게 꿈인 한 제자가 있었어요. 그 친구는 집안 형편이 어려워서 용돈을 받을 수가 없었어요. 틈틈이 알바를 해서 모은 돈으로 연극, 뮤지컬을 보러 다녔죠. 좋아하는 공연은 여러 번 보기도 했어요. 이 친구가 공부하는 목적은 하나예요. 공연 연출을 배울 수 있는 대학교 학과를 가는 거예요. 그 곳에 합격하기 위해 공부하고 있어요. 공부가 힘이 들기는 하지만, 언젠가 자기가 연출한 작품을 무대에 올릴 생각을 하면 덜 힘들다고 했어요.

저는 이렇게 멋진 이유로 공부하지 않았어요. 감정적인 이유로 공부했어요. 저는 지방에 있는 고등학교에 다녔는데요. 제가 좋아하는 친구들이 모두 서울에 있는 대학에 진학한다고 했어요. 저는 그 친구들과 헤어지기 싫어서 공부했어요. 공부해야 하는 이유를 딱히 못 찾았다면, 이런 목표라도 괜찮아요.

여러분은 왜 공부를 하고 싶나요? 알고 싶은 학문이 생겼나요? 이번 인생을 통해서 꼭 이루고 싶은 목표가 있나요? 이걸 찾는 게 공부를 잘하는 1단계입니다.

2) HOW- 어떻게 공부할지 공부법을 공부합니다.

공부를 못하는 친구들은 공부하라고 하면 무작정 책을 폅니다. 공부를 잘하는 친구들은 공부법을 먼저 공부합니다. 링컨은 "나무를 베는 데 8시간이 주어진다면, 나는 도끼를 가는데 6시간을 쓸 것이다."라고 말했어요. 게임에는 공략집이라는 게 있지요. 공부도 공략집이 있어요.

저는 고등학교 때부터 공부법에 관심이 많았어요. 저는 공부법을 공부해서 친구들을 상담해 주었고, 친구들의 성적이 많이 올랐죠. 이 방법으로 훗날 중고등학교 제자들에게도 도움을 주었어요.

입시에 도움이 되는 방법 중 하나는 선배들의 합격 수기를 보는 것이었어요. 입시에 성공한 선배가 어떤 식으로 공부했는지 공부법을 공부했어요. 또,

명문 대학을 간 선배들을 찾아가서 인터뷰를 했어요. 서울대를 간 선배는 모든 과목 문제집을 앉은 자리에서 자기 키만큼 쌓이도록 풀었다고 해서 저도 그대로 따라하기도 했어요. 공부법 책도 즐겨 보았어요. 공부법 책을 읽다 보면 동기 부여가 되었고, 연상 암기법처럼 당장 공부에 쓸 수 있는 방법도 알 수 있었어요. 시험 기간에 공부 시간표를 짜는 법도 실제 시험 볼 때 잘 적용해서 사용했어요.

임용 고시 공부를 할 때도 마찬가지였어요. 저는 공부할 시간이 6개월밖에 없었기 때문에 가장 먼저 합격 수기를 보면서 공부 방법, 교재, 학원 등을 선택했어요.

또한 공부하는 시간을 늘리는 것보다 환경을 통제하는 게 중요하다는 것을 알게 되었어요. 다음은 제가 생각하는 'HOW-어떻게 공부해야 하는지'에 대한 팁입니다.

적용해 보면 공부에 들인 시간에 비해 효율성이 올라갈 거예요.

집중할 수 있는 장소로 가세요.

마술사가 주문을 외듯 "의지를 다지자!" 외치지 말고 장소를 옮겨야 해요. 자기 집에서, 방에서 공부를 미친 듯이 잘하는 애들은 정말 의지가 센 거예요. 걔들이 비정상이에요.

다이어트를 하는데, 가족 중 누군가가 성스러운 향기를 풍기며 거실에서 치킨을 먹는다면? 그날은 다이어트 끝나는 거예요. 왜냐하면 코끼리 같은 우리의 본능은 치킨 냄새를 맡는 순간, 의지가 없어지거든요. 본능대로 움직여요. 그래서 다이어트가 어려운 거예요.

공부도 마찬가지죠. 우리 본능에는 '집은 쉬는 곳'이라는 인식이 있어요. 폭신한 이부자리가 펴진 침대를 본다면요? 코끼리는 그냥 뒹굴고 싶어요. 음료수가 있는 냉장고가 보이면요? 코끼리는 괜히 냉장고를 열었다 닫았다 해요. 집 거실에서 누군가 넷플릭스를 켠다면요? 그날 공부는 끝나는 거예요.

이럴 때는 과감하게 운동화를 꺾어 신고 도서관이나 독서실 등으로 가세요. 날 유혹하는 모든 환경을 원천적으로 차단해야 해요. 집중할 수 있는 곳에 가면 집중력이 다섯 배는 높아져요.

만약 학원을 가는 것 때문에 체력이 모자라서 공부할 여력이 되지 않는다면 인터넷 강의로 돌리거나, 수강 시간을 줄이는 방법도 생각해 보세요. 그 후 체력을 비축해서 집중이 되는 장소로 가서 공부해 보는 건 어떨까요?

스마트폰을 꺼야 해요. 꾸욱!

우리가 스마트폰을 의지로 이길 수 있을까요? 전 아니라고 봐요. 영어 단어 하나 찾으러 스마트폰을 켰는데, 연예인 열애설에 이혼설에……. 낚시의 미끼를 덥석 문 물고기가 되지요. 연예인 SNS를 왜 털고 있는지 모르지만 계속 들여다보게 돼요. 어느새 타임 슬립을 한 듯 5시간이 훌쩍 지나 있어요.

할 일을 못했다는 자괴감이 해일처럼 밀려와요. 요즘 공부 잘하는 비결은 스마트폰 사용을 조절할 수 있느냐의 여부에 달린 것 같아요. 스마트폰 때문에 집중력이 8초를 넘기기가 어렵대요. 거의 금붕어 수준이죠. 한국 사람들은 하루 평균 3시간 정도 스마트폰을 사용하고 하루 평균 237번을 들여다본다고

해요. 스마트폰을 알아서 조절하는 건 어른도 어려운 일이에요. 오죽하면 미국 상류층에서는 이런 게임이 유행이래요. 스마트폰을 가장 늦게 확인하는 사람이 승자가 되는 게임이요. 사람들은 그 정도로 스마트폰에 중독되어 있어요.

요즘은 인간을 스마트폰을 쓰는 인류라는 말인 '포노 사피엔스'로 부르기도 해요. 앞으로 수많은 사업이 이 스마트폰 세계 안에서 펼쳐질 거예요. 그래서 스마트폰을 알기는 알아야 해요. 하지만 내가 스마트폰 기반 사업을 하기 위해 경영학과에 들어가 공부를 하고 싶다면요? 일단 스마트폰을 잠시 접어야 해요. 물론 스마트폰으로 예전에는 구하기 힘든 놀라운 지식을 습득할 수도 있어요. 하지만 그건 극도로 잘 절제하는 친구들의 이야기예요. 다시 얘기하지만 어른들도 어려워요.

만약 참지 못하고, 스마트폰을 집어 든다면 공부는 절대 못해요! 스마트폰을 어학 사전으로 활용하겠다는 것도 진짜 의지가 강해야 가능한 일이에요.

또 친구들과 실시간으로 SNS를 주고받겠다는 생각을 하고 있다면, 공부를 잘하겠다는 기대는 버리는 게 좋아요. 그러니 시험 성적을 올리는 게 목표라면, 스마트폰 하는 걸 참아야 해요.

스마트폰 하는 걸 참느라 공부에 집중이 안 된다면요? 정말 집중해야 하는 시기에는 스마트폰을 2G폰으로 바꾸거나 다른 곳에 두세요. 침대 이불 속이든, 현관 옆 서랍이든 눈에 안 보이는 곳으로 치워야 해요. 그리고 하루 중 특정 시간에만 스마트폰을 보기로 결심해야 해요.

무작정 책 펴고 공부하는 것만이 공부가 아니에요. 어떻게 공부할지 전략을 짜고, 환경을 통제하는 것이 공부의 시작입니다.

3) WHAT- 무엇을 공부할지 구체적인 계획을 세워요.

막상 책상 앞에 앉으면 무엇부터 해야 할지 막막하죠. 이럴 때는 구체적인 목표를 세워야 합니다. 조너선 하이트는 우리의 코끼리 같은 본능을 잘 통제하려면 "지도를 구체화하라."고 합니다. 즉 우리가 공부를 잘하려면 구체적인 목표를 세워야 한다는 것이지요.

구체적이고 행동 가능한 목표를 세워요.

제자 중에 고등학교에 들어올 때는 하위권이었는데 전교 2등으로 졸업한 친구가 있어요. 이 친구는 고등학교 시절 내내 이런 목표를 세우고 실천했어요.

'수업 시간, 학원 시간을 제외하고 하루 5시간 자습하자!'

바로 이런 게 구체적인 목표랍니다. 그 친구는 저에게 스톱워치를 보여 주었어요. 쉬는 시간에 공부할 때면 스톱워치를 켜고 10분을 체크했어요. 다음 쉬는 시간에도 10분. 이렇게 쉬는 시간을 쌓아서 1시간을 만들고, 버스에서 통학하는 시간에는 영어 듣기 평가를 공부했어요. 그 시간도 스톱워치로 기록했지요. 그렇게 해서 그 친구는 전교 2등으로 졸업한 거예요. 원하는 대학에도 진학했고요. 그건 그 친구가 머리가 좋아서가 아니라, 구체적이고 행동 가능한 목표를 세웠기 때문이라고 생각해요.

조직 행동 전문가 칩 히스는 『스위치』에서 변화에 성공하려면 모호한 목표를 구체적인 행동으로 전환해야 한다고 말했어요.

'공부를 잘하자.', '좋은 학생이 되자.', '좋은 학교 가자.'

이런 건 좋은 목표가 아니에요. 그런 의미에서 이 친구는 구체적인 목표를

잘 설정한 것이지요.

공부 일기를 쓰면서 자기 관리 연습을 해요.

성공하는 사람들 중에는 아침이나 저녁에 따로 시간을 내어 일정 관리를 하는 사람이 많습니다.

'적자생존.'

이 말은 원래 '환경에 가장 잘 적응하는 생물이나 집단이 살아남는다.'는 진화론 용어인데요. 저는 이걸 '쓰는 자만 살아남는다.'라고 바꿔 말하고 싶어요.

공부 일기를 쓰면서 스스로를 관리하는 거예요. 내가 오늘 '무엇'을 하겠다는 계획을 세우고 그 계획을 실천해 나가면 됩니다. 아침에 시간을 내서 오늘 할 일을 계획해 보는 거죠. 자기 전에는 오늘 할 일을 제대로 했는지 반성해 봅니다. 미흡한 점이 있다면 어떻게 보충할지 생각해 봐요. 이걸 '메타인지'라고 해요. 메타인지가 되는 사람은 앞으로 어떤 일을 하든 작은 일에 연연하지 않고 자신의 목표를 전략적으로 이룰 수 있어요.

내 최종 목표를 이루기 위해서는 큰 목표를 세우고 6개월 목표, 한 달 목표, 일주일 목표, 오늘 목표로 잘게 쪼개는 게 중요해요.

과목별로 이렇게 오늘의 공부 목표를 세워 보세요. 시간 계획도 세워 보세요. 이때 중요한 건 '아주 작은 성공'을 하는 거예요. 처음부터 '수학 문제집 절반을 끝낸다!' 이렇게 정하지 말고, '수학 문제집을 두 달 안에 풀기 위해 오늘은 2쪽만 푼다!' 이런 식으로 아주 작은 성공을 맛보아 나가요.

학교 내신 공부도 패턴을 파악하는 게 중요해요. 시험이 있기 2주 전부터는 시험 기간 계획을 세우는 거예요. 영어, 수학, 과학처럼 꾸준히 공부해야 하는 과목은 날마다 공부 계획표에 넣고, 몰아서 공부할 수 있는 암기 과목은 시간을 적절히 배치해요. 내신 시험 자체는 5지선다형이 많기 때문에 반드시 5지선다형을 연습할 수 있는 문제 풀이 시간도 배분해야 해요. 서술형 평가가 많다면, 서술형 평가 연습도 많이 해야겠지요. 학교 시험 기출 문제도 풀어 보고, 잘 나오는 시험 유형도 분석해서 연습해 보는 게 중요해요.

공부 일기에는 자기에게 보상하는 법도 써 놓아요. 예를 들어, '주말에는 드라마 1편씩 보기', '좋아하는 유튜브 영상 2시간 보기', '타로 밀크티 사 먹기', '나에게 떡볶이 사 주기'처럼 자기에게 보상을 주는 것도 써 놓으면 좋아요. 자기를 격려하는 말도 쓸 수 있어요. "넌 잘할 수 있어. 잘하고 있어."라고요.

별거 아닌 것 같은 소소한 팁이지요. 하지만 실천 여부가 공부를 잘하느냐 못하느냐를 결정해요. 비단 학교 시험 공부뿐만이 아니에요. 자기가 하고 싶은 공부가 제빵이든 요리든 건축이든 악기 연주든, 어느 분야든 이런 자세로 몰입한다면 성공하는 인생을 살게 될 겁니다.

삶에서 자기 관리는 참 중요해요. '**W**HY-H**O**W-**W**HAT', 이 WOW 공부법으로 자기 관리를 하면서 성적도 쑥쑥 올리길 바랄게요.

⧓ 추천 메뉴

두뇌 풀 가동! 똑똑하게 만들어 줄
호두파이

뇌 건강에 좋은 호두를 넣은 이 호두파이를 먹으면 집중력, 기억력이 수직 상승합니다. 가만히 못 있는 친구들도 엉덩이를 책상에 딱풀처럼 딱 붙여 집중력을 키워 주고, 친구 이름도 잘 까먹는 친구들의 기억력도 높여 주어 얼핏 본 책 내용도 머릿속에 쏙쏙 입력되게 해 줍니다.

✿ 카페지기의 힐링 레시피

공부 잘하게 만들어 주는 WOW 3단계 공부법

1. **WHY** 왜 공부하는지 정하고, 목표를 정확하게 정해야 합니다.
2. **HOW** 어떻게 공부할지 공부법을 공부합니다.
   - 집중할 수 있는 장소로 가세요.
   - 스마트폰을 꺼야 해요. 꾸욱!
3. **WHAT** 무엇을 공부할지 구체적인 계획을 세워요.
   - 구체적이고 행동 가능한 목표를 세워요.
   - 공부 일기를 쓰면서 자기 관리 연습을 해요.

하루하루 불안해서 공부에 집중이 안 돼요.

불안하다고 울기만 하면 불합격, 눈물 닦고 자신감 키우면 합격!

ID 코코아 저는 언제쯤 이 불안에서 벗어날 수 있을까요? 고등학교 시절 내내 교대를 꿈꾸었지만, 낮은 성적 때문에 꿈을 이루지 못할까 봐 하루하루 불안합니다. 혹시나 면접을 망쳐서 떨어질까 봐, 수능에서 최저 등급을 맞추지 못할까 봐 너무 불안합니다.

사람은 누구나 미래 때문에 불안해해요. 코코아 님처럼 대학을 가고 싶은 사람은 입시 결과에 대한 불안함을 늘 가지고 있지요.

연기자가 꿈인 한 학생은 이렇게 불안함을 털어놓기도 했어요.

"제가 유명한 배우가 될 수 있을까요? 실기 면접 보다가 망치는 꿈을 꿔서 너무 불안합니다. 이런 불안함 때문에 더 연기에 집중이 안 됩니다."

불안함은 꿈이 있는 사람이라면 누구나 느끼는 감정일 거예요. 어떻게 하면 불안함을 줄이고 확신을 키울 수 있을까요?

1) 떨리지 않을 때까지 연습하는 것만이 답입니다.

사람에게 불안한 마음이 드는 게 꼭 나쁜 것만은 아닙니다. 심리학 교수인 애덤 그랜트는 『오리지널스』에서 분석적, 언어적, 창의적 직업에서 방어적 비관주의자가 전략적 낙관주의자들 못지않게 성과를 달성한다는 사실을 밝힌 바 있어요. 즉 '잘 안 되면 어떡하지?'라고 생각하는 사람들이 '잘될 거야.'라고 느긋하게 생각하는 사람들만큼 성과를 낸다는 것이었어요.

방어적 비관주의자는 일부러 처참한 실패 상황을 상상하며 구체적인 사항을 치밀하게 준비하기 때문이래요. 미국 역대 대통령의 취임 연설문 분석 결과, 미래에 대한 긍정적인 내용이 많은 대통령일수록 재직 기간 동안 취업률과 국내 총생산이 더 하락했다는 결과가 나왔어요. 부정적인 생각을 하면 잠재적인 문제에 관심을 기울이게 되는데, 그런 생각을 하지 않으면 문제를 예방하거나 바로잡는 조치를 취하지 못하게 된다는 것이죠.

여기서 큰 힌트를 얻을 수 있어요. 걱정에 떠내려가느라 손 놓고 있으면 안 된다는 거예요. 불안을 성과로 이끌어 내려면 반드시 어떤 '조치'를 해야 한다는 거죠! 우리는 미래를 조정할 수 없어요. 과거를 바꿀 수도 없어요. 그러니 우리가 할 수 있는 건 오직 '지금, 여기'를 열심히 사는 거예요. 내가 하고 싶은 일을 잘할 수 있도록 연습하면 됩니다. 더 이상 떨리고 걱정되지 않을 때까지요.

코코아 님이 원하는 일을 이루기 위해 공부를 해야 한다면, 불안해하는 시간을 줄이고 공부를 해야 해요. 자신감은 작은 성취에서 옵니다. 또한 자신감은 성취가 쌓인 실력에서 옵니다. 불안하다고 울기만 하면 불합격하고, 불안하지만 눈물 닦고 공부하면 합격합니다.

면접이 걱정된다면 면접 준비를 열심히 해 보면 돼요. 면접관 대신 인형을 앉혀 놓고 스마트폰으로 자기 영상을 찍어 보세요. 친구들과 스터디를 하면서 실전 훈련을 해도 돼요.

수능 시험을 잘 보기 위해서는 주말마다 수능처럼 실전 모의고사 문제를 계속 풀면서 연습을 해야 해요. 한 친구는 저에게 이렇게 말했어요.

"실제로 수능 날, 컴퓨터용 사인펜을 든 손 끝에 제 심장이 있는 줄 알았어요. 그 정도로 떨렸어요. 그런데요, 그 전에 주말마다 연습한 게 있어서인지 괜찮다고 심호흡을 하니까 떨림이 가라앉았어요."

연기 실기 시험을 보는 친구라면 떨리지 않을 때까지 연습해야 해요. 자신

감은 연습에서 나오기 때문이에요. 절대 '나는 떨리지 않아!'라고 세뇌해서 나오는 것이 아니에요.

우리나라 양궁 국가 대표 선수들은 해외 경기를 나가기 전에 반드시 이미지 트레이닝 훈련을 한다고 해요. 낯선 곳에 가서 경기할 때면 다른 나라 관객들이 야유나 비난을 퍼붓기도 하잖아요. 그걸 대비해서 시끄러운 운동 경기장을 다니며 적응 훈련을 합니다. 이런 훈련을 잘한 선수들은 상황에 휩쓸리지 않고 목표를 이룰 수 있다고 합니다.

그 외에도 여러 종목의 운동 선수들이 평상시에 불안을 통제하는 훈련을 받는다고 해요. 돌발 상황이 와서 위기가 닥쳐도 훈련한 만큼 결과를 얻을 수 있는 것이죠. 강철 멘탈도 저절로 생기는 게 아니라 끝없이 트레이닝을 받으며 다져지는 법입니다.

꿈이 있는 모든 십 대들도 마찬가지인 것 같아요. 불안함을 이길 수 있게 최선을 다해 자기가 해야 할 일을 실천할 때 더 이상 불안에 지지 않게 됩니다. 불안을 이기는 힘은 노력과 실력에서 옵니다.

2) 해결책을 찾는 습관을 길러요.

"걱정해서 걱정이 해결된다면 걱정이 없겠네."

티베트 속담이에요. 불안은 우리가 없애려고 해서 없앨 수 있는 게 아니에요. 하지만 우리는 자꾸만 이런저런 걱정에 사로잡혀 살죠. 그건 어쩌면 자신의 감정 에너지를 낭비하는 습관이에요. 음식이나 돈은 낭비임을 깨닫지만, 불안에 몰두하는 것이 감정 에너지를 낭비하는 것이라고는 생각하지 않아요.

심리학자들은 사람의 자제력이 소모품이라고 합니다. 자제력에도 한계가 있다는 것이죠. 한 연구실에서 초코 쿠키 실험을 했어요. 한 그룹은 초코 쿠키를 먹게 하고, 다른 그룹은 냄새만 맡게 하고 무를 먹게 했죠. 다음에 퍼즐을 풀게 했어요. 어떤 그룹이 잘 풀었을까요?

바로 초코 쿠키를 먹은 그룹이에요. 초코 쿠키를 참은 그룹은 인내심이 이미 바닥이어서 퍼즐을 풀지 못했어요. 그게 바로 다이어트 하는 사람들이 신경질적으로 변하는 이유예요. 먹는 걸 참느라 에너지가 바닥이 난 거거든요.

우리 감정도 에너지가 있는데, 감정을 불안으로 채워 버리면 다른 일을 할 에너지가 없어집니다. 그러니 불안만으로 내 머릿속을 가득 채우지 않게 해결책을 찾아야 합니다.

올림픽에 나간 운동선수들이 새로운 환경인 경기장에 섰을 때, '아, 내가 메달을 못 따면 어떡하지?'라는 생각을 하기보다는 '어떻게 하면 내 실력을 잘 발휘할 수 있을까?'라고 해결책을 찾잖아요.

성숙해진다는 건 어떤 문제를 감정적으로 대하지 않고 이성적으로 대하는 태도를 갖는 걸 말해요. 코코아 님도 지금 미래에 대한 불안이 있는 거잖아요. 일단 코코아 님의 불안 사항을 종이에 적어 보세요. 그러면 불안의 실체가 명확해질 겁니다.

그 실체를 마주하고, 그걸 해결할 방법을 찾아보세요.

코코아 님은 교대를 가고 싶다고 했죠. 불안 사항은 '교대를 떨어진다는 사실'이겠지요. 그럼 종이에 '원하는 교대에 떨어진다'라고 써 보세요. 그리고 교대에 떨어졌을 때 어떻게 대처할지를 써 보세요.

- **플랜 A** 재수를 해서 교대에 다시 도전한다.
- **플랜 B** 너무 높은 점수를 받아야 하는 교대가 목표였다면, 집에서 멀더라도 조금 낮은 점수로 갈 수 있는 교대를 목표로 한다.
- **플랜 C** 재수를 하지 않고 점수에 맞추어 대학을 간다. 초등 교사가 아닌 중등 교사가 되는 사범대나 교사가 될 수 있는 다른 학과를 간다. 나와서 학교 교사나 학원 강사를 할 수 있다.
- **플랜 D** 나는 사람 만나서 돌보는 일이 좋아서 교대를 가고 싶어 한다. 하지만 꼭 교사가 아니어도 사람 만나서 내 재능을 발휘할 일이 있을 것이다. 그 일을 찾아서 전공을 해 본다: 심리학자, 상담사, 사회 복지사 등
- **플랜 E** 요즘 저출산이어서 교대도 취업이 힘들다고 한다. 고령화 사회니까 노인 복지사, 노인 상담가, 노인 교육 강사 쪽을 알아본다.
- **플랜 F** 나는 사람을 만나면 쉽게 친해져서 서비스직에 탁월할 것 같다. 호텔관광을 전공하여 해외 호텔에 취업을 해 보는 방법도 있다. 호텔리어로 경력을 쌓은 후, 기업체 서비스 교육 강사로 활약해도 좋을 것 같다.

인생은 내가 세운 플랜 A대로만 흘러가지 않아요. '나'라는 사람의 본질과 잘할 수 있는 일을 생각해 보세요. 막연하게 걱정만 하지 말고 적극적으로 정보 탐색도 해 보세요.

내가 세운 계획이 플랜 A였다면, 플랜 B로, 플랜 C로 살아도 괜찮아요.

"나는 용기란 두려움이 없는 것이 아니라, 두려움을 이겨내는 것임을 깨달

았다. 용감한 인간은 두려움을 느끼지 않는 사람이 아니라 두려움을 극복하는 사람이다."

넬슨 만델라의 말입니다.

불안함에 지지 말고, 불안함을 극복할 수 있는 해결책을 만들어 가면서 살아 보아요.

⧓ 추천 메뉴

두려움 없애고
자신감 넘치게 해 줄
젤라토

미래에 일어날 일에 대한 불안을 줄여서 단단하게 얼려 주고, 오늘 할 일에 집중할 수 있게 해 줍니다. 지금, 여기에 충실하여 노력하다 보면 두려움이 점점 사그라들고 진한 자신감이 넘칠 겁니다.

✿ 카페지기의 힐링 레시피

불안함을 줄이고 확신을 키우는 법

1. 떨리지 않을 때까지 연습하는 것만이 답입니다.
2. 해결책을 찾는 습관을 길러요.

우리는 미래를 조정할 수 없어요. 과거를 바꿀 수도 없어요.
우리가 할 수 있는 건 오직 '지금, 여기'를 열심히 사는 거예요.
내가 하고 싶은 일을 잘할 수 있도록 연습하면 됩니다.

Part 4

사랑

나도 누군가와 사랑하고 싶어요

모태 솔로, 짝사랑, 커플까지
모두 행복해지는 연애법

제 남친, 여친은
언제 생기나요?
태어는 났나요?

솔로로 지낼지,
커플이 될지는
당신이 결정해요.

ID 치킨이 쓰다

저는 진짜 속이 타들어 갑니다. 제가 뭐가 부족해서 솔로일까요? 항상 연애를 시도했다가 실패만 하다 보니 평생 모태 솔로로 살게 될까 두려워요. 처음으로 좋아하는 사람이 생겼지만, 그 사람 주변을 맴돌기만 하다가 끝났고요. 그 애 눈에는 제가 보이지 않는 것 같아 혼자서 포기했습니다. 다음해에 좋아하는 다른 사람이 생겨서 이번에는 적극적으로 노력했습니다. 그 애랑 친해졌고, 저는 그게 제 인생 최초의 썸이라고 생각했어요. 하지만 그 애는 저를 남사친으로만 생각했어요. 그러다 그 애는 딴 애하고 사귀어 버렸어요.

지금도 그 일만 생각하면 먹던 치킨도 맛없어지네요. 제 인생의 흑역사입니다. 전 연애하면 잘해 줄 자신이 있는데요. 저는 이대로 모태 솔로로 살게 되는 걸까요? 저도 남들처럼 달콤한 연애를 하고 싶어요. 요즘 아주 외롭네요.

제 인생에 그녀는 언제 나타날까요? 태어나기는 했을까요?

고등학교 2학년을 가르치던 해에 참 신기한 경험을 한 적이 있어요. 23명인 한 반에서 22명이 커플이었거든요. 그 반에서 유일한 솔로가 바로 치킨이 쓰다 님이었어요.

"도대체 왜 나만 솔로인 걸까요?"

교실, 복도, 매점, 어디에서나 염장을 지르는 커플들을 보며 치킨이 쓰다 님은 무척이나 괴로워했어요.

십 대 후반이 되면 이 세상에 나만 바라봐 주는 연인을 꿈꾸곤 해요. 그건 당연한 거예요. 부모님의 사랑이나 친구들의 우정으로는 채워지지 않는 감정이 생겨요. 많은 사람들이 내 인연은 어디 있을까 궁금해하죠. 오죽하면 아직도 초등학교 괴담 중에 이런 게 있잖아요. 자정에 입에 칼 물고 학교 화장실 거울을 보면 미래의 내 배우자 얼굴이 보인다고요. 전국의 초딩들도 그 방법을 써 볼까 심각하게 고민할 정도니, 연애 문제는 인류학적으로 절박한 문제가 맞아요.

연애를 간절히 하고 싶은데 못하는 친구들은 '내가 어디가 부족해서인가?'라고 생각하기 쉬운데요. 전혀 그렇지 않아요. 사람은 누구나 타인을 사로잡을 매력 하나쯤은 탑재하고 태어났어요. 그렇다면 왜 당신은 모태 솔로일까요? 연애하는 게 귀찮아서 자발적으로 솔로의 길을 걷는 경우는 빼고요.

당신이 아직도 모태 솔로인 이유는 두 가지입니다.

첫 번째는 아직 당신 마음에 쏙 드는 사람을 만나지 못해서예요. 스무 살이 되고, 서른 살이 되고, 마흔 살이 되어도 계속 모태 솔로로 지낸다면 눈이 너무 높은 건 아닌지 의심해 봐야 해요. 외모, 성격, 집안, IQ, 직업 등등 모든 게 완벽한 사람만 기다리는 건 아닌지요. 그런 조건의 사람이 나를 좋아하는 건 확률상 어렵겠지요. 현실에 존재하지 않을지도 모르는 이상형을 언제까지나 기다리는 건 무모한 일이에요.

나와 짝이 될 사람은 완벽한 사람이 아니라 내게 맞는 사람입니다. 일단 내가 가장 중요하게 여기는 한 가지 조건이 충족되면 그 사람과 만나 보세요. 그런 사람과 연애하다 보면 나는 어떤 사람인지, 어떤 사람과 함께 있을 때 행복한지 알 수 있어요. 자기가 애초에 중요하게 생각한 연인 보는 조건이 정말 맞는지, 수정해야 하는지도 알 수 있고요.

두 번째는 좋아하는 사람은 있지만 커플로 맺어지는 법을 모르기 때문입니다. 십 대 때, 저의 가장 큰 착각은 '좋아하는 것'과 '커플이 되는 것'이 같

다고 생각한 것이었어요. 사람을 좋아하는 일과 커플이 되는 것은 다른 일입니다.

에디슨이 계란을 품듯 지긋이 마음에 품고 있는 사람이 있나요? 이때 이걸 꼭 알아야 해요. 일단 결정을 해야 합니다. '사귈 것인가, 말 것인가?'

원래 흑백 논리는 굉장히 나쁜 거예요. 세상에 옳고 그른 게 어떻게 딱 떨어지게 존재하겠어요? 독재자 또는 사이비 종교 교주나 되어야 흑백 논리로 사람들을 선동하죠. 하지만 연애만큼은 흑백 논리입니다.

커플 아니면 솔로.

그 사이는 없어요. 사랑은 독점적인 관계이기 때문이에요.

요즘에는 '여사친', '남사친'이라는 슬픈 단어가 있어요. 물론 진짜 친구로 지내는 여자, 남자도 있어요. 하지만 친구라는 말로 자신의 감정을 속이고 마음속으로는 상대를 미친 듯이 좋아하는 사람들도 있어요. 이런 사람들은 괜히 고백했다 차여서 친구라도 못 될까 봐 걱정하는 거예요.

그 두려움의 대가로 긴 시간 동안 희망 고문을 당하게 됩니다. 상대가 "우린 친구잖아."라고 하면 상대에게 어떤 요구도 하지 못해요. 상대가 다른 사람하고 사귀어서 "네가 어떻게 나한테 이래?"라고 울부짖어도, "뭐래? 너랑은 친구잖아."라는 반응만 돌아와요. "그럼 뭐야? 나 어장 관리 당한 거야?"라고 속상해해도 어쩔 수 없어요.

상대 입장에서는 사귀자는 이야기가 없으니까 연락 오면 연락하고, 만나자면 만난 거예요. 친구들끼리 다 그러잖아요. 그러니 그 사람 탓만은 아닌 거예요.

'썸'이라는 단어도 있어요. 썸은 아직 사귀는 사이가 아니에요. 혼자만 썸인 경우가 제일 비참하답니다. 이 썸의 의미를 상대에게 꼭 확인할 필요가 있어요. "우리는 어떤 사이니? 사귀는 사이로 발전할 수 있니?"라고요. 혹시라도 아니라는 대답을 들을까 봐 미루면 안 돼요.

천국과 지옥 사이에 연옥이란 게 있어요. 일단 결정을 보류하는 거죠. 여사친, 남사친, 썸을 가장한 어장 관리가 바로 그 연옥입니다. 때로는 지옥행을 예약한 연옥.

좋아하는 사람이 생겼다면, 내가 진짜 원하는 게 친구인지 연인인지 가슴에 손을 얹고 생각해 봐요. 그랬다가 차일 게 걱정되나요? 내가 원하는 게 연인이라면 그것도 감수해야 해요. 고백했다가 어색해져도 어쩔 수 없어요. 그게 아니라면 지금처럼 좋아하는 마음을 숨기고 친구로 쭉 지내야 해요. 고백을 안 하면 그냥 짝사랑 상태로 쭉 가는 거예요.

정말 커플이 되고 싶으신가요? 상대를 당신만의 특별한 사람으로 만들고 싶나요? 그럼 고백이라는 관문을 통과해서 사귀어야 합니다.

상대는 준다고 약속한 적 없는 사랑을 일방적으로 기대했다가 "어장 관리 당했다.", "차였다.", "그럴 줄 몰랐다."며 울고불고 분노의 이불킥을 하지 않으려면 선택해야 합니다.

그 애랑 사귈지, 말지요!

이제 좋아하는 사람 주변을 맴돌기만 하거나, 혼자만 썸 타다 상처받지 않기로 해요. 다시 좋아하는 사람이 생긴다면 과감하게 고백해서 솔로 탈출을 해 봐요. 자세한 고백법은 다음 장에서 소개해 드릴게요.

⧓ 추천 메뉴

내 인연을 만나면 알아보게 해 줄 블루베리빙수

눈에 좋은 블루베리가 들어 있어요. 심봉사가 심청이를 다시 만나 눈을 번쩍 뜨듯, 심장에 타박상을 줄 만큼 나와 어울리는 사람을 만나면 눈 번쩍 뜨이게 해 줄 빙수입니다.

✿ 카페지기의 힐링 레시피

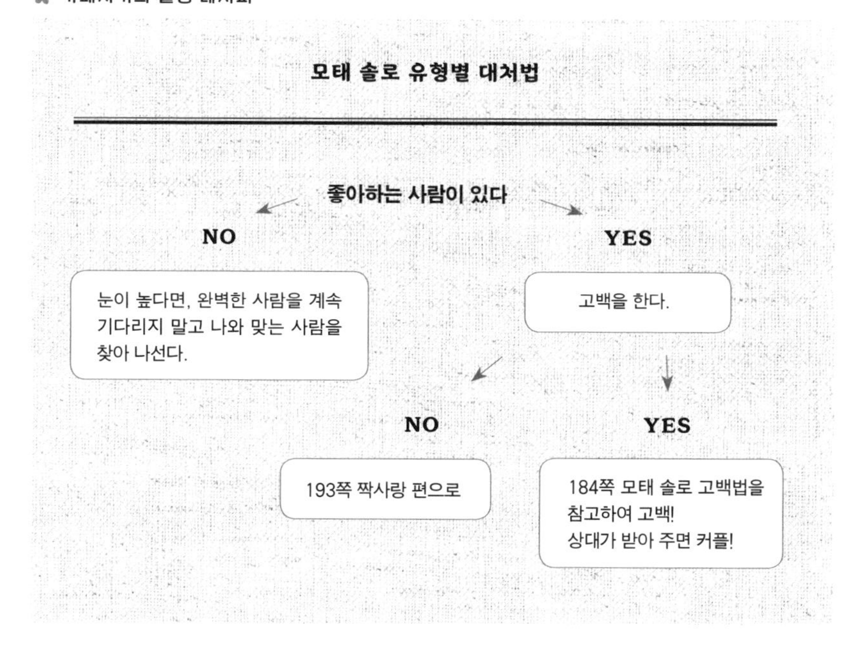

모태 솔로 탈출법이 궁금해요.

고백을 잘하려면
섬세해야 합니다.

ID 퓨리

저는 중1입니다. 입학하자마자 첫눈에 반한 여자애가 있었어요. 새하얀 피부에 까만색 긴 머리를 한 예쁜 아이였어요.

어느 날, 저는 수업 시간에 늦게 들어갔어요. 담임 선생님이 벌칙으로 진실 게임을 했어요. 좋아하는 사람이 있냐고 물어서 저는 반에 좋아하는 애가 있다고 말해 버렸어요. 분위기상, 반 친구들은 제가 그 아이를 좋아한다는 걸 알았어요. 그 후에 짝을 바꿨는데, 그 아이랑 짝이 되었어요. 학교에 있는 모든 시간이 두근거리고 떨렸어요. 짝사랑을 끝내기로 마음먹은 것은 화이트데이! 저는 그녀를 위해 사탕 3만 원어치를 사 갔어요. 피시방 갈 돈이었지만, 그 애가 더 중요했으니까 돈이 하나도 아깝지 않았어요.

직접 줄 용기가 없어서 그 애 사물함에 넣었어요. 친구들이 장난으로 그 사물함 안에 제가 쓴 것처럼 편지도 넣었어요. 그 애가 들어오자 반 애들이 환호하며 사물함을 열어 보라고 난리였어요. 저는 부끄러워 고개를 숙이고 제자리에 앉아 앞만 보고 있었어요. 그 애가 다가와 저에게 잘 먹겠다고 했어요. 제 마음을 받아 준 것 같아 설렜어요.

그때, 제 친구가 그 애한테 가서 사탕 봉지를 딱 1개 주었어요. 저는 평소 그 친구랑 친했기 때문에 대수롭지 않게 여겼지요.

하지만 3일 뒤, 다른 친구에게 메시지가 왔어요. 그 친구랑 그 여자애가 사귄다고요. 몸이 차가워지고 손이 부들부들 떨렸어요. 학교에 가 보니까, 정말 둘이 다정하게 이야기하고 있었어요. 사귀는 게 맞더라고요. 분하고 슬펐어요. 어떻게 친한 친구가 제 짝녀를 빼앗아 갈 수가 있죠?

퓨리 님, 얼마나 상심이 컸을까요? 좋아하는 여자 친구에게 용기 있게 고백했는데 그 여자애가 하필 내 친구랑 사귀다니요! 거기다 자기가 좋아하는 줄 알면서 그 여자애한테 들이댄 친구가 참 괘씸했겠어요. 좋아하는 애를 뺏

긴 상실감에 친구에 대한 배신감까지. 둘이 같은 반인데 앞에서 손잡고 다니는 모습이라도 본다면 눈에서 불이 뿜어져 나올 것 같아요. 퓨리 님 입장에서는 충분히 화가 날 만해요.

일단은 퓨리 님의 용기에 박수를 보내요. 좋아하는 사람에게 고백하는 용기는 정말 대단한 거예요. 이건 어른들도 잘 못하는 거거든요. 차이고 상처받을까 봐 두려워서 고백할 용기를 못 내는 사람들이 얼마나 많은데요.

하지만 사건을 냉정하게 보자면, 퓨리 님이 다음에 좋아하는 사람이 나타났을 때 이렇게 고백하면 또 차일 가능성이 커요.

자, 그럼 가슴 아프겠지만 다시 고백의 장면으로 되돌려 볼게요. 원래 운동선수들도 자기가 경기한 것을 돌려 보잖아요. 전문 용어로 '복기'라고 해요.

- **모태 솔로 탈출 고백법 1단계: 고백 전, 상대에게 나를 자연스럽게 알려야 합니다.**

모태 솔로 고백법 첫 번째 단계, 상대가 나를 알고 있어야 합니다. 내 매력을 드러내는 가장 초기 단계 방법은 자꾸 그 사람 앞에 알짱대는 것입니다. 심리학자 로버트 자이언스는 사람은 무엇인가를 자주 보기만 해도 호감을 가진다고 했어요. 이걸 '단순 노출 효과'라고 하지요. 광고의 제1원칙이기도 하고요. 그렇게 내 존재를 상대에게 알려야 합니다.

고백을 많이 받아 본 친구들에게 물어보았어요. 어떤 때 가장 당황스럽냐구요. 밑도 끝도 없는 고백이 제일 당황스럽대요.

인기 많은 여자 친구는 눈물을 보이기도 했어요. 국어 수행평가 시간의 말하기 중 '나의 이상형 말하기'라는 주제가 있었어요. 무려 네 명의 남학생이 수행평가 주제를 말하면서 그녀에게 고백을 했어요. 평상시에는 말 한 마디 해 본 적 없다가 갑자기 사람들 많은 데서 "나 너 좋아해. 나랑 사귀자."라고 하니까 그 여자 친구는 당황스러웠대요. 고백은 사람의 마음을 얻는 은밀한 행동인데, 다른 사람들 앞에서 그렇게 말하는 게 폭력적으로 느껴지기도 했대요.

또 다른 여자 친구는 같은 학원의 좋아하는 남자애를 학원 입구에서 기다렸대요. 대화 한번 해 본 적 없는 사이였는데 "전화번호 주실 수 있나요?"라고 했대요. 정말 박력 있죠?

그 친구는 전화번호를 받고 상대에게 문자를 보낼까 말까 망설였어요. 일주일 만에 문자를 보냈는데, 이렇게 보냈대요.

"좋아해요."

자, 상대 남학생 입장에서 생각해 보세요. 상대는 당황스러웠겠지요? 얼굴도 가물가물하고 말 한 마디 해 본 적 없는 사람에게 뭐라고 답을 해 줄 수 있겠어요? 결국 그 여자 친구는 대차게 차였어요.

퓨리 님은 이 1원칙을 지키지 않은 것 같아요. 정작 퓨리 님은 짝녀와 대화를 해 본 적은 없죠. 그냥 친구들에게 "좋아하는 애가 있다."라고 말했을 거예요. 짝녀는 당황했을 수도 있어요. 당사자는 아무 말이 없고 주변에서 난리를 치니까요.

내가 좋아하는 마음을 고백하는 게 목적이 아니잖아요? 그 친구와 사귀고 싶은 게 목적이잖아요. 그럼 고백 전, 내가 어떤 사람인지 상대에게 어느 정도 알려 주어야 합니다. 나와 상대가 말이 통하는지 알아야 사귀자고 할 때 "그러자."라는 긍정적인 대답을 들을 수 있습니다.

• **모태 솔로 탈출 고백법 2단계: 고백 중, 상대를 바라보아야 합니다.**

고백은 상대를 좋아한다는 내 마음을 털어놓고 상대의 마음을 얻기를 바라는 행동이에요. 감정을 나누는 섬세한 순간이죠. 퓨리 님은 3만 원어치 사탕을 사 주는 걸로 마음을 표현했어요. 쑥스러워서 직접 주지 못하고 사물함에 넣어 놨지요. 퓨리 님은 이게 고백이라고 생각했어요. 하지만 가장 중요한 걸 빼먹었어요. 바로 짝녀에게 직접 마음을 전하는 것!

퓨리 님은 답답할 수 있어요. '내가 3만 원어치 사탕을 왜 주겠어? 좋아하니까 주는 거지!' 그걸 말을 해야 아냐고요? 네. 말을 해야 압니다. 사탕은 말을 하지 않아요. 그중에서도 최악은 친구들이 장난으로 편지를 써 놓은 거예요. 상대는 진지하지 않은 장난으로 받아들일 수 있죠.

사람은 사탕이나 인형 같은 물질적인 것보다 상대의 눈빛 속에 있는 다정함, 나에 대한 열정 같은 것에 끌려요. 한 사람과 사귀는 건 상대에게는 큰 결정입니다. 그 결정을 해야 하는데 사탕만 덩그러니 놓여 있고, 상대는 등만 보이고 있다고 생각해 보세요.

고백의 순간, 자기 마음을 직접 자기 입으로 전해야 해요. 그게 힘들다면 정성 어린 편지로 전달해야 해요. 사탕을 주고 편지를 주는 이유를 정확하게 말해야 합니다. "나 사실 너를 좋아해. 나랑 사귀자."라고요. 상대방의 눈을 보고 진심을 담아서요.

요즘은 SNS로 고백도 많이 하잖아요. 그러더라도 만나서 이야기를 나누는 것은 필요합니다. 직접 만나야 상대의 몸짓, 눈빛을 통해 확신을 갖게 되기 때문이에요. 사귄다는 건 그 사람과 내 일상을 공유하기로 결심하는 큰일이에요. 상대는 그 사람이 어떤 마음인지 자세히 알고 싶어 합니다.

자, 퓨리 님의 짝녀가 교실에 들어왔을 때의 상황을 떠올려 볼게요. 아마 짝녀는 혼란스러웠을 거예요. 반 남자애들이 짓궂게 "사물함 열어 봐." 하고 호들갑을 떨었겠죠. "으아아악! 퓨리가 누구를 좋아한대요. 좋아한대요." 하며 놀리기도 했겠지요. 아마 짝녀는 사탕 바구니를 보고 놀랐을 거예요. 누군가 자기를 좋아해 준다니까 고맙기도 하고, 친구들이 놀리니까 당황스럽기도 했겠지요. 사탕 바구니 아래에서 이 사람, 저 사람의 글씨로 적힌 장난 같은 편지 한 장을 발견했겠죠. '이게 장난인가? 진심인가?' 헷갈렸을 거예요. 짝녀는 퓨리 님을 쳐다보았겠죠. 근데 퓨리 님은 너무 부끄러워서 꼿꼿하게 앞만 보았어요. "나랑 사귈래?"라고 물어봐야 답을 할 텐데, 퓨리 님은 수줍은 등짝만 보였던 거죠. 애초에 그녀가 답을 할 질문조차 주지 않은 거예요.

그때, 문제의 그 친구가 들어왔어요. 친구가 짝녀에게 사탕 봉지를 건네며 말했을 거예요. "어제 잘 들어갔니?" 사실 짝녀와 친구는 그 전부터 연락을 하고 지냈을 가능성이 큽니다. 그 친구가 짝녀에게 수줍게 말합니다.

"너 주려고 산 거야. 사실 너 좋아해. 나랑 사귀자."

둘이 한동안 눈빛 교환을 하고, 짝녀의 마음이 흔들렸을 거예요. 그런데 퓨리 님은 혼자 불타오르는 고구마처럼 쑥스러워하면서 등만 보이고 있었던 거랍니다.

그러니 결론은? 퓨리 님은 '고백을 하긴 한 건데, 답을 들을 수 있는 고백을 한 게 아니다!'입니다.

- **모태 솔로 탈출 고백법 3단계: 고백 후, 상대의 마음을 얻기 위해 노력하고, 상대의 선택을 존중합니다.**

고백 후의 행동도 중요해요. 퓨리 님은 사탕 투척 고백을 한 후, 3일이 지나도록 개인적으로 따로 연락하지 않았어요. "나랑 사귈래?"라고 물어봐야 답을 하죠.

고백의 성패는 얼마나 세심하게 상대를 생각하느냐에 달렸어요. 그게 거창하지 않아도 좋아요. 상대가 좋아하는 것을 알아내서 소소하게 챙겨 주거나 이야기를 잘 들어주는 행동을 통해 상대에게 내가 헌신하고 있다는 마음을 느끼게 하면 됩니다.

그런 다음, 선택은 상대가 하는 거예요. 그걸 존중해 주어야 합니다. 그 애가 받아 준다면요? 이제 커플입니다. 만약 "너는 좋은 애인 거 알지만, 더 이상 들이대지 마라."는 식으로 답이 오거나, 그 애가 자꾸 메시지를 읽고 씹는다면? 그건 상대가 나를 마음에 들어 하지 않는 거예요. 아쉽지만 마음을 접어야 합니다.

그 선택을 존중하는 게 고백의 완성이에요. 그래도 실망하지 말아요. 그 사람한테 거절당한 거지, 어딘가에는 당신을 좋아할 사람이 있으니까요!

어렵나요? 원래 소중한 걸 얻을 때는 시간도 오래 걸리고 힘든 법이에요. 왜냐하면 마음을 나누는 일이잖아요!

부디 외로움에 몸부림치는 솔로들이 있다면, 용기 내서 도전해 보세요!

서툴더라도 사랑은 언제나 옳고, 어설프더라도 도전은 언제나 아름다운 법이니까요.

추천 메뉴

나에게 반하게 되는
바나나주스

마시고 고백하면, 좋아하는 상대가 나에게 반하게 되는 바나나주스입니다. 단, 반드시 3단계를 잘 지키며 고백해야 효과가 10배 커집니다.

카페지기의 힐링 레시피

모태 솔로 탈출 고백법 3단계

고백을 잘하려면 섬세해야 합니다.

1단계 고백 전, 상대에게 나를 자연스럽게 알려야 합니다.

2단계 고백 중, 상대를 바라보아야 합니다.

3단계 고백 후, 상대의 마음을 얻기 위해 노력하고 상대의 선택을 존중합니다.

원래 소중한 걸 얻을 때는 시간도 오래 걸리고 힘든 법이에요.
부디 외로움에 몸부림치는 솔로들이 있다면, 용기 내서 도전해 보세요!
서툴더라도 사랑은 언제나 옳고,
어설프더라도 도전은 언제나 아름다운 법이니까요.

짝사랑 때문에
날마다 가슴이 무너져요.

짝사랑이라는 개미지옥에서
빠져나오려면
고백하거나 나가떨어져야 해요.

ID 츄리닝

저는 좋아하는 애가 있어요. 고1 때부터 2년 동안 좋아했는데요. 그 아이는 잘생기고 공부도 잘하고 운동도 잘해서 인기가 정말 많아요. 저는 마음을 숨기고 그 애랑 친구로 지내고 있어요. 그 애는 저를 그냥 친구로 생각하고 제게 연락도 자주 해요. 걔를 만나거나 연락할 때면 심장이 터질 것 같아요. 걔한테 쓴 일기장도 몇 권이나 돼요. 물론 주지는 못했죠. 며칠 전, 걔가 저를 매점에 데려가서 맛있는 것도 사 주고, 같이 사진 찍은 걸 자기 페북에 올리기도 했어요. 교실로 찾아와서 장난 치고, 놀리고, 제 머리도 쓰다듬어서 심장이 폭발하는 줄 알았죠.

어제 그 애가 저를 불러냈어요. 서로 집이 30분 거리인데 저희 집 근처 놀이터까지 왔어요. 저는 드디어 '올 게 왔구나!'라는 생각이 들었어요. 혹시나 그 애가 저한테 고백하나 싶어서 화장도 급하게 하고요. 왜 그랬는지는 모르지만 양치질도 하고 나갔어요. 그 애는 친구랑 있었는데, 친구가 옆에서 "빨리 말해."라고 하니까 걔가 한참 망설이더라고요. 저는 속으로 '용기를 내, 바보야. 난 준비가 되어 있어.'라고 응원했어요. 걔가 한참 만에 말을 하더라고요. 제 친구를 좋아한다고요. 하늘이 무너지는 게 이런 거구나 싶었어요. 순간 눈앞이 깜깜해졌어요.

저한테 요즘 잘해 준 것도 절 보러 오면 걔를 볼 수 있어서였대요. 제가 눈치껏 중간에서 소개해 줄 줄 알았는데, 그 애는 모르는 것 같다며 저한테 말 좀 전해 달래요. 뒤돌아서는데 눈물이랑 콧물이 같이 나와서 엉엉 울었어요. 제 짝남이 좋아하는 제 친구는 슈퍼 모델처럼 늘씬하고 예쁜 애거든요. 집에 와서는 바보같이 울음을 삼키고 제 친구한테 SNS로 그 애의 고백을 전했는데, 제 친구가 "걘 내 스타일 아닌데."라며 대신 거절해 달라고 하더라고요. 저는 바보같이 그걸 또 다 전했어요. 제 짝남이랑 친구로라도 지내야 계속 볼 수 있으니까요. 가슴이 찢어집니다.

짝사랑, 해 본 적 있나요? 머리가 아프면 두통약 먹으면 되고, 배가 아프면

소화제 먹으면 되잖아요. 근데 짝사랑은 한번 시작하면 약이 없어요.

짝사랑의 시작은 소소해요. 우연히 한 사람을 좋아하다가 점점 그 마음이 커지는 거예요. 나중에는 마음에 그 사람만 가득 차게 되지요.

짝사랑을 설명할 단어는 딱 두 개가 아닐까요.

'단짠', '웃픈'.

단짠. 짝사랑하는 대상을 떠올리면 솜사탕 먹듯 마음이 달달해지지요. 하지만 그 친구가 다른 애들하고 말을 하거나 친하게 지내는 걸 보면 눈물이 입 속으로 들어간 듯, 마음이 짭짤해집니다.

웃픈. 그 사람을 보면 나도 모르게 입꼬리가 올라가요. 실실 모자란 사람처럼 웃게 돼요. 하지만 그 사람이 다른 사람을 좋아하는 걸 보게 되면 눈가가 촉촉하게 젖어 들며 슬퍼져요.

그 사람 때문에 인생의 희노애락을 느낄 수 있는 격정적인 날들이 펼쳐집니다. 그 애가 다른 애들이랑 말하는 게 질투 나다가도, 그 애한테 연락이 오면 뛸 듯이 기쁘죠. 어쩌다 만나서 놀기라도 하면 심장이 폭발할 것 같아요. 그 친구가 옆에 있다면 내 심장 뛰는 소리가 그 친구에게도 들릴 것 같은 설레는 순간도 많을 거예요.

저는 고1 때 격렬하게 짝사랑을 했어요. 원래 알고 지내던 친구였는데 수련회에 가서 한순간에 반해 버렸어요. 그 애는 매일 아침 700번 버스를 타고 왔어요. 저는 일부러 다른 버스를 보내고 그 아이가 오는 시간에 맞추어 700번 버스를 타곤 했어요. 마주치면 우연인 척 반갑게 인사했고요. 그 아이를 보는 날이면 아침부터 설레고 행복했지요.

하지만 짝사랑이 설렘과 행복만 주지는 않지요. 짝사랑은 좋아하는 사람이 생겼다는 기쁨과 그 사람을 독점할 수 없다는 아픔을 동시에 주는 잔인한 감정이에요. 사람은 누구나 내가 사랑하는 만큼 나 또한 사랑받고 싶은 마음이 있기 때문이에요. 누군가를 좋아하는 일은 축복받을 일이죠. 하지만 짝사랑은 대상에게 그 마음을 되돌려 받지 못해요. 마치 망한 가게의 쿠폰 같은 거예요. 어디에 쓸 데가 없어요.

짝사랑을 대하는 자세는 사람마다 달라요. 당신은 어떤 유형인가요?

1. **그림자형:** 그냥 속으로만 좋아하고 절대 티 내지 않아요. 학교나 학원에서 짝남, 짝녀를 보는 것만으로 삶의 보람을 느끼고 모든 욕심을 내려놓는 유형입니다. 같은 공간에서 산소를 함께 들이마신다는 것만으로 만족합니다.
2. **친구형:** 용기 있게 먼저 다가가서 자연스럽게 친구로 지냅니다. 속마음을 꼭꼭 숨깁니다. 그 아이랑 말하는 것, 연락하는 것 자체에 큰 기쁨을 느낍니다. 사귀자고 했다가 차이면 친구로라도 못 만나니까 용기를 못 내는 경우도 많습니다. 또는 어떻게 사귀는지도 몰라서 친구로 지내는 경우도 많습니다.
3. **연인형:** 언젠가는 고백하고 반드시 상대를 연인으로 만들고 말겠다는 집념을 불태우는 유형입니다.

3번 노선을 택하지 않는다면, 대부분의 짝사랑은 비극으로 끝날 가능성이

커요. 츄리닝 님처럼요. 츄리닝 님 일은 정말 남 일 같지 않아요. 저도 짝사랑 전문이었거든요. 저는 좋아하는 사람을 보면 코뿔소처럼 돌진했어요. 하지만 고백하지 못하고 친구라는 이름으로 그 사람 주변을 맴돌았죠. 그 700번 친구에게 제 마음을 숨기면서 말이죠. 그 700번 친구도 다른 애를 좋아한다고 저한테 소개해 달라고 한 적도 있어요. 그때 얼마나 비참하던지……. 더 한심한 건 그런 수모를 당하면서도 그 애가 여전히 좋았다는 거예요. 츄리닝 님은 어떠신가요? 이런 참기 힘든 일을 겪고도 여전히 짝남이 좋지 않나요?

그렇게 3년이 흘렀어요. 어느 날, 친구들한테 이런 말을 들었어요. 짝남에게 여자 친구가 생겼다고요. 그 소식을 다른 사람들을 통해 들은 거죠.

"걔 여자 친구 생겼대. 같은 교회 다니는 애라던데? 너 알고 있었지? 너 친하잖아."

몇몇 친구는 저에게 괜찮냐고 위로를 보내기도 했어요.

괜찮을 리가 있나요? 전 정말 몰랐거든요. 머리를 망치로 맞은 것 같았어요. 가슴이 찢어지는 것 같았고요. 그래도 애써 입꼬리를 올리고 파르르 떨리는 목소리로 거짓말을 했어요.

"아, 다 알고 있었어."

알고 있기는 개뿔. 속으로는 피눈물을 흘렸지요.

생각해 보면 내가 좋아하는 애들은 다른 애들도 좋아할 확률이 높아요. 십대 때는 내면의 아름다움이나 대화 코드를 중요하게 생각하지 않아요. 왜냐하면 호감을 불러일으키는 요소가 외모에 한정되는 경우가 많으니까요. 많은 아이들이 외모가 잘생기거나 예쁜 사람에게 첫눈에 반해요. 어떤 친구들은 자신감 넘치는 사람이나 유머 감각이 풍부한 사람을 좋아하기도 해요. 어쨌든 이렇게 인기 있는 애들을 다른 애들이 가만둘 리 없죠. 언젠가는 커플이 되고 그 소식이 짝사랑하는 사람의 귀에 들어가게 되는 거죠.

이런 수모를 겪기 전에 결심해야 해요. 내가 그 사람의 연인이 되고 싶다면 고백해야 해요. 또박또박 "나 너 좋아해. 사귀자."라고 말해야 해요. 1대 1관계를 원한다고 말이에요. 그 말을 하지 않으면 이런 날벼락을 당할 때 상대 탓을 할 수 없어요. 내가 정확히 표현하지 않았으니까요.

도저히 그럴 용기가 나지 않는다거나, 그 친구가 날 전혀 좋아하는 것 같지 않다면요? 그래도 바로 그 사람에 대한 마음을 거두기는 힘들어요. 사람 마음에도 관성이란 게 있거든요. 공을 평평한 바닥에 굴리면 한동안은 계속 굴러가는 것처럼 좋아하는 마음도 딱 그렇더라고요. 아픈 일을 겪고도 계속 그 아이를 좋아하는 내가 참 한심하죠.

한 가지 확실한 건, 짝사랑은 장기전으로 갈수록 짝사랑하는 사람만 힘들어진다는 거예요. 츄리닝 님처럼 좋아하는 사람이 다른 애에게 고백하게 도와주는 대리 고백 서비스를 하게 될 수도 있어요. 다른 사람한테 그 아이의 연애 이야기를 듣게 되는 비굴, 비참, 비루한 상황에 빠져 비탄한 감정에 젖게 되겠죠.

그럼 어떤 때에 짝사랑을 접어야 할까요? 다음 항목 중 자신의 상황에 해당하는 것에 표시하고 개수를 세어 보세요.

짝사랑을 슬슬 접어야 할 때를 알려 주는 자가 테스트

- ▢ 그 사람 때문에 자꾸 울게 된다.
- ▢ 그 사람 때문에 기분 좋은 시간보다 가슴 아픈 시간이 많다.
- ▢ 이 정도 했으면 됐다는 생각이 문득 든다.
- ▢ 이번 생에 이 사람과 사귈 가망이 없다.
- ▢ 그 사람 눈동자가 나 때문에 흔들린 적이 단 한 번도 없다.
- ▢ 나는 더 좋은 대접을 받을 가치가 있다는 느낌이 든다.

※ 4개 이상이면 짝사랑 말기입니다. 고백하거나 마음을 접어야 합니다.

만약 고백까지 했는데, 별 반응이 없다면요? 열심히 들이댔는데 시큰둥하다면요? 그럴 때는 짝사랑을 확 접어야 해요.

저는 그 700번 친구에 대한 마음을 어떻게 접었냐고요? 대학생이 된 그 친구가 여자 친구랑 찍은 사진을 SNS에 올렸더라고요. 그걸 보니까 그제야 마음을 접을 수 있었어요. 3년 간의 짝사랑이 막을 내렸죠.

'그래. 그때의 내가 그때의 걔를 좋아한 거야. 지금의 난 지금의 그 애를 좋아하는 게 아니야.'

이후에 짝사랑했던 친구를 포기할 때는 '이제 내 마음을 아프게 하는 사람은 안 좋아할 거야. 나도 날 좋아해 주는 사람을 만날 거야.' 생각하며 마음을 접었어요.

짝사랑을 끝내는 것도 이별이냐고요? 물론이죠. 진짜 사귀어야만 이별하는 게 아니에요. 사귀어 보지 않은 사람도 마음에서 떠나보내야 할 때가 있어요. 사귄 사람들처럼 똑같이 마음이 욱신거리고 아파요.

그때 제가 터득한 방법은 이거였어요. 종이에 그 사람에게 하고 싶은 말과 지금 내 마음을 적었어요. 그리고 종이를 꾹꾹 접어 종이비행기를 만들었죠. 그때 내 마음도 종이처럼 탁 접었어요. 내가 짝사랑을 끝내기로 마음먹으니까 의외로 몇 년 간 질질 끌던 감정이 단번에 정리되더라고요.

그리고 그 종이비행기를 마포대교에 가서 날렸어요. 이때의 경험이 『연애세포 핵분열 중』이라는 책에 실린 「오늘 난, 마포대교」라는 단편 소설에 고스란히 담겨 있어요. 날아가는 종이비행기를 보며 속으로 중얼거렸어요.

"안녕! 내 몇 년의 짝사랑!"

그러고는 짝사랑이라는 터널에서 빠져나왔지요.

그럼 이루지 못한 짝사랑은 무가치한 감정일까요? 아니요. 다 소중한 감정이에요. 처음으로 했던 짝사랑을 접고 10년 뒤, 저는 고향에 내려갔어요. 버스 정류장에 서 있는데, 저 멀리서 예전에 그 아이가 타던 700번 버스가 오더라고요. 그 순간 가슴이 세게 떨렸어요. 지금은 그 사람을 좋아하지 않지만, 내 마음속 어딘가에 그 감정이 남아 있더군요.

짝사랑은 가더라도, 우리 마음을 파르르 떨리게 한 그 벅찬 감정은 우리 기억 속에 아름다운 흔적으로 남을 거예요.

⋈ 추천 메뉴

짝사랑 아픔 달래 줄
핫 라벤더티

라벤더는 불면증을 예방해 줘요. 짝사랑 때문에 잠 못 이루는 당신을 위한 차입니다. 꿀잠을 자게 해 줘서 다크서클을 막아 주고, 더 뽀송뽀송한 피부로 짝사랑 친구를 만날 수 있게 해 줍니다. 짝사랑이 장기화될 조짐이 보이면 바로 고백할 용기를 줍니다.

✿ 카페지기의 힐링 레시피

짝사랑이라는 개미지옥에서 나오는 법

당신은 짝사랑을 시작할 때 그림자형, 친구형, 연인형 중 어느 유형인가요? 어느 유형이든, 짝사랑을 끝내고 싶다면 방법은 오직 하나! 용기 내어 고백해야 해요. 하지만 고백할 용기가 없어도 누군가를 좋아하는 일은 말린다고 말릴 수 있는 일이 아니지요. 그러나 사랑보다 아픔이 크다면 짝사랑을 마음에서 보내 주어요. 설령 그 사랑이 이루어지지 않았더라도, 누군가를 열렬히 좋아했던 소중한 추억으로 남을 거예요.

요즘 여친, 남친이
변한 것 같아요.
좋아하는 사람과
오래 사귀는 방법이 있나요?

바랄 수 없는 건 바라지 말고,
바랄 수 있는 건
솔직하게 얘기해요.

ID 먹구름

연애 초기: 그 애랑 사귄 지 2주 정도 되었어요. 그 애가 먼저 고백했고, 저도 그 애를 엄청 좋아해요. 처음 사귈 때는 너무 떨리고 행복했는데 요즘 마음이 싸늘하게 식어 갑니다. 남친이 너무 연락을 안 하는 거예요. 제가 연락을 자주 해 달라고 부탁했는데 "나는 잘 있으니 걱정하지 마."라고만 하고 연락을 안 해요. 절 안 좋아하는 것 같아서 마음이 식어 가요.

ID 호빵

연애 중기: 사귄 지 1년 정도 된 고3 커플입니다. 지금 사이가 나쁜 건 아니에요. 제 최대 고민은 과연 '우리는 언제까지 사귈 수 있을까?'입니다. 요즘 들어 그녀가 변했어요. 연락을 하면 빨라도 한두 시간 있어야 답이 와요. 물론 저는 수시를 준비해서 입시가 어느 정도 끝났고, 그녀는 정시를 준비해야 해서 바쁜 건 알지만 섭섭한 건 어쩔 수 없어요. 얼마 전에는 제가 "잘하자."라고 어금니 꽉 깨물고 얘기했는데 여전히 연락이 예전 같지 않아요. 그 애의 마음이 식은 것 같아 불안해요.

ID 낭랑 18세

연애 말기: 저희 커플은 권태기인 것 같아요. 요즘 들어 그 애가 변했어요. 2년 전 처음 사귈 때만 해도 저랑 새벽에 휴대폰 배터리가 다 닳을 때까지 통화했거든요. 요즘은 피곤하다고 전화를 먼저 끊자고 합니다. 또, 전에는 제가 수행평가 있다고 새벽에 깨워 달라고 하면 안 자고 기다리고 있다가 깨워 줬어요. 요즘은 제가 이런 부탁을 하면 안 해 주지는 않지만 귀찮아하는 것 같아요. 친구들이랑 놀 때는 연락이 몇 시간 동안 안 돼서 절 속 터지게 한 적도 있어요. 이 사람, 변한 거 맞죠? 헤어져야 하나요?

좋아하는 사람과 커플이 되었다는 기쁨도 잠시, 연애를 하게 되면 크고 작은 문제가 생기기 마련입니다. 막상 만나 보니까 서로 성격이 맞지 않아 힘든 경우라면 헤어지는 게 맞아요. 하지만 둘이 잘 어울리고 상대도 정말 좋은 사람인데, 대처를 잘하지 못해서 원치 않는 이별을 할 때도 있어요.

사연을 준 세 친구는 모두 비슷한 고민을 하고 있어요. 바로 '연락' 문제지요. '연락'은 연애가 망하느냐 잘 되느냐를 결정하는 키입니다.

얼핏 보면 '상대가 연락을 얼마나 자주 해 주느냐'가 중요한 문제처럼 보여요. 하지만 연락보다 중요한 건 상대를 배려하고 상대와 소통하려는 마음이에요. 소통과 배려란 상대의 마음을 헤아리고, 내가 조금 더 신경 써서 상대가 원하는 대로 노력하는 것을 말해요.

1) 연애 초기 유지법: 상대가 원하는 것이 무엇인지 소통하고 적정선에서 함께 노력해요.

먹구름 님과 남자 친구는 각자 생각하는 연락의 개념이 달라요. 여기서 비극이 시작된 거예요. 먹구름 님은 남자 친구가 좀 더 자주 연락해 주길 바라고 있어요. 남자 친구는 왜 자기가 자주 연락해야 하는지를 이해하지 못하고 있어요. 먹구름 님에게 연락은 애정을 확인하는 과정입니다. 반면, 남자 친구에게 연락은 진짜 용건이 있을 때만 하는 행위죠. 남자 친구는 이렇게 생각했을 거예요.

'사귀자고 할 때 좋아한다고 고백했으면 된 것 아닌가?'

세상에는 한 번 사랑 고백을 하면 그게 영원히 유효할 거라 믿는 사람들이 있어요.

제가 아는 대학교 남자 선배는 이렇게 말하기도 했어요.

“난 여자 친구가 날 사랑한다고 고백했으면 그걸 가슴에 새겨. 분명히 날 사랑한다고 했잖아. 사랑은 딱 한 번만 확인하면 되는 거라고 생각해.”

그 이야기를 듣고 주변에 있던 사람들 모두 야유를 보냈어요. 하지만 이런 사람도 분명 존재해요. 바로 먹구름 님의 남자 친구가 이렇게 생각한 것 같아요. ‘좋아한다고 고백했잖아. 그걸로 된 거지, 연락을 굳이 자주 해야 하나?’라고요.

하지만 상대인 먹구름 님은 남자 친구와 헤어질 마음까지 든다고 했어요. 자기가 사랑받고 있다고 느끼지 못해서였죠. 사실 남자 친구는 누구보다 먹구름 님을 좋아하고 아끼는데 말이에요.

둘이 정말 잘 지내고자 한다면 어떻게 해야 할까요? 두 사람은 세상에 두 부류의 사람이 있다는 걸 인정해야 합니다. 한 번만 고백 받아도 평생 흡족한 사람과 자주 사랑을 확인해야 하는 사람.

먹구름 님은 연락이 힘든 남자 친구의 입장을 생각해 봐요. 기대하는 마음을 반 정도 내려놓고, 적당한 수준에서 타협하고 만족하면 좋을 것 같아요. 남자 친구는 애정 표현을 매 순간 받고 싶은 여자 친구 입장을 고려해 봐요. 내키지 않지만 나름대로 최선을 다해 연락해 주면 좋겠어요.

연애 초기 미션은 이것인 것 같아요. 좋아하는 마음은 둘 다 같지만 서로 표현 방식이 달라요. 대화를 하면서 서로의 요구 사항을 알게 되잖아요? 그럼 상대방이 원하는 걸 해 주려고 노력해야 해요. 연락은 한 가지 예일 뿐이에요. 그 외에도 둘 중 한쪽이 섭섭한 일이 생긴다면 솔직하게 이야기를 나누어 문제와 오해를 풀어야 해요.

초기에 이런 소통이 안 되면 서운한 마음이 쌓여요. 갑오개혁이 3일 천하로 끝났듯, 동네방네 커플 됐다고 소문 다 났는데, 3일 만에 연애가 허망하게 끝날 수도 있어요. 사실 둘이 천생연분일 수도 있는데 말이에요. 꼭 서로 원하는 걸 표현해 보고, 타협해 보세요.

2) 연애 중기 유지법: 원하는 것을 돌려 말하지 말고 솔직하게 말해요.

호빵 님의 힘든 마음이 절절하게 느껴집니다. 연애를 1년이나 했다면, 여자 친구가 가족보다 가깝고 친밀하게 느껴지겠죠? 그런 소중한 여자 친구가 연락을 바로 바로 안 해 줘서 속상할 것 같아요.

연락이 안 되는 경우가 잦아진다면? 그녀의 마음이 식어서 나를 버릴지 모른다는 불안감이 드는 건 당연해요.

사랑의 다른 이름은 '불안'이에요. 좋아하는 마음이 클수록 '아, 행복해. 그런데 이 행복이 언제까지 지속될까?' 하는 불안한 마음이 드는 게 인간의 본능 중 하나랍니다.

하지만 호빵 님! 자신감을 가져도 될 것 같아요. 1년이나 좋아하는 사람과 관계를 유지해 온 건 호빵 님이 그만큼 세심하게 관계 유지를 위해 노력할 수 있는 사람이라는 증거예요.

상대방의 행동이 예전과 달라진 것 같다면, 혼자 끙끙대며 앓지 마세요. 혼자서 머릿속에 최악의 시나리오 100가지를 써 놓고 불안에 떨지 말아요. "야, 얘 요즘 이상하지? 마음 변한 거 맞지?"라고 친구들에게 물어보지 마세요. 걔

들이 그걸 어떻게 알겠어요? 상대의 마음을 지레 짐작하지 말고, 상대에게 솔직하게 물어봐야 해요.

호빵 님이 여자 친구에게 "잘하자."라고 어금니 꽉 깨물고 말했다고 했는데, 이건 좋은 소통이 아니에요. 돌려서 얘기하면 아무도 못 알아들어요. 여자 친구 입장에서는 도대체 뭘 잘해야 하는지 모르는 거예요. 솔직하고 구체적으로 소통해야 해요.

"네가 요즘 연락이 뜸해서 나 불안하고 섭섭해. 무슨 일 있는 거야?"라고요.

호빵 님의 경우에는 이미 질문 자체에 답이 나와 있어요. 호빵 님은 수시를 준비해서 입시가 어느 정도 끝났고, 여자 친구는 정시를 준비해야 해서 바쁜 상황인 거죠. 그러니 호빵 님. 혼자서 섭섭해하지 말고 그녀에게 물어보세요.

그녀의 대답이 "내가 입시 때문에 불안해서 그랬어. 맨날 휴대폰 엎어 놓고 할 일 하잖아. 몇 시간 만에 휴대폰 볼 때마다 연락할게."라고 한다면 믿어야 해요. 1년이라는 시간이 준 믿음이 있을 거예요.

결국 호빵 님은 용기를 내서 마음을 고백했어요. 여자 친구는 깜짝 놀랐어요. 정말로 입시 때문에 마음의 여유가 없는 거지, 호빵 님을 피하는 게 아니라고 말해 주었어요. 호빵 님의 얼굴이 어찌나 평화로워 보이던지요.

이제 호빵 님은 좋아하는 여자 친구를 위해 배려라는 선물을 줄 차례겠지요. 당장 여자 친구가 보고 싶은 마음을 조금 참고, 그녀가 자기 일에 더 집중할 수 있게 기다려 주고 응원해 주세요. 그렇다면 호빵 님의 연애는 앞으로도 맑음!!

3) 연애 말기 유지법: 초심을 기대하지 말고, 바랄 것만 바라야 해요.

유난히 잘 지내던 커플이 파국을 맞을 때가 있어요. 이별의 원인 1위가 뭘까요? 한 사람이 바람을 피웠거나, 갑자기 군 입대를 하거나, 이민을 가거나, 범죄를 저질렀거나, 강제 전학을 간 것이 아니었어요. 바로 딱 이 네 글자의 저주에 걸리면 헤어지더라고요.

"변했다, 너."

상대가 변해서 관계가 예전 같지 않고 소원해지면 그걸 권태기라고 불러요. 처음 사귈 때 마음은 어땠나요? 연락 올까 봐 방수팩에 넣은 휴대폰을 들고 샤워하러 가고, 밤새 통화하다가 배터리가 방전되고, 서로 5분이라도 보기 위해 1시간도 마다 않고 달려가고…….

연애 초기는 정상적인 상태가 아니에요. 상대의 마음을 얻기 위해 온몸이 전투태세를 갖추어요. 심장은 빠르게 뛰고 손에서는 땀이 나요. 온 정신은 상대에게 쏠려 있어서 상대가 원하는 건 뭐든지 해 줘요. 아프다면 약 봉투를 들고 먼 거리도 달려가요. 낭랑 18세 님처럼 밤을 새서 통화를 해도 힘들지 않아요. 매일 모닝콜 수발을 들어도 피곤하지 않고요. 친구들 좀 안 만나도 살 수 있어요.

낭랑 18세 님도 이걸 정상적인 연애라고 생각한 거예요. 많은 커플들이 연애 기간 내내 초심을 기대해요. 그러다가 상대가 통화하다 졸기라도 하면 버럭 소리를 지르죠.

"변했다, 너! 어떻게 나랑 통화하다 잘 수가 있어? 예전에는 안 그랬잖아!"

저는 그게 상대가 변한 것이 아니라고 생각해요. 몇 달이 흘렀는데도 계속 그렇게 산다면요? 그 사람 죽어요! 연애하다 죽으면 안 되잖아요. 상대가 내 마음을 얻기 위해 최선을 다했다면 이제는 살려 줘야 합니다. 친구들을 만나서 즐겁게 게임도 하고, 밤에는 잠도 재워 줘야 합니다. 남자 친구도 고작 열여덟 살에 불과해요. 그렇게 지금까지 해 준 게 대단한 거예요.

남자 친구도 자기 할 일을 해야죠. 공부도 하고 숙제도 하고, 취업을 준비하는 전문계고 학생이라면 자격증도 따야죠. 24시간을 지구를 맴도는 달처럼 나만 맴돌게 할 수는 없어요.

사랑을 오래 유지하려면 상대와 적당한 거리가 필요해요. 찰흙 두 개가 엉켜 붙듯이 모든 일상이 엉켜 붙으면 둘 다 힘들어지죠. 그러다 보면 상대에게 집착하게 되고, 상대를 통제하고 싶고, 조종하고 싶어져요. 상대가 나랑 다른 사람이라는 사실을 잊게 되지요. 상대에게 점점 비현실적인 기대를 하게 됩니다. 나중에는 말하지 않아도 알아서 잘해 주기를 바라게 됩니다. 이건 거의 상대방에게 신이 되라고 말하는 거예요.

상대가 처음처럼 잘해 주는 것 같지 않거나 알아서 잘해 주지 않으면, 상대의 사랑 자체를 의심하며 몰아붙이게 됩니다. 상대에게 짜증이 늘고 불만이 늘었다는 건, 그만큼 상대에게 의존하고 큰 기대를 하고 있다는 거예요. 기대가 크면 섭섭함이 커집니다.

흔히 사랑에 빠진 사람들의 뇌는 감정 영역이 아니라 동기 유발 중추가 활성화된대요. '이 사람과 함께 머물고 싶다'라는 동기 영역이기 때문에 함께 머물게 되면 안정을 찾아가는 거예요. 이걸 변했다고 몰아세우면 안 됩니다. 여전히 그 사람은 당신을 사랑하고 있어요.

친구도 못 만나게 하고, 자기 일도 못 하게 하는 건 신생아들이 하는 행동이랍니다. 갓난아기들은 24시간 자기에게만 집중해 달라며 조금만 불편해도 울면서 욕구를 표현하죠. 엄마들은 아무리 자기 자식을 사랑해도 계속되는 육아에 지쳐요. 엄마들도 육아하면서 우울증에 걸리는데, 고작 열여덟 살인 남자 친구가 여자 친구의 비현실적인 기대에 부응할 수 있을까요?

상대가 친구를 만날 때는 존중해 주고, 나도 느긋하게 내 할 일 하면 돼요. 상대가 자기 공부나 일에 몰두할 때는 그 친구도 성장할 수 있게 차분히 기다려 줘요.

상대가 왜 낭랑 18세 님에게 그렇게 잘해 주었겠어요? 좋아하니까 그런 거예요. 그렇게 용기 내어 표현해 주었기 때문에 그 사람의 진심을 알았고 연인이 될 수 있었던 거예요. 계속 그 강도로 표현해 주지 않아도 속상해하지 말아요. '나는 이 사람에게 사랑받고 있다'는 자신감을 가지고 안달복달하지 않아도 돼요.

중요한 건 상대에게 초심을 지키라고 윽박지를 게 아니라, 둘 사이의 건강한 거리를 내가 지켜 주는 거예요. 쓸데없는 의심과 변했다는 오해를 푸는 방법은 이것입니다.

바랄 수 없는 건 바라지 말고, 바랄 수 있는 건 솔직하게 이야기해야 합니다. 상대와 건강한 거리를 두어야 합니다.

진짜 괜찮은 그 사람과 오래오래 사랑할 수 있는 방법입니다.

추천 메뉴

냉정과 열정을 조화롭게 해 주는 아포카토

차가운 아이스크림에 뜨거운 커피를 부어 먹는 아포카토입니다. 연인과 함께 있을 때는 뜨겁고, 홀로 있을 때는 차가워도 괜찮게 해 줘요. 상대와 건강한 거리 두기를 가능하게 해 줍니다. 상대의 일상을 존중하는 마음으로 상대에게 지나치게 의존하지 않도록 해 줍니다. 냉정과 열정을 조화롭게 지키며 오래오래 사랑할 수 있게 도와줍니다.

카페지기의 힐링 레시피

좋아하는 사람과 오래 사귀는 연애 시기별 방법

- 연애 초기: 상대가 원하는 것이 무엇인지 소통하고 적정선에서 함께 노력해요.
- 연애 중기: 원하는 것을 돌려 말하지 말고 솔직하게 말해요.
- 연애 말기: 초심을 기대하지 말고, 바랄 것만 바라야 해요.

결론은? 바랄 수 없는 건 바라지 말고, 바랄 수 있는 건 솔직하게 얘기해요. 그럼 오래오래 사랑할 수 있어요.

바랄 수 없는 건 바라지 말고,
바랄 수 있는 건 솔직하게 이야기해야 합니다.
상대와 건강한 거리를 두어야 합니다.

사랑 05

이젠 그녀, 그를
떠나보내야 할까요?

이별은 더 좋은 인연을
만나기 위한
또 다른 시작입니다.

ID 새우 알러지

남친과 헤어져야 할까요?

친구 소개로 2년 간 만난 남자 친구가 있습니다. 남자 친구를 사귀고 싶어서 '그래, 한번 만나 보자.'라는 생각으로 만나기 시작했어요. 그런데 시간이 갈수록 제가 상처받아요. 남자 친구는 자기주장만 내세웁니다. 말하는 스타일 때문에 상처를 받아요. 제 기분은 생각하지도 않고 자기가 좋으면 다 좋은 거라고 생각해요. 한번은 서운한 점을 이야기하니까, 자기가 오히려 더 참아 주는 게 많다고 화를 내더라고요. 예를 들자면, 저는 새우를 안 좋아하는데 만나면 물어보지도 않고 새우 들어간 음식만 먹으러 가는 게 섭섭하다고 말했죠. 그랬더니 저를 고작 새우 때문에 화난 속 좁은 여자로 만들어 버리더라고요.

현재는 제가 그 사람을 많이 좋아하지는 않는데, 가족처럼 정이 들어 버렸어요. 주말에 안 보거나 연락을 안 하면 허전한 느낌이 들어요. 그래도 그만 헤어져야 할까요? 첫사랑이라 고민되고, 더 좋은 사람을 만난다는 보장도 없어서 고민입니다.

ID 샤이가이

첫사랑 그녀와 헤어져야 할까요?

저는 고등학교에 와서 운 좋게도 저희 반에서 가장 인기 있는 여자애랑 사귀게 되었습니다. 그 애가 제 고백을 받아 줬을 때는 세상을 다 가진 기분이었어요. 그런데 사귀고 나서가 문제예요. 제가 다른 여자애랑 이야기하면 이런 식으로, 그 애가 자꾸만 비꼬아요.

"아까 그 여자애랑 이야기해서 좋았어?"

벌써 몇 번째인지 모르겠어요. 다른 여자애랑 이야기할 때뿐만이 아니에요. 그 애 말투가 뭔가 시비를 거는 것 같아요. 그때마다 전 어떻게 반응해야 할지 모르겠어요. 주말에 밖에서 단둘이 만났는데, 너무 어색하고 제가 주도해야 하는 상황이 불편해요. 이 여자애랑 있으면 몸이 그냥 얼어붙는 것 같아요. 저 어떡해야 할까요?

이별도 용기가 필요합니다.

이별의 상황을 마주하는 건 쉽지 않아요. 물건을 사고는 맘에 안 들어 반품할 때가 있어요. 그때도 직원 얼굴을 보고 환불하기는 참 힘들어요. 그런데 사람과의 관계를 반품할 때가 온다면요? 그것도 짧든 길든 연인이라는 밀도 높은 관계를 유지하다가 정리해야겠다는 마음이 들면 난감한 게 당연해요.

이별을 결심하는 건 누구에게나 참 힘든 일이에요. 이별을 한다는 건 그 사람과 함께하던 일상이 깨지는 일입니다. 그 사람과 함께하던 시간에도 공백이 생기겠죠. 함께 가던 놀이터나 카페, 영화관을 지나갈 때마다 추억이 아프게 날 찌르기도 할 거예요. 주변 사람들이 그 사람의 안부를 물을 때도 있겠죠. 한 사람이 내 인생에 들어왔다 나가는 건 내 삶에 큰 파장을 주는 일입니다.

하지만 꼭 이별해야 할 때가 있어요. 어떤 때 이별을 해야 할까요?

자존감 낮은 연애를 하고 있다면 이별이 답입니다. 당신은 자존감 높은 연애를 하고 있나요, 아니면 자존감 낮은 연애를 하고 있나요? 이 둘을 구분하는 방법은 아주 간단합니다. 서로가 서로를 정말 좋아하고 있나요? 두 사람의 관계는 평등한가요? 만나고 나면 내 감정에 대한 공감과 위로를 받고 내가 괜찮은 사람이라는 생각이 드나요? 이 세 가지가 충족된다면 당신은 자존감 높은 연애를 하고 있는 겁니다.

그게 아니라면 자존감 낮은 연애를 하는 것이지요. 자존감 낮은 관계의 특징은 이렇습니다. 딱히 내가 좋아하는 사람은 아니지만 날 좋다고 하니까 만나는 관계거나, 내가 좋아하지만 상대는 날 시큰둥하게 여기는 관계입니다. 둘 중 한 명이 권력을 잡고 한 명이 일방적으로 다른 한 명에게 맞춰 주게 됩니다.

그 사람을 만나고 나면 불쾌한 감정이 들어도 헤어지게 될까 봐 꾹 참습니다. 이 관계에서 드는 유일한 긍정적인 생각은 '난 혼자가 아니야.'라는 것뿐입니다. 이게 자존감 낮은 연애의 특징입니다.

새우 알러지 님은 지금 자존감 낮은 연애를 하고 있는 것 같아요. 상대를 진짜로 좋아해서 만나는 것이 아니라 단순히 누군가 옆에 필요해서 그 사람을 만나는 것처럼 보여요. 자신의 가치를 알아주는 사람이 아닌, 나를 만나 주는 사람이라서 상대의 단점을 감수하고 만나는 거예요.

새우 알러지 님은 남자 친구와 대등한 관계도 아닌 것 같아요. 함께 먹는 음식도 싫은 걸 싫다고 말하지 못하고 있잖아요. 자기한테 상처 주는 말을 해도 꾹 참고 있고요. 새우 알러지 님은 '더 좋은 사람을 만난다는 보장이 없어서' 이 사람과 만나고 있어요. 상대는 이런 심리를 간파하고 새우 알러지 님의 감정과 취향을 배려하지 않고 있어요. 자기가 갑인 연애를 하고 있지요. 이 상황에서 새우 알러지 님은 상대를 만나면 만날수록 자신이 작아질 거예요. '난 커플이다'라는 껍데기를 빼면 공허한 마음만 남겠죠.

결론부터 이야기하자면, 헤어져도 됩니다. 당신의 소중한 시간을 당신을 진정으로 아껴 주고 행복하게 해 줄 누군가를 위해 비워 놓아야 해요. 첫사랑이라는 이유 때문에 나와 맞지 않는 사람을 꾸역꾸역 만날 필요는 없답니다. 익숙한 편안함을 박차고 나오는 것도 용기입니다. 새우 알러지 님은 배려심 깊고 자기 이야기에 귀 기울여 주는 연인을 만나고 싶어 하는 것 같아요. 현재 만나는 남자 친구와는 안 맞는 거예요. 새우 알러지 님, 진정으로 당신을 아껴 주는 사람을 만나서 애정과 존중을 받으며 살 자격, 충분히 있어요.

우리는 나와 잘 맞지 않는 상대와의 이별을 통해 진정한 사랑을 찾아 나설 용기와 기회를 얻을 수 있습니다.

혹시 지금 당신을 아프게 하고 있는 연인이 있나요? 말이 안 통해서 답답한가요? 상대가 자기 할 일을 제대로 처리하지 못해 당신을 불안하게 하나요? 그 사람이 당신을 부당하게 대하고 있지는 않나요? 상대가 당신을 자기의 감정 쓰레기통으로 여기고 있나요? 만나면 자기 얘기만 하나요? 공감을 받지 못하고, 비난만 받고 있나요?

이런 사람과 왜 사귀게 되었는지 자신을 탓할 수도 있어요. 고대 그리스 로마 철학자 에픽테토스는 "인간에게 고통을 주는 것은 일어난 일 그 자체가 아니라, 그 일에 대한 자신의 견해이다."라고 했어요. 그 사람과 사귄 '사건'이 중요한 게 아니에요. 그런 사람을 만나 보았기 때문에 나와 더 잘 맞는 사람이 누군지 알 수 있잖아요. 앞으로의 인생에서 그런 '해석'을 할 수 있게 된 거예요.

샤이가이 님의 경우도 그렇지요. 어느 날, 샤이가이 님은 좋아하는 사람이 생겼습니다. 그 사람이 좋아 보였고, 고백을 했습니다. 그런데 막상 사귀기 시작하니 '어? 이게 아닌데?' 싶은 상황이 펼쳐졌습니다. 그녀와 있으면 힘이 드는 것이지요. 샤이가이 님은 혼란스러웠습니다. 좋아하는 사람과 사귀게 되는 것까지를 연애라고 생각했지, 그다음은 생각해 보지 못했거든요.

누군가를 만나기 전까지는 그 사람이 어떤 사람인지 알기 힘들어요. 그래서 좋아하는 사람이 생기면 일단 만나 보는 것이 좋아요. 여러 사람과 만나 보면서 사람의 다양한 면을 보게 되지요. 그러면서 자기가 어떤 사람과 어울리는지 알게 돼요. 연애를 하면서 나 자신이 어떤 사람인지 알게 됩니다.

'나는 이런 사람과 있을 때 불편하구나.'

'나는 어떤 대화법을 하는 사람과 있을 때 편하구나.'라는 걸 알게 돼요.

샤이가이 님은 '공격적인 사람, 내가 주도해야 하는 사람'과의 관계에서 부담을 느꼈어요. 아마 샤이가이 님에게는 부드럽고 친절하게 말해 주는 사람, 먼저 다가와 주는 유쾌한 대상이 편하지 않을까요?

실제로 샤이가이 님은 그 여자 친구와 헤어졌어요. 다음해에 자기와 잘 맞는 여자 친구와 연애를 했답니다. 제가 잘 지내냐고 묻자, "여자 친구와 성격이 잘 맞아요."라며 행복해했답니다.

제가 좋아하는 미국 드라마 〈어글리 베티〉에는 이런 대사가 나와요.

"첫사랑은 처음 만든 팬케이크야. 실패하면 던져 버려."

조금 과격한 말이기는 하지만 맞는 말이에요. 태어나 처음 만든 팬케이크가 완벽할 리 없죠. 사랑도 마찬가지예요. 처음 하는 사랑이 완벽할 수 없어요.

처음부터 나와 맞는 상대를 만날 수는 없어요. 지금 만나고 있는 그 사람이 나와 맞지 않는다고 자괴감에 시달릴 필요는 없어요. 어설프고 서툰 관계를 통해 진짜 내가 어떤 사람인지, 내가 원하는 사람은 어떤 사람인지 알아 가면 된답니다.

그러니 지금 만나는 이 사람이 아니다 싶으면 과감하게 이별해야 합니다. 이별을 통해 사랑을 배워 나가면 됩니다.

언젠가 '그때 이별한 게 축복이었다'고 생각할 순간이 올 거예요.

그럼 어떻게 이별을 해야 할까요? 사랑도 상대를 먼저 생각해 주어야 하듯, 이별도 상대를 먼저 생각해 주어야 합니다. 헤어지는 이유가 무엇이건 간

에, 상대와 한때 뜨거운 마음으로 사귀었고 자신의 소중한 시간과 추억을 공유했잖아요.

먼저 직접 만나서 이야기하는 게 예의입니다. 그리고 헤어지는 이유를 말해 주세요. 그래야 그 사람도 고칠 점은 고치고 성장해서 다음 사람을 만날 수 있어요. 물론 폭력적인 성향을 가진 상대라면 조심할 필요는 있지요.

최악의 이별 방법은 잠수입니다. 가끔 이별하자고 말하는 게 너무 미안해서 피해 버리는 사람들이 있어요. 이게 상대에게 더 큰 상처를 주는 행동이에요. 상대가 아무리 연락을 해도 안 받고 답도 주지 않아요. 저도 한번 당해 봐서 아는데 진짜 최악입니다. 상대방은 이별 때문에 힘든 게 아니라, 잠수라는 상황 때문에 힘들어 합니다.

또 다른 최악의 이별 방법은 SNS 이별 통보입니다. 그동안 함께 보낸 시간이 있잖아요. SNS로 '헤어져!' 하고 통보하지 않았으면 해요. 상대가 왜 그러냐고 말을 걸면 심지어 차단하는 경우도 있어요. 그건 그동안 함께 보낸 시간과 상대에 대한 도리가 아니에요.

정 만나기 힘들면 진심을 담아서 편지를 쓰는 건 어떨까요? 저는 예전에 헤어져야 하는 이유를 편지에 담기도 했어요. 얼굴을 마주 보면 조리 있게 말하지 못할 것 같아 생각을 담담하게 적어서 보냈어요. 상대에 대한 인신공격은 하지 않았어요. 당신이 나쁜 사람이어서가 아니라 나와 맞지 않는 점이 많은 것 같다고 솔직하게 썼어요. 앞으로도 건강하게 잘 지내라고 따뜻한 이야기도 전해 주었어요. 상대방도 편지를 받고 납득을 하더라고요.

반대로 이별을 통보 받는다면, 상대 의견을 존중해 주세요. 상대가 마음이 떠났다는 걸 알면서도 계속 붙잡는 것은 진상이에요. 이별 후, 새벽 2시에 감성 터지는 메시지를 보내지 말기로 해요. 친구들에게 상대를 비난하는 말을 하며 인신공격을 하거나, 이상한 소문을 퍼뜨리지 않기로 해요. 상대가 자기를 버렸다는 이유로 데이트 폭력을 가하지 않기로 해요.

상대의 마음을 되돌릴 수 없다면 그냥 보내 주세요. 그게 한때 사랑했던 사람에게 해 줄 수 있는 마지막 배려예요. 그럼 먼 훗날, 그 사람과의 추억을 떠올릴 때 선물처럼 예쁜 기억이었노라고 생각할 수 있을 거예요.

저는 여러분이 좋아하는 사람들을 많이 만나 보고 아파해 보고 이별도 겪어 가며 진짜 내가 행복해질 수 있는 인연을 만나게 되리라 믿어요. 당신의 반쪽도 지금 어딘가에서 이별의 아픔을 이겨내며 성장하고 있을 거예요. 만나면 서로 잘해 주기로 해요.

사랑의 완성은 성숙한 헤어짐입니다.

▶◀ 추천 메뉴

이별로 인해 조각난 마음을 치유해 줄

캐모마일티

캐모마일티는 상처 치유 효능이 있는 차랍니다. 이별 때문에 울어서 뻑뻑해진 눈, 뻐근해진 목울대, 쓰라린 마음을 진정시켜 줍니다. 이별의 과정은 아프지만 꼭 받아들여야 할 이별이라면 조금 덤덤하게 받아들일 수 있게 해 줍니다. 이미 마음을 접은 헤어진 연인에게 외로운 마음에 울면서 연락하는 진상 짓을 못 하게 막아 주는 효과도 있습니다.

✿ 카페지기의 힐링 레시피

이별을 앞둔 그대에게

연애는 상대와 사랑에 빠지는 행위임과 동시에 나를 알아 가는 행위입니다. 연애를 통해 내가 어떤 사람인지, 어떤 사람과 잘 맞는 사람인지 알게 됩니다.
그걸 알려면 용기 내서 좋아하는 사람을 일단 만나 봐야 합니다. 자존감 낮은 연애를 하게 되거나, 막상 만났는데 내가 원하는 관계가 아닐 수 있어요. 그럴 때 정이 들었다고 원치 않는 관계를 이어 나가지는 마세요. 당신은 충분히 더 멋진 사랑을 할 자격이 있으니까요. 그럴 때는 과감하게 이별하세요.
단, 이별을 할 때는 상대에게 마지막 배려를 해 주세요. 만나서 이별의 이유를 말해 주고 잘 지내라고 따뜻하게 이야기해 주세요. 이별을 통보 받는다면 상대의 마음을 존중해 주세요. 이별은 더 좋은 인연을 만나기 위한 또 다른 시작입니다.

"첫사랑은 처음 만든 팬케이크야. 실패하면 던져 버려."
태어나 처음 만든 팬케이크가 완벽할 리 없죠.
사랑도 마찬가지예요. 처음 하는 사랑이 완벽할 수 없어요.

이상한 남자만 만나는 나,
자꾸 차이기만 하는 나!
어른이 되어서도 그러면
어떡하죠?

당신은 존중과 애정을
받기에 충분한 사람이에요.

ID 쌈장

제 연애는 항상 새드 엔딩이에요. 상대가 먼저 연애하자고 해도, 항상 제가 차였어요. 이번 남자 친구는 SNS에 '여자 친구 구함'이라고 써 놓기까지 할 정도로 연애를 하고 싶어 하던 애였어요. 그 애가 저한테 먼저 다가왔단 말이에요. 막상 사귀기 시작하자 제가 그 애한테 집착하게 되고, 제가 더 좋아하게 되었어요.

결국 며칠 전, 또 이별을 통보 받았어요. 제가 집착하는 게 부담스럽대요. 그 애가 아직도 절 조금이라도 좋아하는지 그게 너무 궁금해요. 예전에 한 애는 저를 두고 바람을 피웠고, 다른 두 애는 헤어지자마자 바로 다른 여친을 사귀었어요. 제가 못생겨서 그럴까요? 제가 이상한 걸까요? 어른이 되어서도 그러면 어쩌죠? 아예 연애를 하지 말아야 할까요?

쌈장 님, 일단 격하게 위로해요. 세상에! 몇 번이나 연애를 했는데, 상대가 모두 다 상처만 주고 떠나 버렸군요. 얼마나 상심이 크겠어요?

어느 강연장에서 쌈장 님이 초조한 얼굴로 절 찾아왔죠.

"저는 왜 자꾸 연애에 실패할까요? 제가 못생겨서 그럴까요?"라고 쌈장 님이 물었어요. 아니요. 쌈장 님 외모는 객관적으로 봐도 무척 예뻤어요. 쌈장 님 주변에 구애하는 남학생들이 많았잖아요. 연애에 실패하는 것, 남자 친구들에게 자꾸 차이는 게 외모 탓은 절대 아니라는 거예요.

그럼 뭐가 문제일까요? 제가 들려준 이야기는 이것이었어요.

"혼자 있을 때 괜찮아야, 사랑도 잘할 수 있어요."

그 이야기를 들은 쌈장 님은 충격받은 얼굴이었어요.

연애 상담을 하러 왔는데 혼자 있을 때 괜찮아야 한다니요? 혼자 있을 때 안 괜찮으니까 연애하는 거 아니냐구요? 어쩌면 쌈장 님은 마음을 나누고 사

랑할 대상을 찾은 게 아니라, 의존할 대상을 찾은 것일 수도 있다는 생각이 들었어요.

1) 과도한 의존이 상대를 지치게 해요.

존 볼비라는 정신분석 학자는 '애착 이론'을 발표했는데요. 사람은 어릴 때 가족, 특히 주 양육자와 애착 관계가 잘 형성되어야 성장하면서 사람들을 만날 때 문제가 없다고 했어요. 어떤 이유로 사랑받지 못했다는 마음의 구멍이 커지면 그 마음이 잘 채워지지 않아요. 그걸 메우고 싶어서 나를 사랑해 줄 사람을 찾아 헤맵니다.

쌈장 님이 과거의 연애 경험들이 고통스러웠는데도 불구하고 계속 연애 상황에 빠지는 이유도 여기에 있는 것 같아요. 주 양육자처럼 내 마음의 공허함을 채워 줄, 의존할 대상이 필요한 거죠. 주 양육자가 보이지 않으면 아기들은 분리 불안을 겪어요. 어쩌면 쌈장 님은 분리 불안에 시달리는 아이처럼 남자 친구에게 집착하는 걸 수도 있어요.

쌈장 님은 남자 친구에게 주 양육자처럼 자기를 돌봐 줄 사랑을 요구했던 것 같아요. 상대는 이게 버거운 거예요. 고작 고등학생인 남자 친구가 엄청난 의존성을 보이는 사람에게 부담을 느끼는 건 당연하죠. 남자 친구들은 쌈장 님이 예쁘고 유쾌해서 다가갔어요. 그런데 쌈장 님이 자신에게 삶의 전부를 의지하려고 하니까 부담을 느끼게 되는 거죠.

그럼 누가 사랑받고 싶은 마음, 의존하고 싶은 마음, 외로운 마음을 채워 줘야 할까요? 바로 자기 자신입니다. 자존감 연구의 대가 나다니엘 브랜든은 이렇게 이야기해요.

"이 세상에는 나를 구원해 줄 사람은 없다."고요.

사람들의 내면에는 누구나 상처받은 어린아이가 살고 있다고 해요. 자기가 그 아이를 달래 주고 위로해 주며 살아야 해요. 내가 나를 잘 다독여 주며 살아야 해요.

"그동안 외로웠지? 언니가 위로해 줄게. 그래도 너 참 잘 컸다. 오늘도 참 잘 살았다." 이렇게요.

연인 말고 나랑 속마음을 나눌 친구들도 사귀어 보아요. 내가 좋아하는 일도 찾아서 조금씩 성취감을 누려 봐요. 무슨 일을 할 때 '이건 나를 위해 내가 주는 선물이야.'라는 마음으로 해 보세요. 맛있는 음식을 먹을 때도, 재미있는 영화를 볼 때도, 자전거를 타고 나가며 살랑거리는 바람에 상쾌함을 느낄 때도요. 하다못해 좋은 노래를 들을 때도 내가 나 자신에게 들려준다 생각하고 들어 보세요. 홀로 자신을 잘 돌볼 수 있을 때, 멋진 내면을 가진 사람이 다가올 거예요.

2) 내 마음에는 나를 행동하게 하는 프로그램이 있답니다.

컴퓨터처럼 사람 마음에도 어떤 행동을 해석하는 프로그램이 있어요. 내가 나를 어떻게 생각하는지, 사람들은 나에게 어떤 존재인지, 세상은 어떤 존재인지에 대해서요. 심리학에서는 이를 '내적 작동 모델'이라고 합니다. 아마 쌈장 님도 자신만의 틀이 있을 거예요. 사람들은 그 틀에 따라 행동합니다.

쌈장 님에게 상처를 준 남자 친구들은 분명 잘못했어요. 여자 친구를 두고

바람을 피우고, 다른 여자한테 바로 가 버리고. 연인에게 배신감을 안겨 주는 행동을 했죠. 하지만 그런 일이 몇 번 반복되었다면, 혹시 쌈장 님의 남자 보는 눈이 잘못된 건 아닌지도 생각해 봐야 해요. 왜냐하면 예전의 남자 친구들 모두 쌈장 님을 진정으로 아끼지 않은 정황이 드러나잖아요. 쌈장 님의 존재를 무시한 행동들이죠.

쌈장 님, 스스로 내적 작동 모델을 들여다보세요. '나는 하찮은 존재야.', '사람들은 날 원래 함부로 대해.', '이 세상은 나에게 관심이 없어.'와 같은 마음을 무의식적으로 깔고 있지는 않은지요.

누군가 쌈장 님에게 호감을 가지고 다가올 때 이런 마음은 없었나요? '어머, 나 같은 사람을 사랑해 줄 사람은 이 사람밖에 없을 거야.'라는 마음이요. 누군가 날 좋아해 준다는 사실에 감격해서 그 사람과 사귄 적은 없나요? 상대가 별로 괜찮지 않은 사람인 걸 알면서도 말이에요. 그건 내가 나를 소중히 대하지 않아서 일어난 일이에요.

저도 그런 적이 있어요. 저는 이십 대 초반까지 사랑에 자신감이 없었어요. 짝사랑만 내리 몇 년을 하고, 어장 관리 당하고, 좋아하는 사람에게 돌진했지만 차이고 나니까 자존감이 확 떨어졌어요. 그때 날 좋아해 주는 누군가 나타나자 그냥 좋더라고요. 그래서 '나도 이 사람 정도면 괜찮아.' 하고 자신을 속였어요. 내 이상형과는 동떨어진 사람과 사귄 적도 있어요. 자존감이 떨어질 때 나타나는 증상이죠.

사실 자존감은 누가 날 좋아해 주면 올라가고, 안 좋아하면 내려가는 감정이 아니에요. 누가 날 좋아하든 싫어하든, 내가 나 자신을 좋아하면 자존감 있게 살 수 있어요. 다른 사람의 인정과 사랑에 유난히 목숨 거는 사람들이 있다면, 이 말들을 기억해야 합니다.

"누군가의 사랑을 받아야만 내가 귀한 존재는 아니다."

"나는 있는 그대로의 나를 귀하게 여길 수 있는 존재다!"

이렇게 내 마음속 나를 행동하게 하는 프로그램을 바꾸어야 합니다.

3) 똑같은 일이 일어나는 걸 방지하려면 치열하게 저항해야 합니다.

쌈장 님은 어렴풋이 뭔가 잘못되어 간다는 걸 깨달았어요. 저는 쌈장 님이 '뭔가가 잘못되었다'는 걸 깨달은 것만 해도 큰 성과라고 봐요. 그걸 모르고 평생을 사는 사람들도 많아요. 자신의 행동을 바꾸지 않고 계속 그대로 살면, 물살이 계곡을 만들듯 인생은 한 방향으로 무심하게 흘러가요.

보통 사람들은 과거의 잘못된 행동을 무의식적으로 계속해서 반복하려는 경향을 가지고 있어요. 프로이트는 그걸 '반복 강박'이라고까지 했어요. 사람들은 자꾸 같은 사건이 일어나면 이런 결론을 내리기도 해요.

"아, 이게 내 운명이구나! 나는 이렇게 이상한 남자만 꼬이는 팔자인가 보다. 내가 뭐 얼마나 좋은 사람을 만나겠어?"

한 친구가 예전에 저에게 이렇게 털어놓은 적이 있어요.

"나는 아버지가 폭력을 행사하는 가정에서 자랐다는 열등감이 있어. 다음에 나랑 비슷한 환경인 여자랑 만나서 결혼할 거야. 그래야 상대가 날 무시하지 않을 테니까."

그 친구의 마음에는 열등감이 프로그래밍되어 있었던 거예요. '나는 폭력

가정에서 자란 열등감이 있어. 사람들은 날 무시할 거야.'라는 내적 작동 모델이 그 친구를 지배하는 거죠. 그 친구는 공부도 열심히 해서 좋은 대학을 나왔고, 자기가 하는 예술 분야에서 인정받는 인재였는데도 스스로를 열등감의 감옥에 가두었어요. 괜찮은 여자 친구들을 소개해 주어도 좀처럼 만나 보려고 하지 않았어요.

친구가 그 집에 태어난 게 자기 잘못은 아니잖아요. 그런 아버지 아래에서 자랐어도 훌륭하고 멋지게 성장했죠. 다이아몬드가 진흙탕에 잠시 빠졌다고 해서 다이아몬드가 아닌 게 아니잖아요. 어떤 인생을 살지 자기가 선택할 수 있는데 스스로 거부하는 사람이 많아요.

지금까지와는 다르게 살려면 3단계가 필요합니다. 첫째, 나의 내적 작동 모델이 이렇게 작동하는지 아는 것입니다. 그걸 알아차리는 것 자체가 변화의 시작입니다. 둘째, 그 내적 작동 모델을 끊으려고 노력하는 것입니다. 셋째, 앞으로는 지금까지와는 다르게 살기로 선택하는 것입니다.

저는 살면서 중요한 사실을 깨달았는데요. 내 가정환경이 어떠하든, 어떤 부모를 만났든, 내가 어떻게 살아왔든 자신의 가치를 낮게 봐야 할 이유는 없다는 거예요. 스스로 자신의 내적 작동 모델을 이렇게 바꾸어야 해요.

"나는 스스로 행복해질 수 있다. 나는 충분히 사랑받을 만하다. 나는 더 좋은 사랑, 더 좋은 우정, 더 행복한 삶을 기대할 만하다. 좋은 사람, 좋은 기회가 왔을 때 놓치지 않겠다."

그러니 쌈장 님, 앞으로 남자를 만나지 말아야겠다는 생각은 하지 않아도 됩니다. 사랑은 살면서 누릴 수 있는 가장 큰 기쁨 중 하나잖아요. 지레 겁먹고 사랑 자체를 포기하면 안 돼요. '나는 남자를 만나지 말아야겠다.'라고 다짐하기보다는 '나는 좋은 사람을 보는 눈을 키워야겠다.'라고 생각하는 게 맞아요. 여러 번의 연애로 얻은 상처는 크겠지만, 사람 보는 눈을 키운 값진 경험을 한 거라고 생각해요. 부딪히면서 경험해 나가고 있는 쌈장 님이 용기 있는 거랍니다.

만약 예전 남자 친구들과 비슷한 남자가 접근하면 어떻게 해야 할까요? 이번에는 다를 거라 자신을 속이면서 그 사랑을 덥석 물어야 할까요? 아니면 '아, 내가 전에 만난 남자랑 비슷한 남자하고 또 썸을 타고 있구나.'라고 생각하고 끊어야 할까요? 쌈장 님이 편안해하는 스타일의 남자를 또 만났다가는 다시 비슷한 결과를 맞이하겠지요.

하지만 거절하는 게 생각보다 쉽지는 않을 거예요. 다시 예전처럼 살고 싶은 마음이 들 거예요. 왜냐하면 그게 편하거든요. 편한 게 좋은 거 아니냐고요? 편한 것과 좋은 것은 달라요. 예를 들어, 다리를 꼬고 앉거나 허리를 구부정하게 앉는 것, 엎드리는 것. 이 모든 자세는 편해요. 하지만 몸에 좋은 자세는 아니죠. 내가 내 몸 건강을 생각한다면요? 불편해도 의식적으로 다리를 꼬지 말고, 허리를 쫙 펴고 앉아야 해요. 엎드리지 말고 앉아서 책이나 스마트폰을 봐야 해요.

생각만 해도 불편하죠? 그걸 아는 사람들도 그렇게 앉는 게 불편하니까 이전의 편한 자세를 유지하다가 허리 건강이 나빠집니다.

마음도 그런 것 같아요. 나한테 안 좋은 줄 알지만 편안한 쪽으로, 마음 가는 대로 끌리기 마련이에요. 예를 들어, 폭력을 휘두르는 아버지가 죽도록 싫

었는데, 아버지가 된 자신이 아버지처럼 폭력을 휘두르는 경우가 있어요. 알코올 중독자 아버지가 죽도록 미웠는데 알코올 중독자와 결혼하게 되었다거나 하는 이야기를 들어 본 적 있나요? 왜냐면 사람은 주변 사람 중 누군가를 자신과 동일시하면서 자라는데, 밉든 좋든 주변 사람들의 행동과 감정을 스펀지처럼 흡수하고 그 행동 양식과 감정이 내 일부가 되기 때문이에요. 더 무서운 것은 그 모든 것이 무의식적으로 이루어진다는 사실이에요.

그런 걸 불행의 대물림이라고 해요. 그러니 내 삶에서 가장 좋은 관계를 이루려면 익숙한 선택을 따르기보다는 나에게 좋은 선택을 해야 해요. 내 삶의 문제에 대한 책임을 똑바로 마주 대하는 용기가 있어야 해요. 괴롭지만 내가 내 마음을 잘 살피고 과거로부터 배워야 해요. 무의식적으로 흐르는 마음의 방향을 의식적으로 치열하게 틀어야 해요.

'내가 또 나쁜 관계에 빠지려고 하는구나! 끊어야겠다.'라고 최선을 다해 저항해야 해요.

심리학자들은 한 사람과 깊은 관계를 맺는 애착은 한번 떨어져도 계속 다시 메꾸어 갈 수 있는 탄력성 있는 존재라고 말해요. 내가 나를 잘 돌보고, 내가 멋진 사람이 되었을 때 멋진 사람이 나타날 거예요. 나를 진심으로 위하는 딱 한 명만 나를 인정해 주고 지지해 주고 사랑해 주면 돼요. 그 사람과 애착관계를 형성하면서 감정적으로 풍요롭고 정신적으로 행복한 삶을 살아가면 됩니다.

쌈장 님은 충분히 좋은 삶을 누릴 자격이 있어요. 인생에서 다가올 더 좋은 인연을 기대해 보세요!

▶◀ 추천 메뉴

자신을 사랑할 수 있게 해 주는

장미꽃차

상처받는 연애를 반복하고 있거나 자존감 낮은 연애를 하고 있다면 이 장미꽃차를 드셔 보세요. 당신에게는 더 좋은 삶이 올 것이고, 당신은 더 나은 대우를 받을 자격이 있다는 생각이 들게 해 줄 거예요. 누군가에게 의존하려는 마음을 접게 해 줍니다. 내가 나를 잘 돌볼 수 있게 해 주고 나만의 향기를 발견하게 해 주는 차입니다.

✿ 카페지기의 힐링 레시피

자존감 낮은 연애를 끊는 법

남자 친구, 여자 친구에게 내 존재를 던져서 의존하기보다는 스스로 자신을 돌보는 법을 배워요. 혼자 있어도 괜찮을 때가 사랑하기 딱 좋을 때예요. 당신은 좋은 사랑, 좋은 우정, 좋은 삶을 누릴 자격이 이미 충분해요. 내 마음속의 나를 행동하게 하는 내적 작동 모델을 부정적으로 맞추지 말고, 긍정적으로 맞춰 보세요. 앞으로 사람을 만날 때나 일을 선택할 때 무의식적으로 편한 것에 끌리는 마음에 저항하세요. 내 인생에서 가장 좋은 것을 선택하며 살아요.

남친, 여친과 스킨십해도 될까요?

감당할 수 있는 만큼만 스킨십해요.

ID 라일락

고등학교 입학 후, 저는 첫사랑을 시작했어요. 상대는 저희 반 반장이었어요. 잘생긴 데다가 리더십도 있고 저한테 잘해 주었어요. 단합 대회가 끝나고 저를 집까지 데려다 주었어요. 저희 집이 언덕에 있는데 자기한테 업히라고 할 정도로 박력 있었어요. 저는 평범한데 잘난 남자가 저한테 예쁘다고 해 주니까 설레더라고요. 사귀고 얼마 되지 않아, 데이트를 저희 집에서 하게 되었어요. 저희 아빠가 식당을 해서 밤늦게 들어오시거든요. 요즘은 매일같이 저희 집에서 저녁도 만들어 먹고, 강아지 목욕도 시키고 하니까 정말 결혼한 것 같아요.

그런데 남자 친구가 자꾸만 더 진한 스킨십을 해 오고 있어요. 이제는 섹스를 하자고 합니다. 저를 사랑하고 평생 책임지겠다고 이야기도 해요. 솔직히 좋아하는 사람이니까 싫지는 않지만, 부담도 되고 죄책감도 느껴지고 이래도 되나 싶어요. 진짜 이 남자 친구랑 결혼을 할 수 있을지도 지금은 모르겠어요. 일단은 싫다고 했어요. 근데 계속 거절했다가 그 아이가 저한테 실망하고 떠나면 어떡하죠?

라일락 님, 좋아하는 사람과 스킨십을 하는 건 자연스러운 일이에요. 성교육 전문가 구성애 선생님은 이렇게 이야기해 주셨어요.

"모든 사람은 성적인 존재입니다."

좋아하는 사람과 손만 스치다가 처음으로 손을 잡을 때, 심장이 터질 듯 숨이 막히죠. 첫 키스를 할 때, 입술이 음식만 먹는 구강 기관이 아니라 다른 감각을 느끼게 해 준다는 걸 알게 되지요. 인간은 스킨십하면 황홀함을 느끼도록 진화했어요. 스킨십, 말린다고 안 할 수 없지요. 인간의 본성이니까요.

저는 라일락 님과 이야기하다가 사실 많이 놀랐어요. 고등학생들의 연애

가 이십 대 못지않다는 걸 알게 되었기 때문이죠. 그래서 스킨십에 대한 이야기는 꼭 나누고 싶어요.

1) 절대 피해야 할 연인 4가지 유형

스킨십에서 가장 중요한 것은 내 몸과 마음의 주인은 나라는 사실이에요.

스킨십에 앞서 중요한 질문을 스스로에게 던져 보세요. 아주 중요한 질문입니다. 상대는 나를 존중하는 사람인가요? 상대는 내 몸과 마음의 주인이 나라는 사실을 받아들이고 있는 사람인가요?

요즘은 데이트 폭력 사건이 심심찮게 일어납니다. 또 전 연인이나 이혼한 전 배우자를 끝까지 찾아내어 살해하는 일도 가끔 일어납니다. 범인들의 가장 큰 특징은 상대의 몸과 마음의 주인이 상대 그 자신임을 인정하지 않는다는 것이죠. 아래 네 가지 유형의 사람들은 상대를 통해 자신의 욕망을 채울 수 없다면 상대를 파괴할 수도 있습니다.

혹시 상대가 다음 네 가지 유형에 해당하는 연인인가요? 그렇다면 그 사람과 헤어지고 꼭 멀리 거리를 두세요.

1. **집착이 심한 유형:** 만난 지 얼마 되지 않아 깊은 감정을 표현하고 과감한 스킨십을 시도합니다. 빨리 섹스를 해서 상대와 하나가 되기를 원합니다. 버림받는 것에 대한 두려움 때문에 상대에게 과도하게 집착합니다. 그 때문에 상대가 헤어지자고 하면 자살이나 자해 시도를 합니다.
2. **자기중심적인 유형:** 자기 스스로를 대단한 존재로 생각합니다. 상대가 자기

에게 끊임없이 찬사를 보내 주기를 원합니다. 공감 능력이 현저히 떨어집니다. 상대가 자신의 의견을 내는 것을 무시하고, 상대를 감정적으로 조종합니다. 상대를 여러 면에서 착취합니다.

3. **의심이 심한 유형:** 근거 없이 자신만의 논리로 자기 생각만 맞다고 주장합니다. 의처증, 의부증이 있어 상대의 정조를 이유 없이 의심하고 괴롭힙니다.
4. **사이코패스 유형:** 모든 행동을 자기 멋대로 합니다. 스킨십에 있어서도 자기 욕구를 채우는 데만 급급합니다. 상대의 고통에는 신경 쓰지 않습니다. 양심의 가책도 없고, 자기 잘못을 반성하지 않습니다.

이런 사람들에 대한 대처법은 단 하나입니다. 피하세요! 달아나세요!

2) 스킨십은 책임질 수 있는 만큼만 해야 해요.

상대가 위 네 가지 유형인 사람이 아니고 평범한 사람인가요? 그렇더라도 '사랑하니까 섹스할 수 있다.'는 생각은 훨씬 복잡하게 접근해야 해요. 스킨십을 하면서 짜릿하고 좋은 감정만 느끼기는 힘들어요. '이래도 되나?'하는 불안함과 죄책감도 뒤따르고요. 생리를 시작한 여자의 경우에는 누구나 임신의 공포에서 벗어나지 못하죠. '에이, 설마 한 번 잔다고 임신하겠어?'라는 생각이 들 수도 있지만, 실제로 그런 일이 벌어지기 때문이에요. 생리를 시작한 여자가 피임하지 않는다면 누구나 단 한 번의 성관계로도 임신을 할 수 있어요. 남자들도 마음의 짐이 가볍지 않아요. 둘이 한 행동 때문에 한 생명이 생기는 일

에는 막중한 책임이 뒤따릅니다. 이런 일이 생겼을 때 함께 책임을 지는 건 당연해요.

성과 스킨십이 중요한 이유는 사랑하는 사람끼리 나누는 행위인 동시에 소중한 생명이 생길 수도 있기 때문이에요.

요즘 학교에서는 성교육을 강조합니다. 우리 학교만 해도 기술 가정 시간에 성교육을 했습니다. 십 대의 임신에 관한 소설을 읽은 후, 남녀를 무작위로 선정했어요. 여학생이 휴대폰으로 남학생에게 전화를 하는 설정입니다. 상황극이라는 설정을 알면서도 연기하는 학생들과 그걸 보는 반 친구들은 바로 몰입해요.

"나야. 나 임신했어."

"헉? 뭐?"

그러다 남학생이 이렇게 말합니다.

"그래? 그럼 낳자!"

그러면 애들이 혀를 끌끌 차면서 참견해요.

"야, 열일곱 살이 어떻게 애를 낳아? 너 뇌가 있냐?"

"그러면 어떡해? 내 애인데 낳아야지."

"그럼 학교는? 돈은 누가 벌고?"

자기들끼리 격렬하게 토론을 벌여요.

남학생이 "지우자."고 말하는 경우도 있어요.

그럼 또 애들이 "저런 쓰레기를 봤나."라고 욕을 해요. 남학생은 진짜 자기가 애 아빠라도 된 것처럼 얼굴이 빨개져요.

"그럼 어떡해? 애를 누가 보냐고? 니들이 키울 거야?"

그러면서 아이들은 어떻게 하면 임신을 안 할 수 있는지 생각해 봅니다. 바로 그때, 바나나에 콘돔을 씌우는 실습을 합니다. 그럼 남녀 모두 진지하게 실습에 임합니다.

콘돔 실습 후에는 임산부 체험 도구를 가지고 와서 남녀 모두 임산부 체험을 하기도 해요. 남학생들은 임산부 체험을 하면서 "임신을 한 몸이 이렇게 힘든 줄 몰랐다."며 놀라기도 하지요. 신생아 크기의 인형을 가지고 아이 돌보는 실습도 해요.

하지만 이런 실습을 해 보는 것과 실전은 달라요. 100퍼센트 피임을 하기는 힘들기 때문이에요. 왜냐하면 성관계 순간은 '어쩌다 보니' 덜컥 다가올 때가 많거든요. 성관계를 하게 된 순간, 콘돔이 준비되지 않은 경우가 많잖아요. 십 대 입장에서는 콘돔을 구하는 것도 어려운 데다가 사용법도 모르고, 제대로 사용한 건지 아닌지도 모르지요.

또 만약 내가 콘돔을 쓰자고 한다면요? 상대가 날 성관계에 능숙한 아이로 볼까 봐 무섭지요. 또 콘돔을 쓴다고 해도 완벽하게 피임이 되지 않을 수도 있어요. 성병도 두렵죠. 게다가 일단 성관계까지 간다면, 그 이후 이 상대와 계속 관계를 유지할 수 있을지 불안해집니다.

단순히 "나는 너와 사랑하니까 섹스할 수 있어."라고 말하기에는 너무나 복잡한 심리가 끼어드는 것이지요. 실제로 임신으로까지 이어질 수 있으니, 성관계는 한순간의 감정으로 치를 수 있는 일이 아니에요.

저는 여중생이 임신한 경우도 두 번이나 본 적이 있어요. 한 명은 임신 중절

수술을 하고 다른 학교로 전학을 갔어요. 다른 한 명은 학교를 그만두고 미혼모 시설에서 아이를 낳고 입양을 보냈어요. 그 아이를 다른 교사가 만나고 왔는데 열다섯 살짜리 아이가 이렇게 말하며 씁쓸하게 웃었다고 해요.

"원래 아이 낳고 안아 주면 안 되거든요. 아이한테 정 들면 입양 보내기 힘들다고요. 근데 전 아이를 3일 간 안아 주었어요. 그래야 할 것 같아서요. 그리고 입양 보냈거든요. 근데 고작 3일 안아 주었다고 지금도 비만 오면 손목이 시큰거려요."

그저 좋아하는 남자 친구랑 사귀면서 '설마' 하는 마음으로 한 행동이 인생을 바꿀 수 있어요. 이런 일은 누구에게나 일어날 수 있어요.

또한, 너무 어린 나이에 성관계를 하게 되면 혹시라도 그 사람과 헤어지게 되었을 때가 문제예요. 십 대 때는 삶이 변하기 쉬워요. 대학을 다른 지역으로 갈 수 있고, 둘 중 누군가가 먼저 취업할 수도 있어요. 그렇게 헤어지게 되면 깊은 관계까지 맺은 대상에게 자신이 한순간 스쳐 지나가는 존재가 되었다는 사실에 큰 충격을 받기도 해요.

『사춘기 악마들』을 쓴 심리상담가 케빈 리먼은 십 대의 성관계에 대해 보수적인 제안을 합니다. 옷은 꼭 입고 있으라고요. 소중한 것은 의사 외에는 보여 주지 말라고 하죠. 섹스는 기쁜 것이지만 기다릴 필요도 있다고요.

저는 스킨십을 어디까지 할지 상대와 솔직하게 대화해 보는 게 필요하다고 생각해요. 내가 책임질 수 있는 만큼만 스킨십을 해야 합니다.

3) 연인과 스킨십하는 것은 내가 정합니다.

앞에서 말했듯 내 몸의 주인은 나이기에, 상대가 아무리 스킨십을 원해도 내가 부담스럽고 감당이 안 되면 절대 응하지 말아야 합니다.

라일락 님은 남자 친구와의 성관계를 두려워하고 있어요. 하지만 남자 친구의 요구에 응하지 않으면 그가 화내거나 실망할까 봐 걱정하고 있어요. 자신을 떠날까 봐 두려워하기도 하고요.

남자 친구가 이렇게 이야기할 수 있어요.

"사랑하니까 할 수 있는 거 아니야?"

그럼 라일락 님은 남자 친구의 기분을 고려하지 말고, 자기 생각을 이야기해야 해요.

"난 하기 싫어. 내가 하고 싶을 때가 되면 이야기할게."

왜 싫으냐고 물으면 솔직하게 이야기하세요. 아직은 부담스럽고 죄책감도 들고, 임신과 성병에 대한 걱정도 된다고요.

만약 남자 친구가 계속 요구한다면요? 라일락 님이 단호하게 몇 차례나 거부해도 남자 친구가 존중하지 않는다면 그건 사랑이 아닐 가능성이 커요. 라일락 님을 한 사람의 인격체가 아닌 자신의 욕구를 풀기 위한 대상으로 보는 거죠. 나의 소중한 몸과 미래가 상대의 욕구에 희생당한다고 생각된다면 응하지 않는 게 맞아요.

대학 시절, 친구 커플이 이 문제로 싸우고 헤어지는 걸 본 적이 있습니다. 저는 이 사항이 충분히 이별의 원인이 될 수 있다고 생각해요. 상대가 원하지 않는데 일방적으로 요구하고 조르는 건 상대를 존중할 뜻이 전혀 없는 것이니

까요. 그건 꼭 스킨십만의 문제는 아니겠지요.

만약 라일락 님도 기꺼이 응하고 싶고, 후회하지 않을 자신이 있고, 어떤 일이든 책임질 준비가 되었다면요? 그 또한 솔직하게 이야기하면 됩니다. 서로 마음의 준비가 되어 있을 때만 스킨십을 해야 합니다.

4) 오직 사랑만이 전제 조건이 되어야 해요.

라일락 님은 남자 친구를 사랑해요. 그래서 성관계에 대해 신중하게 생각하잖아요. 그런데 사랑하지도 않는데 성적인 요구를 받는 경우도 있어요. 민애는 중학교 2학년인데, 조용한 성격으로 학교에서 별 친구가 없이 지내는 아이였어요. 어느 날, 학교에서 영향력 있는 남학생이 페이스북 메시지로 신체 일부 사진을 보내라고 한 거예요. 민애는 정말로 이걸 보내야 하나 말아야 하나 고민을 했어요. 그걸 보내면 상대 남자애가 자기를 좋아할 것 같다는 생각이 들어서 말이에요.

또 요즘은 오픈 채팅으로 이런 일이 많이 일어나요. 여자 초등학생, 중학생들을 대상으로 낯선 사람들이 "예쁘다."고 칭찬해 줘요. 관심받고 싶고 사랑받고 싶은 학생들이 그렇게 대화를 이어 나가요. 그 사람들이 자기 사진을 보내 줄 테니 여학생들의 몸 사진도 보내 달라고 해요. 그걸 빌미로 부모에게 인터넷에 사진을 유포시킨다고 협박해 돈을 뜯어내기도 합니다.

이런 수법이 계속 통하는 이유는 어린 청소년들은 나쁜 또래나 어른들의 행동을 관심과 사랑으로 착각하기 때문이에요. 민애에게 메시지를 보낸 남자애의 요구는 절대 사랑을 바탕으로 한 행동이 아니에요. 단지 자기 호기심을 채우기 위해 상대에게 접근한 거죠. 나를 사랑하는 사람은 절대 남부끄러운 행동을 나에게 시키지 않아요. 내 몸은 나를 아끼지 않는 사람의 호기심, 욕구를 충족시켜 주는 도구가 아닙니다. 이런 일이 생기면 즉시 주위 어른에게 알리고 신고해야 해요.

⧓ 추천 메뉴

음란 마귀 폭주 본능을 제어해 줄
아이스티

음란 마귀가 스멀스멀 올라올 때 마셔 주세요. 폭주하는 본능을 잠재워 줍니다. 단, 테이크 아웃해서 아무도 없는 빈 집에서 마시면 효과가 없어요.

✿ 카페지기의 힐링 레시피

스킨십을 지혜롭게 하는 법

우리 몸과 성은 아주 중요하고 소중한 것이에요. '사랑하니까 섹스할 수 있다'는 생각은 단순하고 무책임한 생각입니다. 십 대에 섹스를 하면 준비되지 않은 임신을 할 수 있고, 성병에 노출될 수도 있고, 평생 함께할 관계가 안 될 경우 마음에 큰 상처를 받기도 쉽기 때문입니다.

가장 중요한 원칙은 내 몸의 주인은 나라는 생각입니다. 상대가 떠날까 봐 응하지 말고, 내가 책임질 수 있는 만큼만 하면 됩니다. 내 몸은 나를 아끼지 않는 사람의 호기심, 욕구 충족의 도구가 아닙니다. 나를 정말 사랑하고 아끼는 소중한 사람하고만 나눠요.

스킨십에 앞서 꼭 중요한 질문을 스스로에게 던져 보세요.
상대는 나를 존중하는 사람인가요?
내 몸과 마음의 주인이 나라는 사실을 받아들이는 사람인가요?

Part 5

자아와 가족

못난 나도, 마음에 안 드는 가족도 다 싫어요

내 인생의 주인으로
자신감 있게 사는 법

4D로 못생긴 나,
외모 열등감이
심합니다.

외모는 절대
당신 매력의
전부가 아닙니다.

ID 모아이

고3인 저의 가장 큰 고민은 외모입니다. 저는 키가 매우 작고, 뒤통수가 납작하고, 다리가 짧으며, 하체가 두꺼워요. 4D로 못생겼죠. 총체적 난국, 대략 난감. 제가 거울 볼 때 쓰는 말입니다. 제일 억울한 건 키입니다. 모든 친척 형들은 키가 185가 넘고, 친척 누나들은 170이 넘어요. 저만 아버지를 닮아 160이에요. 성장판은 이미 닫혔고요. 대한민국에서 남자가 160으로 살아야 한다는 게 정말 저주스러워요.

주변에 모델 같고 잘생긴 사람들이 오면 저도 모르게 위축돼요. 사실 꼭 그렇게 잘난 사람들뿐 아니라 친구들과 있을 때도 그런 느낌을 받아요. 원래 소심하던 제가 더 소심해지는 것을 많이 느껴요. 중학교 때는 제 왜소한 외모를 보고 시비를 거는 애들도 적지 않았어요. 그런 경험을 해 왔으니 자존감도 정말 많이 떨어졌죠.

여자애들이 교실에서 얘기하는 걸 보면 꼭 제 욕을 하는 것 같아 불안합니다. 사람을 똑바로 쳐다보면 그 사람이 제 외모를 욕할까 봐 눈도 제대로 맞추지 못해요. 지금 저는 제 외모처럼 쪼그라든 성격을 가진 사람이 된 기분입니다.

모아이 님은 외모 열등감 때문에 대인 관계 기피증 초기 증상까지 나타난 것 같아요. 사람들이 내 외모에 대해 욕할 것 같다는 생각까지 들다니, 외모로 인해 상처받은 마음이 느껴져요. 마음고생이 얼마나 심했을까요.

모아이 님만 그런 건 아니에요. 주변에 외모 때문에 속앓이를 하는 사람들이 많아요. 남들보다 살집 많게 태어난 사람들은 놀림의 대상이 되곤 하죠. 사람들은 아무렇지 않게 뚱뚱한 사람들에게 손가락질해요. 자기 관리를 못 해서 뚱뚱하다고요. 저 역시 물만 먹어도 살찌는 체질(이라 하고 음식을 물처럼 먹지요)이라 다이어트와 요요를 십수 년째 반복하고 있어서 그 고통을 너무나 잘 알아요.

마른 사람들은 마른 사람들대로 고민을 하더라고요. 별명이 항상 멸치, 빼빼로, 해골, 골룸인 친구가 있거든요. 그 친구는 그렇게 태어난 게 자기 잘못이 아니라며 신은 불공평하다고 투덜거렸어요. 친구들이 자기를 그런 별명으로 부를 때마다 모멸감에 온몸이 떨린대요. 제 살을 반반 나누면 공평하련만 인생은 그렇게 쉽지가 않죠. 그 외에도 손거울을 들고 어디를 성형해 볼까 고민하는 사람들이 많아요. 외모 열등감은 극소수만 겪는 감정이 아니에요.

사람을 자꾸만 작아지게 만드는 외모 열등감은 왜 생기는 걸까요? 정말 내 외모에 문제가 있어서 생긴 걸까요?

1) 외모 지상주의 사회가 정해 놓은 기준에 나를 맞추며 스스로를 탓하지 않아야 해요.

자꾸 '난 못생겼어.'라고 주눅 드는 건 사회의 책임이 크다고 생각해요. 내가 못난 게 아니라 몇 가지 외모의 기준을 정해 놓은 사회에 살기 때문입니다.

한국은 외모 지상주의 사회예요. 전 세계 60억 인구가 다 다르게 생겼는데, 우리나라 사람들만 유독 몇 가지 기준으로 사람을 평가합니다. 큰 키, 매끈한 피부, 근육질 몸매, 몸의 황금 비율같이 획일화된 미의 기준이 있어요. 그 기준으로 자신과 남을 평가하지요.

가수가 노래를 잘하는 것보다 배에 식스팩이 있는지, 허벅지 살을 얼마나 뺐는지에 더 관심을 가져요. '모 아나운서 후덕해진 모습', '가수 A, 요요 시작됐나?' 이런 기사나 사진이 실시간 검색어 1위에 오르기도 해요. 외모를 주제

로 한 웹툰 〈외모지상주의〉와 〈내 아이디는 강남 미인〉이 선풍적인 인기를 끌기도 했어요. 둘 다 주인공이 못난 외모에서 잘난 외모가 된다는 대리만족 코드가 담긴 작품이에요.

"여성의 평생 숙제는 다이어트라고 하죠."라는 말을 방송 뉴스나 잡지에서 아무렇지 않게 내보내는 사회니, 말 다했죠. 아니, 누구 마음대로 다이어트가 여성의 평생 숙제래요?

이처럼 외모 지상주의를 부추기는 데는 언론의 영향력이 막강해요. 제가 아주 어릴 때 텔레비전에서 '숏다리', '롱다리'라는 말이 유행한 적 있어요. 그 말이 유행한 직후, 사람들은 자신의 다리 길이를 의식하게 되었어요. 그 말이 유행하기 전까지는 다른 사람의 다리 길이를 유심히 보지 않았거든요. 이후에도 머리가 큰 사람을 놀리는 말이나, 달모가 있는 사람들을 놀리는 말이 생겨날 때마다 그런 외모를 가진 사람들은 조롱을 받곤 했어요.

그 외에도 언론에서는 외모도 경쟁력이고 스펙이라고 말합니다. 취업을 하기 위한 스펙 9종에 성형까지 들어갈 정도죠. 방송에서는 성형으로 예뻐지면 인생이 송두리째 바뀔 거라고 광고해요. 이런 분위기 속에서 살다 보면 '아름다운 외모=능력=경쟁력', '못생긴 외모=무능력=낙오자'라고 세뇌되는 건 당연해요.

사회가 이렇다 보니 한 성형외과 전문의의 말에 따르면 성형을 안 해도 되는 사람들까지 여러 번 성형수술을 받는다고 해요. 한 정신과 의사는 이런 현상을 '신체 변형 장애'라고 표현하기도 했어요.

또 요즘은 인터넷 발달로 전 세계의 미인 미남을 실시간으로 보게 됩니다.

그런 것도 외모 열등감을 부추겨요. 우리나라 사람들이 자기 외모에 만족하지 않는다는 증거가 또 있어요. 한류 열풍 중에 'K-뷰티'가 있죠. 바로 우리나라가 인구 대비 화장품 소비가 가장 많은 나라이기 때문이에요. 이제는 중학생마저 화장을 하지 않으면 '생얼'이라며 얼굴을 못 들고 다니잖아요. 영국에 유학 간 친구가 제게 해 준 말이 있어요. 전 세계에서 온 대학생들이 "왜 한국 여자들은 무슨 날도 아닌데 항상 풀메이크업을 하고 다니냐?"고 묻는다고 해요. 다른 나라 젊은이들은 메이크업에 시간을 많이 쓰지 않는대요.

우리나라 사람들은 외모에 대한 사회 기준이 너무 높다고 생각하기보다는 자기 외모에 문제가 있다고 여기게 돼요. 모아이 님뿐만 아니라 많은 사람들이 자기의 생김새를 미워하는 거죠. 외모 지상주의 사회가 정해 놓은 기준에 스스로를 맞추거나 나를 탓하지 않아야 해요.

그럼 외모 열등감은 어떻게 극복할 수 있을까요?

2) 있는 모습 그대로 나를 받아들여요.

우선은 자신을 있는 그대로 받아들여야 합니다.

자존감을 연구한 심리학자 나다니엘 브랜든은 『자존감의 여섯 기둥』에서 자존감을 키우는 방법으로 2주일 동안 2분씩 거울 보기를 권하고 있어요. 자존감을 높이려면 우선 자기 자신과 적대적 관계에 있기를 거부해야 한다고 말합니다.

그는 거울을 보면서 "내 단점이나 결점이 무엇이든 나는 나를 거리낌 없이 온전히 받아들일 거야."라는 말을 되풀이하라고 했어요. 이때 중요한 것은 '자

기를 사랑하자!'라고 생각하지 않는다는 거예요. 그냥 '아, 이게 나구나.'라고 생각하는 거죠. '나는 이렇게 생긴 사람이다.'라고 받아들이는 거예요. 이걸 '자기 수용'이라고 해요.

이 중 바꿀 수 있는 것과 없는 것을 구분해 봐요. 예를 들어 키, 얼굴 크기, 다리 길이 같은 신체는 바꿀 수 없어요. 이런 건 받아들여야 해요.

외모 중에 바꿀 수 있는 것은 바꾸는 것도 방법이에요. 자신의 내면이 아름다운 만큼 그걸 표현하는 것도 중요해요. 헤어스타일, 패션을 자기에게 어울리게 만드는 것도 성형수술 없이 외모에 자신감을 갖게 해 주는 방법이에요. 저는 제 체형을 수용하기로 결심했어요. 대신 몇 가지를 바꾸었어요. 제 얼굴에 어울리는 헤어스타일, 옷 색깔, 액세서리를 찾기 시작했어요. 저는 하체 비만이거든요. 그동안은 제 체형을 못마땅해하기만 했는데, 이제는 체형을 보완할 수 있는 옷을 찾아 입어요. 더 이상 제 몸을 저주하거나 굶으며 혹사시키지 않기로 결심했어요. 살을 빼서 입을 생각으로 억지로 작은 사이즈 옷을 사지 않고, 저에게 어울리는 옷을 사요. 옷에 내 몸을 맞추지 않고, 몸에 옷을 맞추고 있죠.

단점이 있어도 개성 있게 스타일링을 하고 당당하게 다니는 사람들이 많아요. 링컨도 외모 열등감이 심했는데, 구레나룻과 수염을 기르면서 그걸 극복했다고 해요. 남과 다른 점을 개성으로 승화시키며 자기에게 어울리는 스타일을 조금씩 찾아 나가면 어떨까요?

이도저도 하기 귀찮다면 그냥 '뭐 어때? 이게 난데!' 하면서 그냥 자신을 받아들여요. 그런 당당함에서 자신감이 나오거든요!

3) 외모 열등감을 에너지 삼아 자신만의 매력을 키웁니다.

심리학자 아들러는 외모 열등감이 꼭 나쁜 건 아니라고 했어요. 남들보다 못한 점이 있다면 그걸 자기의 성장 동력으로 삼으면 된다고 했어요.

사람은 누구나 다른 사람을 끄는 매력을 하나쯤은 가지고 태어나요. 여러분에게도 분명히 그 매력이 있을 거예요. 외모 열등감을 에너지 삼아 자신만의 매력을 키우면 됩니다.

모아이 님과 대화를 해 보니, 모아이 님은 프로그래밍을 좋아하고 악기 연주를 잘한다고 했어요. 그런 점을 더욱 계발하면 어떨까요? 자신이 잘하고 좋아하는 일에서 작은 성취를 하다보면, 그 자신감이 얼굴에 그대로 드러나거든요.

시간이 지날수록 외모라는 매력은 쉽게 빛이 바래요. 그러니 외모 열등감을 버리고 자신의 매력을 가꾸며 살아 보기를 권합니다. 모아이 님, 고개를 들어 세상을 마주해 보세요. 그 매력을 당당하게 드러내요. 언젠가는 모아이 님 매력의 거미줄에 걸려서 허우적대는 친구들을 만날 거예요.

4) 내가 원하는 모습으로 살기로 해요.

십 대 때는 '나'를 남들에게 보여 주는 방법이 '외모'밖에 없다고 생각하니까 외모가 제일 커 보이지요. 하지만 시간이 흐를수록 외모를 뛰어넘는 매력을 가진 사람을 많이 만나게 돼요. 그 사람만의 성격, 인품, 가치관, 에너지에서 오는 매력은 시간이 갈수록 더 커지죠.

빨래를 해도 될 정도의 구릿빛 식스팩을 가진 사람이 남들의 시선을 끌기는 해요. 하지만 우리가 대화를 그 사람 배꼽하고 하는 건 아니잖아요. 첫 인상이야 잠깐이지만, 한 사람을 진정으로 좋아하게 되는 건 긴 시간 동안 그 사람과 교류한 이후의 일이에요.

인기 있는 개그맨 중에는 키가 작거나 못생긴 사람들도 많아요. 하지만 사람들은 그 사람들이 뿜어내는 재능과 유쾌한 에너지를 좋아해요. 개그맨뿐만이 아니에요. 외모가 볼품없어도 자기 일에 열정을 가지고 가치 있는 일을 추구하는 사람에게는 호감을 가지게 됩니다. 반짝이는 눈으로 자기의 비전을 설명하는 사람이라면 보는 사람의 가슴도 덩달아 뛰지요. 상대를 너그럽게 바라보는 따스한 사람을 보면 마음이 활짝 열리게 되고요. 상대 말에 귀 기울여 주고, 다정한 말투로 소통을 잘하는 사람이라면 자꾸만 보고 싶지 않겠어요?

여러분이 '잘생겼다', '예쁘다'라고 생각하는 사람 말고 '호감이다', '만나고 싶다', '멋지다'라고 생각하는 사람들을 떠올려 봐요. 외모가 다 잘난 건 아니잖아요!

얼마 전, 저는 『세상에서 가장 못생긴 여자』라는 책을 보고 감동을 받았어요. 리지 벨라스케스는 1989년에 미국 텍사스에서 태어났어요. 선천적으로 희귀병을 앓고 있어서, 어른이 된 지금도 키는 157센티미터에 몸무게가 30킬로그램을 넘지 않아요. 저는 리지의 사진을 찾아보고 깜짝 놀랐어요. 앙상한 나무처럼 비쩍 마른 모습이었거든요.

리지는 열일곱 살이던 어느 날, 음악을 들으려고 유튜브를 켰대요. 그때 '세상에서 가장 못생긴 여자'라는 제목이 눈에 띄었어요. 그 동영상을 재생한 순간 너무 깜짝 놀랐어요. 영상 속 주인공이 바로 자기였던 거예요. 누군가 리지를 몰래 촬영해서 올린 것이었어요. 댓글로 수천 명이 조롱을 해 놓았어요. ‘태어나기 전에 죽었어야 했다’, ‘나 같으면 자살할 것 같은데, 자살하는 법을 자기가 알려 주겠다’, ‘괴물이다’, ‘부모는 왜 재를 키웠을까’ 같은 댓글이 난무했어요. 그녀는 무너질 듯 힘들었지만 이런 선택을 했어요.

> 그때 가족과 친구들은 악의에 찬 말에 귀를 닫으라고 하면서, 그 대신 긍정적인 생각에 초점을 맞추라고 충고했다. 나는 자존감을 회복해야 한다는 걸 절실히 느꼈고, 어느 순간 슬퍼하면서 한없이 작아지는 대신 스스로 행복해질 것을 선택했다. 무례한 사람들이 정해 놓은 허상에서 벗어나 내가 원하는 모습으로 살기로 결정한 것이다. -『세상에서 가장 못생긴 여자』 중에서

저는 그녀가 타인의 말에 휘둘리기보다 스스로 행복해질 것을 ‘선택’했다는 데 큰 감동을 받았어요. 사실 우리는 타인의 시선을 지나치게 의식하며 살고 있으니 말이죠.

2014년, 그녀는 TED 강연에서 “외모가 아닌 목표와 성공, 성취가 나를 규정한다.”라고 했어요. 자기 비하와 절망의 상태에 머물러 있기를 거부하고, 당당한 삶을 살고 있어요. 그녀는 대학에서 커뮤니케이션학을 전공했고 지금은 전 세계 사람들에게 삶의 동기 부여를 해 주는 강연자로 살고 있어요. 집단 왕따 방지 캠페인도 전개하고 있어요. 그녀를 보며 저는 ‘사랑스러운 사람’, ‘내면이 강한 어른’이라는 생각이 들어 본받고 싶었어요. 늘 ‘나는 남들에게 어떻게 보일까?’를 고민하지 말고, ‘나는 어떤 삶을 살겠다.’라고 다짐해야겠다는

생각도 했지요.

모아이 님. 1년 후 모습을 모아이 님이 직접 선택할 수 있다고 생각해 보세요. 1년 후 대학생이 된 두 명의 모아이 님이 길을 걷고 있다고 상상해 봐요.

첫 번째 모아이 님은 외모 때문에 주눅이 들어 눈을 내리깔고 터벅터벅 길을 걷고 있어요. 사람들이 내 외모를 보고 수군거린다는 생각에 유령처럼 수업만 왔다 갔다하고 있어요. 좋아하는 사람이 생겼지만 나 같은 걸 누가 좋아할까 싶어 말도 못 붙입니다. 조별 모임 때도 자기주장을 하지 못해서 억울한 일만 당하지만 다 내 운명이라는 생각을 합니다.

또 다른 모아이 님은 경쾌한 발걸음으로 갈 길을 가고 있어요. 당당하게 사는 것을 선택했거든요. 프로그래밍과 악기 연주 등 잘하고 싶은 일들을 능숙하게 익혀 나가며 뿌듯한 마음이 듭니다. 전공 공부를 열심히 해서 원하던 게임 회사에 꼭 들어가겠다는 목표도 생겼습니다. 키는 작지만 체력을 키우고 싶어서 운동을 시작했고 몸집도 키웠습니다. 길거리 가게의 쇼윈도에 비친 모습이 제법 괜찮아 보입니다. 좋아하는 사람에게 자연스럽게 말을 거는 연습도 해 봅니다.

자, 모아이 님은 어떤 1년 후를 선택하겠어요? 우리의 외모는 각자의 가치관을 담는 그릇입니다. 내면의 자신감, 문제 해결 능력, 자기 관리 능력 등에 따라 외모는 달라 보일 수 있습니다.

세상에서 제일 잘생긴 사람, 예쁜 사람이 되기는 어렵습니다. 하지만 우리가 삶을 어떤 마음가짐으로 사느냐에 따라 얼마든지 이 세상에 하나뿐인 멋진 내가 될 수 있습니다.

모아이 님의 눈빛 한 번에 사람들이 심쿵하고 쓰러지게 될 날을 위해 힘차게 고고!

⧓ 추천 메뉴

얼짱 착시를 불러일으킬

얼그레이 시폰케이크

케이크에 얼그레이 향이 짱짱하게 박혀 있어 얼짱 착시 효과를 주는 얼그레이 시폰케이크입니다. 케이크에서 진하게 우러나는 얼그레이 향에 매료되듯, 사람들이 당신에게서 풍기는 매력에 사로잡힐 거예요. 외모 때문에 주눅 들고 주저하는 마음을 스르르 녹여 주고, 당신만이 가진 매력을 드러낼 수 있는 자신감을 갖게 해 줍니다.

✿ 카페지기의 힐링 레시피

외모 열등감 극복하는 방법 4가지

1. 외모 지상주의 사회가 정해 놓은 기준에 나를 맞추며 스스로를 탓하지 않아야 해요.
2. 있는 모습 그대로 나를 받아들여요.
3. 외모 열등감을 에너지 삼아 자신만의 매력을 키웁니다.
4. 내가 원하는 모습으로 살기로 해요.

약해서 자꾸 당하는
제가 한심해요.

당신을 부당하게
대하는 것들에
당당히 맞서요.

ID 한숨 저는 제가 못났다고 생각하고 살아요. 그래서 사람들이랑 눈을 2초 이상 마주치지 못합니다. 친구들은 저를 무시하거나 함부로 대합니다. 어제는 이런 말도 들었습니다.

"넌 부모한테 짐만 되니까 한강 가서 죽어라."

그 이야기를 듣고 욱하기는 했어요. 하지만 다 사실이거든요. 저는 잘난 것도 없고 뭐라고 대꾸할 처지가 아니어서 가만히 있었어요.

중학교 때 이런 일을 당할 때는 울컥해서 쏘아보기라도 했었는데, 그럴 때마다 애들이 "어쭈? 개기냐?" 하면서 저를 더 괴롭혔습니다. 그래서 이제는 못 들은 척합니다.

주변에 키 크고 힘세고 공부 잘하고 노래 잘하는 애들을 보면 부럽고, 내가 부당하게 대우받아도 그냥 모든 게 다 내 잘못이라는 생각이 듭니다.

한숨 님의 고민을 듣고 오랫동안 마음이 아팠어요. 자신을 함부로 대하는 사람에게 상처받고, 그걸 막아내지 못한 자신에게도 상처받았을 테지요. 늘 구부정한 모습으로 바닥만 보고 다니는 한숨 님의 모습이 떠올랐어요. 친구가 심한 모욕적인 말을 해도 맞서지 못하고 자신의 못남을 계속 되새겼을 한숨 님을 생각하니 마음 한 켠이 시려 옵니다.

한번은 체험 학습 날, 지하철을 탔어요. 다른 중학교도 체험 학습을 가는 날이었나 봐요. 중학교 남자애들이 지하철 한 칸에 주루룩 앉아서 게임을 하고 있었어요. 딱 한 명만 서 있었는데, 그 아이가 앞에 앉은 아이의 휴대폰을 가리키며 말했어요.

"여기 공격해 봐."

그때, 앉아 있던 아이가 버럭 소리를 질렀어요. 마치 불쾌한 벌레를 보듯 경멸에 가득 찬 눈으로 서 있던 친구에게 살벌하게 쏘아붙였어요.

"나대지 마라. 너 우리가 놀아 주니까 기어오르냐? 어디서 깝치고 있어?"

옆의 남자애도 "미친 거 아냐?" 하고 사납게 대꾸했어요. 그 말을 들은 남자애는 순간 비굴한 웃음을 지으며 휴대폰에서 손을 바로 뗐어요. 모든 게 자기 잘못이라 여기는 듯했어요.

1년 전 일인데도, 그 남자애의 표정이 잊히지 않아요. 자기를 무시하는 애들한테 오히려 웃음을 지어 보여야 했던 그 모습이 어찌나 가슴 아프던지요.

한숨 님의 사연을 읽자, 그 학생의 표정이 겹치며 한동안 마음이 욱신거렸어요. 하지만 아파만 할 때가 아니에요. 이제는 이런 상황을 바꿔야 해요. 당신은 그런 대접을 받을 사람이 아니니까요.

1) '나는 못난 사람이다'라는 자아 이미지를 깨야 해요.

사람은 스스로 틀을 만들어 놓고 살아요. 자기의 한계를 지어 놓지요. 그게 자기가 사는 방식이라고 생각해요. 한숨 님은 자신이 늘 피해자로 살아갈 거라 단정 짓고 있어요. 앞으로도 그럴 거라고 생각하고 있죠. 아이들이 무시하는 건 '내가 못나서'라며 자기를 무시하고 비하하는 틀 안에 갇혀 살고 있어요.

한숨 님에게 필요한 마음은 자기 자신을 사랑하는 마음이에요. 내가 나를 존중하고, 내가 나를 보살피는 마음이 필요해요. 남들이 내 마음을 짓밟고 갈 때 그것이 부당하다고 말할 수 있는 마음이요. '난 이런 걸 당할 사람이 아니다.'라고 생각하고 분노해야 해요. 그런데 한숨 님은 그 화살을 자기 자신에게 돌렸어요.

'네 말이 맞아, 난 쓰레기야.'

외모가 뛰어나지도, 뭐 하나 잘난 재능도 없다고 말이에요.

자기를 사랑하는 마음에는 증거가 필요 없어요. 삶은 과학수사대 CSI가 아니에요. 그냥 나로 태어났으니 나를 아껴야 하는 거예요.

사람은 누구나 못난 점, 단점이 있어요. 그런데 마음속에 '나는 못나서 남들에게 당해도 싸다.'라는 마음이 있다면, 계속 그런 대우를 받게 됩니다.

이제는 '나는 못난 사람이다.'라는 자아 이미지를 깨야 합니다.

2) 내 감정을 무너뜨리는 사람들을 받아들이지 않기로 마음먹습니다.

보통 한 집단 내에는 남녀를 불문하고 강하고 비열한 무리가 있어요. 이 무리는 다른 사람 위에서 권력을 휘두르고 통제하는 걸 즐기는 습성이 있습니다.

약자에는 두 종류가 있는데, 강자에게 반응하는 무리와 반응하지 않는 무리예요. 똑같이 약한 존재지만 강자들이 건드리지 않는 무풍 지대가 있죠. 그건 바로 그들이 툭툭 건드렸는데, 아무 반응이 없는 존재예요. 예를 들자면 애니메이션 덕후 집단같이 타인의 영향력이 전혀 먹히지 않는 무리가 분명히 있어요. 강자들은 그 무리를 건드리지 않아요.

결국 강자에게 당하는 무리는 격렬하게 반응하는 약자입니다. 무례한 말을 딱 한 마디 던졌는데, 겸연쩍게 웃으면서 "어, 미안해. 내가 고칠게."라고 반응하는 사람이 바로 그 경우죠. "야, 찌질이."라고 놀리면 귀부터 빨개지면서 울음을 터트리는 친구도 마찬가지입니다. 눈을 한 번 부라리기만 해도 한숨 님 같은 친구는 눈빛을 피하고 쩔쩔매죠. 그럴 때 강자들은 속으로 쾌재를 부릅니다. 자기 영향력을 그 반응을 통해 확인하는 것이니까요.

즉 강하고 비열한 무리는 자기의 말과 행동에 감정이 무너지는 사람을 쥐락펴락하는 걸 즐겨요. 감정에 휘둘리는 애들을 함부로 해도 된다고 생각하는 거죠.

한숨 님, 이런 사람들이 당신의 감정을 멋대로 주무르고 고통을 주는 것을 경계해야 합니다. 이제는 그들이 내 허락도 없이 내 마음을 조롱하고 황폐하게 만드는 걸 내버려 두면 안 됩니다.

저는 얼마 전에 필리핀으로 여행을 다녀왔어요. 당시 아프리카 돼지 열병이 유행이었는데, 공항에서 검역할 때는 햄, 치즈, 우유까지 반입을 금지하더라고요. 고기도 아닌 유제품까지 막는 걸 호들갑이라고 생각할 수 있지요. 하지만 내 나라가 중요하다면 철저히 차단하는 게 맞다고 생각해요.

나에게도 전염병 같은 누군가가 다가와 치명적인 상처를 주는 걸 막아야 해요. 그 사람들의 말을 흡수하거나 감정이 흔들려서 상처받지 말고 적극적으로 경계해야 합니다.

이제는 다른 사람들이 한숨 님에게 영향력을 행사할 때마다 그러지 못하게 막을 때입니다. 조금이라도 해가 되는 사람의 말과 행동이 내 마음속에 들어오지 못하게요.

그럼 구체적으로 어떻게 해야 할까요?

3) 자기 방어 훈련을 해야 합니다.

한숨 님이 자신을 지키는 가장 쉬운 방법이 있습니다. 아리스토텔레스가 한 말처럼, 용감해지고 싶으면 용감한 것처럼 행동하는 것이에요. 당신을 부당하게 대하는 것들에 당당히 맞서요.

지하철에서 친구들에게 굴욕을 당한 친구 같은 경우에는 내가 싫은 소리를 했다가 그 무리에서 떨어져 나오면 어떡하나 하는 불안이 있을 거예요. 그 친구들에게 미움받기 싫은 마음도 있겠죠. 하지만 이미 그들과의 관계는 정상적인 관계가 아닙니다. 자기를 귀하게 여기지 않는 관계를 떠나는 것도 용기입니다. 당신을 사랑해 주는 친구들을 찾아 어울리세요.

한숨 님처럼 자존감이 약한 사람은 모욕적인 일을 당했을 때 제대로 직면하지 않고 어물쩍 넘어가요. 괜히 맞섰다가 더 큰일이 벌어질까 봐 두렵기 때문이지요.

일단 그들이 모욕적인 말을 할 때, 절대 웃으면 안 됩니다. 마치 그들의 말에 비굴하게 동조한다는 뜻으로 보이기 때문입니다. 또다시 이상한 말로 괴롭히면 울컥한 눈빛이 아니라, 싸늘한 눈빛을 보내야 합니다. "그만 해라."라고 무덤덤하게 이야기해야 합니다. 그들이 "어쭈? 개기냐?" 하면서 더 괴롭힐 때 못 들은 척하지 말아야 합니다. 그러면 그들은 또다시 그런 말을 해도 된다는 뜻으로 알아 듣기 때문입니다. 심한 말을 들으면 참지 말고 있는 힘을 다해 저항해야 합니다.

제자 중에 종수라는 아이가 있었어요. 중학교 2학년이었지만 키가 작고 말라서 초등학생이라고 해도 믿을 정도로 왜소한 체구였죠. 시력도 나빠서 엄청

두꺼운 돋보기안경을 썼어요. 얼굴도 창백해서 병약해 보였어요. 공부도 못했고, 글자도 이집트 상형 문자처럼 구불거리게 써서 무슨 글씨인지 알아볼 수가 없었어요. 누가 봐도 약하고 만만해 보는 아이였어요.

살다 보면 "인간은 선하다."고 했던 맹자님의 말에 의문을 품게 되는 순간이 종종 오죠. 세상에는 비열한 하이에나처럼 약자들의 목을 뒤에서 물어뜯는 사람들이 있어요. 먹잇감을 찾는 포식자 무리가 약하고 착한 애들을 희생자로 만들곤 하지요.

이유 없이 종수를 툭툭 건드리는 남자애들이 있었어요. 실제로 덩치 크고 무자비하고 포악한 애들이 트집을 잡아서 종수를 건드렸어요. 어느 날, 교실에서 싸움이 났다는 말을 듣고 달려간 저는 종수의 반응을 보고 놀랐어요.

종수는 온몸으로 저항하고 있었어요. 목에 핏대를 세우고, 벌게진 얼굴로 자기에게 그런 짓 하지 말라고 단호하게 말했어요. 정말 그 이후에는 녀석들이 종수를 건드리지 않았어요. 종수는 자기 자신을 지켜 낸 거예요.

『12가지 인생의 법칙』을 쓴 조던 B. 피터슨은 "어깨를 펴고 똑바로 서라." 고 조언합니다.

착한 게 좋은 것, 폭력은 나쁜 것, 화내는 것이 나쁜 것이라는 생각을 집어치우라고 말이에요. 자기 존엄성이 짓밟히는 상황에서는 착하면 안 되고 화를 내야 한다고 말합니다. 자세를 당당하게 바꾸면 뇌에서 세로토닌이라는 물질이 나온다고 해요. 바닷가재 같은 동물이든 인간이든, 뇌에 집단 내 자신의 사회적 지위와 서열을 파악하는 부위가 있다고 해요. 바닷가재도 싸움에서 지면 위축된 행동을 한다고 해요. 인간도 마찬가지래요.

실패하면 어깨가 처지고, 고개를 숙이고, 의기소침해지고, 자신감 없고, 불안하고, 활기 없고, 소극적으로 변한대요. 인간은 거울 뉴런을 통해 자기 자신의 모습에도 영향을 받아요. 내가 당당한 표정을 지으면 감정은 그 몸의 표현에 영향을 받는 거죠.

다른 연구 결과도 같은 이야기를 들려줘요. 자세를 당당하게 하면 우월감을 느낄 때 나오는 호르몬인 테스토스테론 수치가 20퍼센트 상승한대요. 반대로 움츠린 행동을 취하기만 해도 이 호르몬이 15퍼센트 적게 나온다고 해요.

한숨 님, 그러니 고개를 들고, 허리를 세우고, 어깨 펴고, 앞을 보고 당당하게 걸어야 해요. 나에게 부당하게 대하는 친구들을 떠올리며 시나리오를 짜서 할 말을 연습해 보세요.

'난 이런 대접 받을 사람이 아니야.'라고 끊임없이 상기해야 해요. "나한테 그런 말 하지 마." 같은 말을 어떤 표정과 목소리, 자세로 말할지를 생각해 보아야 해요. 상대의 반응도 여러 개로 나누어서 각각 대처한 후, 여러 번 연습을 해 보세요. 상대가 예상치 못한 대응을 하더라도 담담한 표정을 유지해야 해요. 울거나 감정이 폭발하는 모습을 보이면 안 됩니다.

혹시 한 번 실패했더라도 자책하지 말고 다시 시도해야 해요. 이게 연습까지 해야 할 일인가 싶지만 꼭 연습해야 해요.

자기 주장도 많이 해 봐야 늘어요. 그 사람의 반응이 두렵더라도 꼭 해야 해요. 원래 변화는 쉽지 않아요. 그 사람과의 마찰이 두려운 건 당연해요. 그 사람이 보복할 수도 있어요. 하지만 그런 반응이 두려워서 내가 나를 하찮게 여기는 행동보다 더 잔인한 일은 없어요.

더 이상 무시당하고 사는 게 싫다면, 간절한 마음으로 변화하려고 노력해야 해요. 혼자서 대항하기 힘든 대상이면 경찰이나 교사, 부모님의 도움을 받도록 합니다.

그 누구도 내 허락 없이 나를 짓밟을 권리는 없어요.

누군가에게 내 마음을 짓밟을 권리를 주지 말아요.

추천 메뉴

강냉이 터는
강렬한 눈빛을 뿜게 할
옥수수수염차

나는 사람들에게 더 좋은 대접을 받을 자격이 있는 사람이라는 자신감을 주고, 강하고 단단한 멘탈을 만들어 주는 차입니다. 누군가 나에게 상처를 주려고 작정하고 덤비거나 이유 없이 시비를 걸 때, '네 강냉이 털어 버릴 거야!'라는 눈빛을 날릴 수 있는 용기를 줍니다. 남들의 말과 행동, 눈빛 하나에 감정이 휘둘리고 흔들리는 걸 막아 줍니다. 단, 상대를 주먹으로 털지 않고 강단 있는 눈빛과 말로 털게 해 드립니다.

카페지기의 힐링 레시피

날 함부로 대하는 사람에게 만만해 보이지 않는 3가지 대처법

1. '나는 못난 사람이다'라는 자아 이미지를 깨뜨립니다.
2. 내 감정을 무너뜨리는 사람들을 받아들이지 않기로 마음먹습니다.
3. 자기 방어 훈련을 합니다.

가장 인정받고 싶은 부모님이 날 무시해요.

우리는 인정받으려고
태어난 존재가 아니에요.

ID 애벌레

어릴 때부터 외고를 준비했는데 떨어졌어요. 엄마는 학원 원장님이었는데 저에게 그동안 올인하시느라 학원도 접었거든요. 엄마한테 너무 죄송하고 죄책감이 느껴져요. '텐 투 텐'이라고 아시나요? 저는 4학년 때부터 휴일이면 아침 10시에 학원 가서 밤 10시에 집에 왔어요. 그래서 당연히 붙을 줄 알았는데 결과가 이러니 엄마도 저도 충격이 컸어요. 어쩔 수 없이 집 근처 일반고에 입학했는데 아침에 제가 세수하거나 화장하면 엄마가 비꼬아요.

"일반고 다니는 애가 나간다고 꾸미네?"

"그런 학교 다니면서 애들한테 잘 보이고 싶니?"

이렇게요. 이런 말을 들을 때마다 송곳이 제 몸을 찌르는 것 같아요. 엄마의 기대에 부응하지 못해서 미칠 것 같아요. 엄마의 인정을 받고 싶어요.

ID 눈물

저희 아빠는 서울대 출신 변호사이고, 엄마는 약사예요. 저희 친척들, 가족들은 저 빼고 다 공부를 잘해요. 특히 제 동생은 우리 집안에서 제일 공부를 잘하는 공부 천재입니다. 부모님은 말끝마다 "네 동생도 다 하는 걸, 너는 왜 못하냐?"라고 합니다. 부모님이 동생을 대하는 눈빛과 저를 대하는 눈빛이 달라서 상처를 많이 받습니다.

저는 어릴 때부터 그림 그리는 걸 좋아해서 미술이 하고 싶었어요. 계속 졸랐는데, 부모님이 지금까지 반대하시다가 고2 막바지가 되니까 허락해 주셨어요. 어차피 공부로는 좋은 대학은 못 갈 거라는 걸 알고 미술이라도 해서 좋은 대학 가래요. 미술 공부를 허락하는 조건이 서울대 미대 아니면 홍대 미대를 가는 거예요. 저는 자신이 없어요. 동생처럼 공부를 잘하는 것도 아니고, 뛰어나게 그림을 잘 그리는 것도 아니고. 압박감에 날마다 울고 있어요.

사람은 누구나 타인의 인정과 지지를 받으며 살고 싶어 해요. 특히 부모의 기대에 부응하고 싶은 마음은 당연한 거예요.

다른 동물은 거의 태어나자마자 자립이 가능해요. 태어난 지 얼마 안 된 망아지나 송아지는 이내 걸을 수 있대요. 하지만 갓난아기는 부모의 보살핌 없이는 살아남을 수 없어요. 사람은 동물 중에 어른에게 의존하는 시기가 가장 긴 동물이에요. 이 때문에 어린아이에게 부모는 신처럼 전지전능한 존재입니다. 그러니 아직 독립하지 못한 십 대 후반까지는 부모에게 의존 욕구가 있는 것이 당연해요.

부모님께 격려와 지지를 받고 싶은데 그러지 못하면 얼마나 상심이 클까요. 누가 응원하며 뒤에서 밀어 줘도 힘이 날까 말까인데, 부모님이 내가 앞으로 나가려는 걸 잡아끌고 있으니 힘이 쑥 빠지겠죠.

애벌레 님, 비아냥거리는 소리를 사랑하는 부모님에게 들었으니 정말 힘들 거예요. 눈물 님도 이제 겨우 하고 싶은 걸 찾았는데, 부모님이 자꾸 동생과 비교하고 투자 대비 수익을 뽑으려는 투자자의 눈으로 나를 바라보니 얼마나 위축되겠어요. 저라도 자신감이 쏙 기어 들어갈 것 같아요.

두 친구의 부모님들 모두 자녀에게 자기의 기대를 걸고 있어요. 특히 눈물 님은 부모에게 인정받는 동생이 있으니 더 괴로울 것 같아요. 형제자매는 영원한 라이벌이라고 해요. 어른들 중에도 어린 시절에 형제자매와 비교당하며 받은 상처를 간직한 사람들이 많아요.

하지만 생각을 바꾸어 봐요. 부모님이 날 인정하든 안 하든 그건 두 분의 판단일 뿐이에요. 두 분이 진짜 신은 아니잖아요? 사람은 존재 자체로 인정받아야 하는 존재입니다. 무엇을 이루어서 인정받는 존재가 아닙니다.

두 사람의 부모님들은 자녀를 자신들의 소유물로 보고 있는 듯해요. 자신들의 꿈을 자녀에게 강요한 건 아닌가 하는 생각이 듭니다. 이런 부모님일수록 자녀가 자신들이 원하는 것을 이루어 냈을 때만 인정하는 조건부 사랑을 주지요.

하지만 십 대 중반 이후에 부모님의 사랑을 받는 것보다 내가 하고 싶은 일이 우선이라는 생각을 하게 된다면요? 그럴 때는 부모님과 부딪쳐 싸워 이겨야 합니다. 부모님도 사람이고 늘 옳은 건 아니니까요.

어른이 되어서도 부모님의 인정을 받으려고 나 자신을 모른 척하고 살면 행복할까요? 처음 몇 년은 부모님 기대대로 살 수 있어요. 하지만 그 사이 '나'라는 존재는 소리 없는 비명을 지르며 고통스러워하겠지요.

저 역시 서른다섯 살까지 정말 하고 싶은 것보다는 부모님 기대대로 살아와서 그 심정을 잘 알아요. 우리는 인격체이기 때문에, 나답게 살지 못할 때 더 이상은 참지 못하는 순간이 반드시 와요.

정신과 의사 정혜신 님은 『당신이 옳다』에서 "누구든 내 삶이 나와 멀어질수록 위험해진다."고 했어요. 심장이 멈추면 사람이 죽듯이, 내가 나답게 살지 않으면 마음이 죽는다고요. 그럴 때는 '나'가 또렷하게 돌아올 때까지 '나'가 위치한 바로 그곳에 강하게 심폐소생술을 하라고 했죠. '나'가 돌아오게 하는 것, 그건 바로 '나'의 욕망에 귀를 기울이는 거예요. 내가 하고 싶은 일을 하면서 사는 거죠.

애벌레 님은 엄마의 인정을 포기하면 돼요. 부모님께 인정을 못 받아 힘들

다면요? 내가 나를 인정하면 돼요. 당신은 외고를 가야만 소중한 존재가 아니라 그 자체로 소중한 존재입니다. 학교생활을 즐기면서 새로운 친구들도 사귀고, 공부도 다시 열심히 하면 됩니다. 엄마의 말 한 마디를 1톤 정도의 무게감으로 내 마음에 받아들이지 않아도 됩니다.

눈물 님은 최선을 다해 하고 싶은 일을 하면 돼요. 혹시나 부모님이 기대한 서울대, 홍대를 못 가더라도 "노력했지만, 어쩔 수 없네요."라고 말하면 돼요. 최선을 다했는데도 부모가 원하는 학벌을 갖지 못한 건 어쩔 수 없는 일이에요. 동생이 부모님이 원하는 길로 승승장구하더라도 그건 동생의 길일 뿐이에요. 내 인생은 내가 살면 돼요. 부모의 기대대로 잘 산다는 걸 증명하기 위해 애쓰지 않아도 돼요. 삶은 누구에게 증명하면서 사는 게 아니기 때문이에요.

철학자 자크 라캉이 한 말을 들려 드릴게요.

"비판받을 유일한 것은 욕망을 양보하는 일이다."

부모님의 기대 때문에 자신의 진짜 욕망을 양보하지 말아요. 부모님이 뭐라 하든, 내가 하고 싶은 일을 하면서 오늘 하루 충만하고 기쁘게 살아요.

호주 출신 작가 브로니 웨어는 죽음을 앞둔 사람들을 인터뷰하여 『내가 원하는 삶을 살았더라면』이라는 책을 썼어요. 이들이 가장 많이 한 후회 중 하나가 '다른 사람이 아닌, 내가 원하는 삶을 살았더라면'이에요. '부모의 말에 신경 썼더라면'이 아니고요. 내가 원하는 삶을 산다는 건 자신의 욕망에 귀를 기울이고, 그것을 이루기 위해 노력하고 자신의 삶을 가꾸는 일을 말해요.

애벌레 님! 눈물 님! 여전히 내가 부모님의 기대에 부응하지 못한 삶을 산다는 죄책감을 가질 수 있어요. 그럴 때 이금이 님의 연작 소설 『벼랑』에 실린 단편 소설 「늑대거북의 사랑」을 권해 드려요.

「늑대거북의 사랑」의 주인공은 민재예요. 민재 역시 자기를 위해 희생한 엄마에게 죄책감을 갖고 있어요. 민재는 공부보다 농구를 사랑한 아이였어요. 엄마는 민재가 농구하는 걸 못마땅해했지요. 엄마는 공부 잘하는 아들을 원했기 때문이에요. 그러던 어느 날, 엄마가 유방암에 걸렸어요.

'민재의 성적을 위해서라면 지옥행도 마다하지 않을 엄마'는 유방암 진단을 받고 수술실에 들어가면서도 민재의 첫 번째 모의고사를 걱정할 정도였어요. 엄마는 가슴 재건 수술비도 아껴서 민재 교육에 투자하려 했죠.

그 모습에, 민재는 자기가 하고 싶은 일을 포기했어요. 농구화, 농구공 등 사랑하는 모든 것을 버리고 엄마 뜻대로 공부에 올인하기로 결심했어요.

그러다 중학교 때 과외 선생님께 연락을 받아요. 중학교 때 민재가 키우던 늑대거북을 보관 중이니 가져가라고 말이에요. 알고 보니, 엄마는 늑대거북을 키우는 게 공부에 방해된다며 민재 몰래 과외 선생님께 줘 버린 상황이었어요. 민재를 인격적으로 대우하지 않은 처사였지요.

이미 늑대거북은 30센티미터 넘게 커 버려서 아파트에서는 키우기 힘든 상태였어요. 무엇보다 엄마가 싫어할 것 같았어요. 하지만 민재는 이런 생각을 해요.

> 서로에 대한, 엄마의 사랑도 자신의 사랑도 어딘지 왜곡됐다는 느낌이 들었다. 상대를 위해서 참는다고 생각하는 사랑, 그래서 더 의미 있다고 생각하는 사랑이 과연 옳은 것일까? -「늑대거북의 사랑」 중에서

그러면서 민재는 늑대거북을 안고 집으로 향합니다. 민재는 더 이상 엄마에 대한 죄책감 때문에, 혹은 엄마를 기쁘게 해 주기 위해 자기 자신의 욕망을 포기하지 않기로 해요.

여러분도 민재의 '늑대거북'처럼 부모님은 싫어하지만 나는 꼭 해 보고 싶은 욕망이 있나요? 그 욕망을 부모님이 싫어하더라도 꼬옥 끌어안고 책임져 볼 용기가 있나요? 그렇다면 인생이라는 강을 자신감 있게 건널 수 있을 거예요.

우리는 인정받으려고 태어난 존재가 아니에요. 인정을 외부에서 받으려고 하면 삶이 힘들어져요. 내가 스스로 통제할 수 없는 것들로 내 존재가 평가되니까요. 내가 통제할 수 있는 것에 인생을 걸면 삶이 훨씬 행복해집니다. 내가 내 맘에 들도록 행동하면 됩니다. 그런 나를 내가 인정하면 됩니다.

그래도 부모님 마음에 드는 착한 딸, 착한 아들이 되고 싶나요? 형제자매보다 더 부모님의 마음에 들고 싶어 나를 다그치고 있나요?

여러분께 칼 융이 한 말을 들려주고 싶어요.

"나는 착한 사람보다 온전한 사람이고 싶다."

부모님께 착한 자녀가 되려고 애쓰기보다는 내가 내 삶을 온전히 책임지는 사람이 되어 보면 어떨까요? 자기가 하고자 하는 일에 자신감을 가지고 오늘 하루를 열심히 살아 봐요. 그럼 실패해도 괜찮고 남들에게 인정 못 받아도 괜찮아요. 다시 시작할 힘이 당신 안에 분명히 있을 거예요. 왜냐하면 가장 소중한 건 당신 인생이니까요.

▶◀ 추천 메뉴

스스로 나를 인정하게 해 주는

그린티라테

이 음료를 마시면 부모님과 남들에게 인정받지 않아도 상처받은 마음에 초록초록한 새 살이 돋아 괜찮아집니다. 내가 나를 인정하고 스스로 마음을 토닥일 수 있게 됩니다.

✿ 카페지기의 힐링 레시피

부모님께 인정을 못 받아 속상한 당신에게

부모님께 인정받고 싶어서 부모님의 기대에 맞추어 살고 있지 않나요?
부모님의 기대가 때로는 너무 버거워 좌절하지 않나요?
부모님의 인정을 놓고 형제자매와 경쟁하며 위축되지 않나요?
부모님의 기대대로 잘 산다는 걸 증명하기 위해 애쓰지 않아도 돼요. 삶은 누구에게 증명하면서 사는 게 아니기 때문이에요 우리는 누구의 인정을 받으려고 태어난 존재가 아니에요. 내가 나를 인정하면서 하고 싶은 일을 해 나가요.

내 인생은 내가 살면 돼요.
부모의 기대대로 잘 산다는 걸 증명하기 위해 애쓰지 않아도 돼요.
삶은 누구에게 증명하면서 사는 게 아니기 때문이에요.

저는 아직 어린데,
기댈 데가 없어요.

내가 내 삶을 아껴 주고,
남들보다 조금 일찍
독립해요.

ID 개구리

엄마가 가부장적인 아빠를 참고 살다가, 제가 고1 때 두 분은 이혼을 했어요. 저는 그동안 잠도 못 자고 가족들 사이에서 눈치 보느라 마음고생을 엄청 했어요. 시험 기간이어서 성적도 뚝 떨어졌어요. 내 인생은 남이 대신 살아 주지 않으니 꿋꿋하게 살아가야 하는데, 일상에서 안 그런 척하는 데에 힘을 다 써서 성적에까지 영향을 미치는 게 속상해요. 많은 사람들이 결과만 보고 판단하는 것도 무척이나 속상하고요.

친구들은 다 제가 괜찮은 줄 알아요. 애들은 상담할 일이 있으면 저를 찾아와요. 엄마는 저한테 "너 클 때까지 참은 거야. 이제 다 컸으니까 따로 살아도 괜찮지?" 하고 떠났어요. 하지만 저 아직 다 안 컸잖아요. 저는 기댈 데가 없어요.

ID 벙커

저는 다른 애들처럼 저를 감당해 줄 부모가 없습니다. 우리 부모님은 나이가 많으시고 육체노동을 해서 늘 아프다고 하십니다. 저는 미래에 대한 불안 때문에 늘 우울해요. 부모님은 저에게 종종 이렇게 한탄합니다.

"세상은 절대 쉽지 않아."

그럴 때마다 저는 속으로 이렇게 빈정댑니다.

'부모님을 보고 자라서 전 이미 잘 알고 있어요.'

저는 하고 싶은 일이 아주 많습니다. 대학에서 어학도 공부해 보고 싶고 모델, 여행 작가, PD, 크리에이터도 해 보고 싶습니다. 하지만 가족들은 저한테 이기적이라고 합니다. 오빠는 대학 가지 말고 취직이나 하라고 합니다. 제 동생은 너무 철이 없어서 앞가림이나 할지 모르겠고, 어쩐지 동생은 제가 책임져야 할 것 같아요. 부모님은 제가 돈을 벌기 시작하면 곧 일을 안 할 것 같은 분위기입니다.

저만 책임지는 것도 힘든데, 부모님과 다른 가족들까지 감당해야 한다는 게 너무 부담스럽습니다. 이런 가난한 집에 태어나 가족들을 위해 제 미래를 희생해야 할까요? 답이 보이지 않습니다.

십 대의 삶에서 가족은 중요합니다. 아니, 누구의 삶이든 그렇지요. 가족을 이야기하지 않고 십 대에게 꿈을 가지라고, 공부에 집중하라고 하는 건 무리일 수 있어요. 가정불화로 마음이 시끄럽거나 가정 폭력을 당해 비참한데 공부니, 꿈이니 하는 이야기가 귀에 들어올까요?

가난도 꿈을 가로막는 아주 큰 적이에요. 돈이 없어 당장 대학을 못 들어갈 수도 있으니 '공부는 해서 뭐하나?'라는 무기력한 마음이 들 수도 있어요. 미래를 위해 공부하기보다는 당장 생계에 뛰어들어야 할 수도 있고요. 그게 더 현실적인 선택으로 보일 수도 있죠.

메리 셸리의 소설 『프랑켄슈타인』 앞부분에는 밀턴의 『실낙원』을 인용한 부분이 나와요.

"창조주여, 제가 부탁했습니까. 진흙에서 저를 빚어 사람으로 만들어 달라고? 제가 애원했습니까, 어둠에서 절 끌어내 달라고?"

요즘 말로 바꾸면, "신이시여! 내가 이런 집에, 이런 부모님 밑에 태어나고 싶어서 태어났나요?" 하는 절규로 들려요. 우리는 어디서, 어떤 집에서 태어날지 모르죠. 그게 억울하거나 속상할 수 있어요.

우리는 완벽한 가정을 꿈꿔요. 하지만 이 세상에 결핍 없는 완벽한 가정이란 없어요. 미국정신분석학회의 『정신분석 용어 사전』에는 '가족 로맨스'라는 말이 나와요. 현재 부모는 내 부모가 아니고 고귀한 부모가 언젠가는 나를 데

리러 올 거라는 판타지를 가진 사람들이 있다고 해요. 『소공녀』, 『키다리 아저씨』 등 유명한 고전들이 모두 이 판타지를 반영한 작품들이에요. 개구리 님, 벙커 님 뿐 아니라 수많은 사람들이 자기 가족에 불만이 있다는 이야기예요.

개구리 님은 그동안 얼마나 힘들었을까요? 부모님의 이혼은 정말 큰 충격을 주죠. 자기가 알던 세상이 두 개로 갈라지는 아픔을 줘요. 어른도 겪어 내기 힘든 일을 어린 나이에 겪느라 고생이 많았어요. 이혼 가정의 자녀들은 어릴 때 자기중심적 사고 때문에 이게 다 나 때문이라는 생각이 들어 죄책감을 느낄 수 있어요. 절대 나 때문이라고 생각하지 말아요. 어른들끼리 살다 보면 더 이상 같이 살지 않는 게 서로에게 낫다고 생각하는 순간이 오는데, 그럴 때 이혼을 해요. 계속 싸우며 참고 사는 것보다 떨어져 사는 게 나은 경우도 있어요.

개구리 님은 이혼 가정이라는 것에 주눅 들 필요 없어요. 그 와중에 개구리 님은 씩씩하게 잘 살아낸 게 보여요. 친구들이 와서 기댈 정도로요. 하지만 누군가에게 기대고 싶다면 믿을 수 있는 선생님이나 친구들을 찾아가서 울고 싶은 만큼 실컷 울어요. 마음을 털어놓으면서 자신을 토닥여야 해요. 그리고 스스로에게 말하세요.

"이혼 가정이어도 괜찮아. 그건 엄마, 아빠 일이고 나는 괜찮아. 나는 엄마, 아빠와 상관없이 잘 살 수 있어."

'엄마에게 버림받았다.'는 마음보다 '나는 남들보다 조금 일찍 독립했다.'라고 마음먹으면 어떨까요? 그리고 '내가 어떤 환경에서 자랐든, 나는 소중한 사람이야.'라는 마음을 꼭 지키며 살면 좋겠어요.

벙커 님은 부모님으로부터 정서적 독립을 하면 좋을 것 같아요. 우리는 부모와 심리적 탯줄로 연결되어 있어요. 자식은 부모를 동일시하면서 자라요. 정서 감염이라는 말이 있듯, 부모의 생활 태도, 습관, 정서를 의식적, 무의식적으로 모방하며 자라요.

"세상은 절대 쉽지 않아."라고 자주 말하는 부모님의 말 속에 무기력과 체념이 들어 있는 것 같아요. 벙커 님은 그 감정 정서를 거부해야 해요.

'우리 부모님도 아등바등 살아도 못 하셨는데, 나라고 다르겠어?', '세상이 쉽지 않으니 도전해서 뭐 해?'라고 생각하면서 도전하는 삶을 포기해 버리지는 않았으면 좋겠어요.

세상에는 부모님과 다른 사고방식으로 사는 어른들도 많아요. 그걸 아는 방법은 책을 읽는 것과 다양한 사람들을 만나는 것이랍니다.

저는 책을 읽으면서 지금까지 부모님이 제게 들려준 세계와는 전혀 다른 세계가 있다는 걸 알게 되었어요. 저는 부모님이 만들어 준 가치관을 깨기 위해 한동안 미친 듯이 책을 읽었어요. 그때 제 나이는 서른다섯 살이었어요. 저는 그때가 제 사춘기라고 생각해요. 카프카는 '책은 우리 내면의 얼어붙은 바다를 깨는 도끼'라고 했어요. 저는 책이라는 도끼로 그동안의 제 가치관을 깨부수었어요. 그 작업은 정말 고통스럽고 혼란스러웠지요. 그리고 그 빈 공간에 저만의 가치관을 만들어 예전과는 다른 삶을 살고 있어요.

그리고 제가 롤 모델로 삼을 만한 다양한 사람들을 만나러 다녔어요. 만나고 싶은 분들에게 직접 연락을 해서 만나기도 했어요. 그분들의 강연장을 찾아가기도 했어요. 그들에게 삶의 태도를 새롭게 배웠어요.

벙커 님도 많은 책을 읽고 다양한 사람들을 만나면서 내 방식으로 인생을 개척하면 좋을 것 같아요. 벙커 님은 가족들을 책임져야 한다는 압박감이 커요. 하지만 가만히 들여다보면 과잉 책임감 같아요. 부모님이 지금 당장 직장을 그만둔 것도 아니잖아요. 오빠도 일을 해서 돈을 벌 수 있어요. 동생이 자기 앞가림을 못할 것 같다는 건 어리니까 당연한 거예요. 동생까지 벙커 님이 책임질 필요 없어요. 동생도 때가 되면 자기 앞가림을 할 수 있을 거예요. 벙커 님 스스로가 '이 집을 일으킬 훌륭한 딸' 역할을 해야 한다는 강박감을 가진 것일 수도 있습니다. 만약 스무 살에 자신의 모든 것을 포기하고 가족들을 부양하기로 결심해서 자신의 미래를 희생한다면 오히려 가족들을 의존적으로 만들 수도 있어요. 정말 내 삶을 살아가려면 '훌륭한 딸' 역할에서 벗어나는 용기가 필요해요.

저는 벙커 님이 꿈꾸는 많은 일들을 이루며 살았으면 좋겠어요. 정말 피치 못할 사정이 생기더라도 벙커 님이 꿈을 포기하지 않았으면 좋겠어요.

만약 다른 가족들이 벙커 님의 착한 마음을 이용해서 벙커 님께 희생을 강요하고 그걸 당연시한다면 가족과 잠시 떨어지는 것도 좋아요. 모든 가족이 물에 빠졌다고 해서 벙커 님까지 물에 빠질 필요는 없어요. 나룻배라도 한 척 만들어 와서 그들을 구해도 늦지 않아요. 원하는 삶을 살기 위해서는 과잉 책임감에서 벗어날 필요가 있어요.

'가족 때문에 발목 잡혔다.'고 생각하는 게 혹시 내 꿈을 이룰 자신이 없어서 변명하는 건 아닌지도 냉정하게 생각해 봐야 해요. 그게 아니라면 내 꿈을 위해 노력하는 건 이기적인 게 아니에요. 대학을 가고 싶으면 대학도 가고, 여행을 하고 싶으면 돈을 모아 여행도 꼭 다니시길 바랍니다.

또한 집이 어려울수록 정치에 더욱 관심을 가져야 해요. 소득 불평등을 해소할 수 있는 정치인을 뽑고 지속적으로 정치적 목소리를 내야 해요.

『하나도 괜찮지 않습니다』를 쓴 사회학자 오찬호는 불평등한 우리 사회를 바꾸기 위해서 우리가 할 수 있는 일 중 하나는 '더 공평하고 좋은 세상을 만드는 단체나 정치인을 후원하는 일'이라고 했어요.

또 다른 어려운 처지의 청년들과 연대하는 것도 필요해요. '공부 못하면 평생 알바, 비정규직하며 산다.'고 스스로 낙담할 게 아니라 알바 노동자, 비정규직 노동자들도 사람답게 살 수 있게 권리를 주장하는 알바 노조, 노동평등자회 같은 단체에 관심을 가지는 것도 좋아요. 세상을 바꾸고자 하는 청년들이 많아요. 주거 문제가 고민이라면, 청년들이 힘을 모아 함께 살 집을 마련하는 '민달팽이주택협동조합', '터무늬있는집' 등에도 관심을 가져 봐요.

삶이 힘들 때마다 두 사람은 이런저런 감정을 느낄 거예요. 부모의 이혼 과정에서 받은 쓰라림, 가난이라는 불편함, 기댈 데가 없다는 막막함, 미래에 대한 공포감, 나아가 사회 불평등에 대한 분노까지 느낄 수 있겠지요. 두 사람이 느끼는 감정은 그 무엇 하나 쉽지 않은 감정이죠.

하지만 남들보다 먼저 가정에서 정서적 독립을 할 두 분. 그 어려운 여건에서도 인생의 결정적 순간에 삶을 긍정하며 살면 좋겠어요. 자신의 소중한 삶을 위해 계속 나아갔으면 해요.

그리고 기억해요.

당신의 배경이 어떻든, 당신의 처지가 어떻든,

당신은 귀한 사람입니다.

당신은 소중한 사람입니다.

인생을 아름답게 가꿔 나갈 힘을 당신 안에 이미 가지고 있습니다.

⧓ 추천 메뉴

살아갈 힘을 북돋워 주는

티라미수

티라미수는 이탈리아어로 '나를 들어 올리다'라는 뜻이에요. 먹고 나면 기운이 나고 기분이 좋아지는 메뉴죠. 티라미수에 들어가는 씁쓸한 커피처럼 인생의 쓴 맛을 다른 친구들보다 먼저 겪지만, 부드러운 크림치즈, 설탕 같은 달콤한 맛이 인생에 곧 찾아올 거예요. 남들보다 조금 일찍 독립한 마음에 당당함과 힘을 줍니다.

✿ 카페지기의 힐링 레시피

너무 빨리 독립해야 해서 외로운 당신에게

기대고 싶은 가정이 의지가 되지 않더라도 당신은 어떤 환경에서든 소중한 사람이라는 걸 명심하세요. 남들보다 조금 일찍 독립해서 내가 내 삶을 아껴 줘요. 좌절하지 말고, 당신의 삶을 아름답게 가꿔 나가요.

당신의 배경이 어떻든, 당신의 처지가 어떻든,
당신은 귀한 사람입니다. 당신은 소중한 사람입니다.
인생을 아름답게 가꿔 나갈 힘을 당신 안에 이미 가지고 있습니다.

부모님과 말이 안 통해서 방문을 닫습니다.

부모님과
정서적으로 이별하고,
나를 만나는 시기입니다.

ID 동굴

부모님과 말을 안 한 지 3일째입니다. 사건의 발단은 스마트폰이었어요. 그날도 학원이 밤 11시에 끝나서 집에 왔어요. 방에 누워서 스마트폰으로 친구들이랑 수다 떨고 있는데, 엄마가 제 스마트폰을 휙 가져가면서 "고2나 되어서 시간이 남아 도니? 너는 정신이 나간 것 같다. 시간 낭비 좀 하지 마."라고 하는 거예요. 순간 너무 열 받아서 소리를 질렀어요. 원래 엄마를 싫어한 건 아니었는데 갑자기 너무 짜증나는 거예요. 나도 힘들어 죽겠는데 스트레스도 못 풀게 하니까 너무 열 받았어요. 전 알아서 잘하고 있거든요. 저는 갑자기 정신줄을 놓고 있는 대로 짜증을 부렸어요.

그때 갑자기 아빠가 들어와서 엄마한테 대든다고 뭐라고 했어요. "넌 도대체 왜 공부를 못하냐? 수학은 공식만 외우면 되고, 영어는 단어만 외우면 되는데. 나는 어려운 집에서도 공부 더 잘했다." 하면서 맨날 하는 잔소리를 하는 거예요. 거기서 갑자기 공부 얘기가 왜 나오는지 몰라서 짜증을 부렸어요. 그랬더니 아빠가 대든다면서 제 뺨을 때렸어요. 아픈 것보다 아빠가 절 때린 게 더 충격이었어요.

지금까지 부모님과 사이가 괜찮은 편이었거든요. 지금은 집에만 오면 곧장 방문을 잠가 버립니다. 부모님이 제 눈치를 보고 계속 방문을 두드립니다. 하지만 화해하기 싫어요. 아무것도 하기 싫고, 우울해요. 공부도 손을 놓고 있습니다.

ID 나는ㄱr끔눈물을흘린다

중2가 되면서, 요즘은 엄마 말 한마디 한마디가 너무 짜증나요. 엄마가 사사건건 간섭하고 잔소리하는 게 숨 막혀요. 그런 엄마를 미워하는 제 자신도 싫어요. 원래는 엄마랑 사이가 좋았어요. 하지만 엄마가 "너는 나랑 유전자가 99.8퍼센트 같다. 딱 보면 실수할 게 뻔하니까 이런 행동은 하지 마라." 이런 말을 하는 게 너무 싫어요.

얼마 전에는 친구랑 담배 피우다 걸렸는데, 엄마가 무슨 사람 죽은 것처럼 대성통곡해서 미치겠어요. 내가 뭘 하면 엄마가 너무 오버해요. 성당 친구한테 들은 이야기인데, 엄마들끼리 성당에서 모여 "아들들 몸에 있는 사탄아 물러가라!" 그러면서 울면서 기도한대요. 그런 얘기 들으면 더 짜증이 나요. 제발 오버 좀 안 했으면 좋겠어요.

그럴수록 아무것도 하기 싫고 학교에서는 엎드려만 있어요. 성당에서 해야 할 일을 강요하는 것도 싫고, 성당에서 하는 행사에 나가라고 하는 것도 싫어요.

고슴도치 딜레마라는 게 있어요. 고슴도치는 너무 가까이 다가가면 서로를 찌르고, 너무 멀어지면 외로워합니다. 부모와 자식 관계도 그렇지요.

케임브리지대학교 심리학과 교수로 재직했던 테리 앱터는 이런 심리를 정확히 꼬집었어요. 청소년기에는 부모를 거부하면서도 부모에게 인정받고 싶어 한다고요. 이 마음을 통해 청소년기의 관계를 만들어 간다고 합니다.

대화는 하고 싶지만, 잔소리는 싫고요.

관심은 받고 싶지만, 간섭은 싫어요.

부모님께 미안하지만, 미안할 짓을 하게 됩니다.

프로이트는 청소년기에 부모로부터 독립해야 한다고 했어요. 언젠가 우주에 관한 다큐멘터리를 보았는데요. 별이 생길 때도 폭발—소멸 후 새로운 별이 태어난다고 해요. 많은 종교 경전에도 태초에는 혼돈, 카오스가 있은 후에 세상이 태어난다고 했어요. 십 대들이 부모와 갈등을 겪는 것을 보면 폭발과 소멸에 가까운 일을 겪고 다시 태어나는 게 아닌가 싶어요.

요즘 십 대들은 참 힘들게 살고 있습니다. 오죽하면 고등학생 친구 한 명은 다시 태어날 때는 강아지로 태어나고 싶다고 했겠어요. 아침에는 학교 가고, 방과 후에 학원 가는, 늘 시험 스트레스에 시달리는 삶이 힘들다고요. 팔자 좋은 강아지로 태어나고 싶다는 한탄에 많은 친구들이 고개를 끄덕였지요.

동굴 님도 이렇게 힘든 하루하루를 보내고 있을 거예요. 학교 마치고 학원을 밤 11시까지 다니는 거, 얼마나 힘든 일인가요. 그런 동굴 님을 엄마까지 프라이팬에 땅콩 볶듯이 들들 볶았다면? 이성을 잃고 화낼 만해요.

엄마한테 대든 게 잘했다는 건 아니에요. 하지만 동굴 님이 쉬려고 스마트폰 하는 그 시간마저 제지당하니까 욱하는 마음이 들었다는 건 이해해요. 간섭받는 게 극도로 불쾌하게 여겨졌을 거예요. 거기다 아빠가 뺨까지 때렸다니 충격을 받은 건 당연해요.

나는ㄱr끔눈물을흘린다 님은 그동안 '착한 아들'로 살다가 이제는 엄마의 간섭이 부담스러워진 것 같아요. 심지어 실수하는 것도 마음대로 못 하게 엄마가 미리 알려 준 길로만 가라고 하니까 반항심이 생긴 것 같아요. 인생의 시행착오는 스스로 만들어 가는 건데 말이에요. 자신이 엄마의 아바타가 된 것 같은 느낌이 불쾌해서 일부러 더 안 하던 행동을 하게 되죠.

에릭 에릭슨은 청소년기에는 자아 정체성을 찾아야 한다고 했어요. '나는 누구인가?', '나는 어떻게 살아야 하나?'를 골똘히 생각해야 하는데, 부모가 대신 판단해 주거나 내 영역을 찾아와 간섭한다면 버럭할 수밖에 없죠.

다들 그럴 때가 있어요.

부모와 사이가 좋았던 사람들도 어느 순간 사이가 멀어지고, 부모의 생각과 자신의 생각을 분리해서 자기 자신이 누군지 찾아가는 순간.

부모님은 우리를 키워 주신 존재지만, 부모님과 나는 다른 존재예요. 이제는 내 맘대로 하고 싶은 생각이 들 때지요. 뷔페에 갔는데 부모님이 몸에 좋다고 자꾸만 내가 싫어하는 반찬을 밥 위에 올려 주면 기분이 어때요? 짜증나죠? 반찬이야 싫어도 몸에 좋다니까 몇 번 씹어 삼키면 돼요. 하지만 내 인생도 그런 식으로 이래라저래라 간섭한다면 발끈하게 됩니다.

십 대가 되면 부모님과 나의 마음이 어긋나기 시작해요. 독일 학자 피터 블로스는 십 대 후반에 부모와 2차 분리 개별화가 일어난다고 했어요. 어린아이가 '부모가 내 눈에 보이지 않아도 안심이야.'라는 마음을 가지는 게 1차 분리 개별화예요. 2차 분리 개별화는 '부모와 나는 다른 사람이구나.'를 깨닫고 멀어지는 거예요.

자꾸 부모님의 잔소리가 듣기 싫은 건 마음으로 부모님에게서 독립하고 있는 과정이기 때문입니다. 동굴 님은 그 과정에서 짜증이 난 것이구요.

나는ㄱr끔눈물을흘린다 님은 그동안 엄마와 자신의 유전자가 99.8퍼센트 같다는 말에 하지 말라는 행동은 안 하면서 컸을 거예요. 하지만 이제는 엄마에게 유전자는 물려받았지만 나는 엄마와 똑같은 사람이 아니라는 걸 증명해 보이고 싶어 하는 것 같아요.

동굴 님과 나는ㄱr끔눈물을흘린다 님의 문제는 부모, 자녀 양쪽이 함께 해결해야 하는 문제예요. 자녀 쪽에서만 해결할 수 있는 문제가 아니에요.

동굴 님의 어머니는 동굴 님이 밤늦게까지 공부하고 온 그 마음을 좀 더 부드럽게 이해해 주면 좋겠어요. 아버지는 폭력을 행한 그 시점으로 돌아가 진심으로 사과해야 하고요.

동굴 님도 지금 스스로의 마음을 잘 들여다봐야 할 것 같아요. 그 누구보다 공부나 학교생활을 잘하고 싶은 마음이 크잖아요. 공부나 학교생활 때문에 얼마나 좌절감과 스트레스가 컸으면 엄마에게 큰소리를 냈겠어요. 아빠한테 맞아서 받은 충격도 컸을 테고요.

부모님과 계속 대치 관계에 있지 말고 원하는 걸 정확하게 이야기하면 어떨까요? 일단 아버지께는 사과를 받고요. 또 스트레스와 사춘기를 구분하는 마음이 필요해요. 공부 때문에 받은 스트레스를 사춘기라는 핑계로 가족들에게 푸는 건 아닌지 생각해 봐야 해요. 부모 자식 관계도 인간관계죠. 부모님이기에 내가 어떤 마음을 다 표현해도 이해해 줄 거라는 생각보다는 부모님께서 하지 말아 주었으면 하는 행동들에 대해 대화로 풀어 가면 어떨까요?

또 욱하는 마음이 들더라도 행동에 한계는 정했으면 해요. 부모님께 짜증을 낼지언정 소리를 지르거나 욕은 하지 않겠다는 식으로 말이에요. 어머니한테는 앞으로 어떤 방식으로 자신을 대해 달라는 요구를 하고요. 공부 시간과 휴식 시간은 알아서 잘 관리하겠다고 약속하면서 진짜 노력하는 모습을 보이는 게 어떨까요?

저는 나는ㄱr끔눈물을흘린다 님의 엄마를 상담한 적이 있어요. 엄마는 중2가 된 아들이 "내가 아는 그 아들이 아니다."라고 말하며 우셨어요. 엄마는 '내 아이는 나를 닮아 내가 가장 잘 안다. 내가 알려 줘야 아이 인생의 시행착오를 줄일 수 있다.'는 생각을 가지고 계셨어요. 저는 그 생각부터 잘못되었다고 알려드렸어요. 부모와 아이는 완전히 분리된 인격체니까 아이의 행동과 선택을 존중해 달라고요.

나는ㄱr끔눈물을흘린다 님이 담배를 피우고, 공부를 안 하고 엎드리는 행동은 엄마의 행동에 숨이 막혀 반항하는 걸로 보인다고 했지요. 아이 나름대로 엄마의 울타리에서 벗어나려고 발버둥치는 것 같다고요.

학생들을 대하다 보면 어떤 이야기를 물어도 "엄마가 그러는데요.", "아빠가 좋아하니까 하는 거예요."라고 대답하는 경우가 생각보다 많아요. 주어가 '나'가 아니고 '부모'인 경우가 많지요. 부모와 싸우는 십 대들의 경우는 내 말의 주어를 '나'로 삼고 싶어서 싸우는 경우도 있다고 생각해요. 부모가 내가 하기 싫은 일을 강요할 때는 끝까지 의견을 내세워 자기 뜻을 관철시키는 것도 필요할 때가 있어요. 자기가 뱉은 말에 책임을 지면 되고요. 대신 그 표현법이 거칠고 부모에게 상처가 되면 안 되겠지요.

비폭력 대화법이 있어요. 상대를 잘 관찰한 뒤, 그 사람이 원하는 욕구가 무엇인지 파악하고 내 필요를 부탁해 보는 대화법이랍니다. 저는 나는ㄱr끔눈물을흘린다 님에게 원하는 게 있으면 엄마의 잔소리를 피하지만 말고, 말로 잘 설득하고 본인이 원하는 걸 하나씩 해 나가라고 말해 주었어요.

처음에는 서툴더라도 성숙하게 자기주장을 하는 법을 배우다 보면 건강한 어른이 된다고 생각해요.

동굴 님, 나는ㄱr끔눈물을흘린다 님, 이제는 내 인생의 주도권을 내가 가지게 될 시기입니다. 갈등을 회피하지 말고 부모님과 대화로 갈등을 해결하는 것을 연습해 보세요. 처음에는 어설플 수 있어요. 하지만 계속 연습을 멈추지 마세요. 내 인생을 조종할 수 있는 능력이 두 사람 안에 충분히 있거든요. 여러분도 부모님도 큰 흉터 없이 이 시기가 잘 마무리되길 빌어요.

⧓ 추천 메뉴

내 인생의 주어를 '나'로 만들어 줄

생크림와플

부모님의 간섭 속에 갇혀 있기보다는 내 인생의 주관을 찾게 해 주는 와플입니다. 나에게 맞는 크기로 한 조각씩 잘라 부드러운 생크림을 얹어 먹어요. 부모님과 감정적으로 싸우지 않고도 자신의 의견을 잘 이야기하고 부모님과 적당한 거리 두기를 할 수 있게 될 거예요. 내 인생의 주인공은 '나'이기에 내가 선택한 일에 책임질 마음이 들게 해 줍니다.

카페지기의 힐링 레시피

부모님과 자꾸 싸우게 될 때

십 대는 부모님과 정서적으로 이별하고 나를 만나는 시기입니다. 그렇기 때문에 부모님이 사랑이라는 이름으로 간섭할 때, 반발하는 마음이 들기도 해요. 그동안은 부모님께 인정받고 사랑받으려고 살았지만, 이제는 진짜 내가 원하는 게 무엇인지 알아보기 위해서지요. 부모 자식 간에도 서로의 거리를 존중해 주어야 해요.
하지만 이 역시 인간관계이니, 부모님과 자녀들이 좋은 대화법을 통해 서로 이해해 가면 좋겠습니다.
자기를 찾으려는 혼란의 카오스 시기, 많은 십 대들이 부모님과 큰 흉터 없이 제대로 된 관계를 가꾸어 나가길 빌어요.

나가는 말

마음 카페 시그니처 메뉴 '자기 사랑 라테'를 소개해요.

마음 카페를 찾아와 주신 고마운 여러분.

마음 카페에서 마음 편하게 쉬었는지 모르겠네요.

책에 소개한 마음 카페의 28개 메뉴는 실제로 십 대들이 학교와 강연장에서 제게 가장 많이 한 질문들을 모아 힐링이 될 만한 코칭과 함께 먹어 보았으면 하는 마음으로 만든 거예요.

혹시 이 메뉴들을 보면서 안심하지 않으셨나요? '아, 나만 이런 고민을 하는 게 아니구나.'라는 생각에요.

그러면서도 '남의 고민 말고 내 고민을 한 번에 해결할 수 있는 메뉴는 없을까?' 하는 생각이 들 수도 있을 거예요. 게임의 치트키처럼요. 그래서 만든 메뉴가 바로 이 모든 질문들에 대한 답을 딱 한 잔에 담은 '자기 사랑 라테'랍니다.

개성 있는 카페는 그 카페에서만 맛볼 수 있는 음료를 시그니처 메뉴로 정해 손님들에게 소개하지요. 마음 카페의 시그니처 메뉴가 이 '자기 사랑 라테'입니다.

이 책에 나온 고민과 비슷한 고민이 생겼나요?
전혀 다른 고민이 생겼나요?
아니면, 고민들이 너무 많아 뭐가 고민인지도 모르겠나요?

그렇다면, '자기 사랑 라테'를 한 잔 천천히 드셔 보세요.
'자기 사랑 라테'는
어떤 마음이 들더라도,
어떤 일이 생기더라도,
자신을 믿고 사랑할 수 있게 해 주는 달콤하고 부드러운 라테지요.

자기를 사랑하는 사람은 진로, 친구, 공부, 연애, 자아, 가족, 그 어떤 고민이 생겨도 스스로 잘 해결할 수 있답니다.

그러니 부디 '나'를 많이 사랑하고 아껴 주면서 살면 어떨까요?
어떤 상황에서도 내가 내 편이 되어 주고요.
내가 한 결정을 내가 믿어 주고요.

내가 나의 가장 좋은 친구가 되어 주세요.
자주 내 마음을 들여다보고, 토닥이고, 격려해 주고, 응원해 주어요.

몸에 근육이 많아야 건강하고 튼튼하듯,
마음에 자기 사랑 근육이 많아야
행복하고 즐겁게 살 수 있답니다.

어떤 마음이 들 때건,
어떤 고민이 생겼을 때건,
언제든 마음 카페에 들러
천천히 놀고, 푹 쉬었다 가면 좋겠어요.

당신의 행복을 비는 카페지기 김은재

십 대를 위한 쓰담쓰담 마음 카페

2020년 5월 14일 1판 1쇄
2024년 6월 30일 1판 5쇄

지은이 김은재

편집 김태희, 박주혜 **디자인** 홍경민
마케팅 이병규, 김수진, 강효원 **홍보** 조민희 **제작** 박홍기
인쇄 코리아피앤피 **제본** J&D바인텍

펴낸이 강맑실 **펴낸곳** (주)사계절출판사
주소 10881 경기도 파주시 회동길 252
전화 031)955-8558, 8588 **전송** 마케팅부 031)955-8595 편집부 031)955-8596
홈페이지 www.sakyejul.net **전자우편** skj@sakyejul.com
블로그 blog.naver.com/skjmail **페이스북** facebook.com/sakyejul
트위터 twitter.com/sakyejul

ISBN 979-11-6094-659-8 43190